満州事変の視角

在奉天総領事の見た満州問題

井上勇一

東京図書出版

まえがき

満州事変前史としての満州問題にはこれまでにも多くの先学の業績があるが、その分析の視点の多くは外務省であったり、陸軍であったり、また満州現地においては関東軍であったり、満鉄であったりするが、外務省の満州に配置された領事の筆頭であり、満州事変の発端となった奉天（現在の瀋陽）現地を管轄する在奉天総領事を視点とした分析はあまり多くを見ない。本書は、日露戦争終了後、明治三九年五月に奉天に総領事館が開設されてから、昭和六年九月に満州事変が勃発するまでの間、歴代の在奉天総領事が何を考え、何を本省に伝えようとしたのかを明らかにすることによって、日露戦争後から満州事変にいたる満州問題を、在奉天総領事の視角から考察しようとするものである。

在奉天総領事館は日露戦争が終了した翌年、明治三九年五月に開設されるが、その後、満州事変が勃発する昭和六年九月までの間、在奉天総領事館の館長として奉天に在勤したのは、次の総領事八名と総領事代理（領事）一名の計九名である。

初代総領事　萩原守一（明治三九年五月〜明治四〇年一〇月）

第二代総領事　加藤本四郎（明治四〇年一〇月～明治四一年六月）
第三代総領事　小池張造（明治四一年一二月～明治四四年一一月）
第四代総領事　落合謙太郎（明治四四年一一月～大正四年九月）
領事（総領事代理）　矢田七太郎（大正四年九月～大正六年一月）
第五代総領事　赤塚正助（大正六年一月～大正一二年七月）
第六代総領事　船津辰一郎（大正一二年八月～大正一四年九月）
第七代総領事　吉田茂（大正一四年一〇月～昭和二年一二月）
第八代総領事　林久治郎（昭和三年四月～昭和六年一二月）

矢田領事は、第四代落合総領事が離任した後、後任の第五代赤塚総領事が着任するまでの一年四カ月、領事ながら館長として在奉天総領事館の館務を統括した。第二代加藤総領事の離任から第三代小池総領事の着任までなど、館長交代のための総領事不在期間中は、期間は様々に次席などが総領事代理として館務を統括したが、矢田のように館長としてではなく、同じ総領事代理という官職でも館長代理という立場で館務を統括していたので、その間は前任総領事に含め、独立した総領事代理としてはとりあげていない。

本書では、矢田総領事代理を含め、歴代総領事ごとに在奉天総領事館が直面していた問題に焦点をあて、各総領事がどのような課題を抱えていたか、また問題意識を持っていたかを追跡するため、取り上げる課題を満州統治問題、満州政況問題、満州懸案問題の三点に大きく整理した。

まず満州統治問題の第一の視点は、在奉天総領事館の館内体制である。歴代総領事の下で在奉天総領事館にはどのような館員が配置されたのか。特に総領事を補佐する次席にはどのような人材が配置されたのかに着目した。またその第二の視点は、満州統治機構の一元化が叫ばれる中で、在奉天総領事館と特に関東都督府や満鉄との関係はどうであったのか。それによって日本の満州統治の構造が浮き彫りにできれば、在奉天総領事が満州問題解決のためにどのような役割を果たしたのかが示されると考えた。

次に満州政況問題では中国内部の変動や動乱について、特に辛亥革命以後、奉直戦争などに対する在奉天総領事の動きを取り上げた。在奉天総領事がどのような情報を入手し、満州情勢をどのようにみていたかを明らかにし、各総領事が張作霖等とどのような関係にあったのかを示したい。

最後に満州懸案問題では鉄道問題等の日中間の重要案件について取り上げた。その第一の視点は、在奉天総領事が日本の満州経営の根幹である満鉄の権益をいかにして確立し、強化しようとしたのかを明らかにしたい。またその第二の視点は、鄭家屯日本軍銃撃事件（大正三年）以降、日中間の軍事衝突の解決交渉で在奉天総領事がどのように考え、さらに第三の視点として、日韓併合以後、在奉天総領事にとって領事保護の対象となった満洲在住朝鮮人にどのように対応しようとしたかを示したい。

本書の目次からも明らかなように、このような問題意識に基づいて、歴代総領事ごとに各課題をみることができるように配列した。日露戦争以後、満州事変にいたる満州問題への在奉天総領事の視角が浮かび上がっていれば幸いである。

なお、本書で使用した史料は『日本外交文書』など、外交史料館所蔵史料に依っている。

満州事変の視角

―在奉天総領事の見た満州問題―

◇

目次

第一章

萩原守一総領事

一、問題の所在

在奉天総領事萩原守一は、明治三九年五月二六日、在奉天総領事館の開館に先立って、奉天現地で在奉天総領事に任命され、翌明治四〇年一〇月二三日、加藤本四郎総領事に事務を引き継ぎ離任するまで、初代総領事として一年五カ月にわたって奉天に在勤した。

明治三九年五月二二日、西園寺公望首相が首相官邸で開催した満州問題協議会では、伊藤博文韓国統監が満州開放の不可避なことを強く訴え、寺内正毅陸相や児玉源太郎参謀総長が主張する占領行政の継続を封じ、外務省が主張する占領行政の終了、すなわち軍政から民政への転換を決定した。同年九月一日、これに基づいて第一次西園寺内閣は占領行政の担い手であった関東総督府を関東州の施政を担う関東都督府に改組し、さらに同年一一月一三日、露国から引き継いだ東清鉄道大連・長春間等の鉄道を経営する南満州鉄道株式会社（満鉄）を設立するなど、満州における軍政を民政に転換する施策を実行に移すとともに、満州各地が開放されるにしたがって増加する邦人渡航者の保護と支援のため、満州各地に領事館を開設する。

西園寺内閣は、満州の開放を推進する手始めとして、満州問題協議会開催直後の五月二六日、六月一日をもって満州の中核都市奉天に総領事館を開設することを決定し、五月一九日に加藤高明外相の後任として就任したばかりの林董外相は、在米国大使館一等書記官萩原守一を初代総領事に任命した。その時、萩原は三八歳であった。

萩原は、慶應四年二月二七日、山口県豊浦郡長府村に生まれ、同郷の実力者である山県有朋に認められ、山県が幕末時代に名乗っていた萩原鹿之助の萩原姓を継承した。萩原（旧姓石川）は、明治二八年七月、帝国大学法科大学（東京帝国大学と呼称されるのは明治三〇年六月から）を卒業、同年の第二回外交官領事官試験に合格、同期には萩原の後に在奉天総領事となる加藤本四郎や落合謙太郎等がいる。外務省入省後、萩原は、明治三〇年二月に在独国公使館外交官補、明治三二年二月に在ベルギー公使館三等書記官、明治三四年三月に在韓国公使館二等書記官、明治三六年四月に一等書記官に昇進、林権助駐韓国公使の下で、日露戦争開戦直後の第一次日韓協約およびポーツマス講和条約成立後の第二次日韓協約の締結に奔走し、後の韓国統監伊藤博文元首相の信任を得た。

明治三八年一二月二七日、萩原は京城で帰朝発令を受け、翌明治三九年一月一三日に帰国、二月一三日に在米国大使館一等書記官を拝命したが、三月四日、満州問題をめぐって西園寺内閣加藤高明外相が辞任した翌日、身分は在米国大使館一等書記官のまま滞京を命じられ、ワシントンへの赴任を延期、次いで四月七日に満州への出張を命じられた。折しも西園寺首相が四月一四日から五月一四日まで一カ月にわたって内密に満州を視察することになっており、総理外遊の前例などまだ無い時代で、表向きは若槻礼次郎大蔵次官の満州視察に随行する山座円次郎外務省政務局長などの随員にまぎれての外遊であったが、奉天では総理として趙爾巽奉天総督等要人と会見した。

四月二六日、北京に到着した萩原は離任間際の内田康哉駐清国公使に同行し、袁世凱直隷総督等清国政府首脳を表敬、清国中央政府の満州における日本の占領行政の評価などを聴取した後、天津、営口（牛荘港）、旅順、遼陽で現地事情を視察し、五月一三日、あたかも西園寺首相が満州から帰国するのを待っていたかのように奉天に到着した。萩原にとって四月七日の満州出張命令は事実上の在奉天総領事の発令であった。

ところで新たに総領事館を開設するには、総領事や館員の人選のため開館までにある程度の期間が必要である。したがって、萩原に満州への出張が命じられる一カ月前、三月四日に滞京命令が下されたのは、発令日は未定ながら、萩原の在奉天総領事任命が内定したためと考えられる。奉天に総領事館を開設することは満州の占領行政を終了させることが前提であったから、三月四日までに萩原の在奉天総領事任命が内定していたとすれば、その前日に辞任した加藤外相は、それまでに満州の占領行政の終了と在奉天総領事館の開設という基本方針を固めていたはずである。加藤外相辞任の理由は、満州の開放について西園寺首相が陸軍の意向に強く縛られていることへの不満の意思表示といわれているが、その背景には満州の軍政を終了し、奉天に総領事館を開設するという加藤の基本方針に、西園寺首相が同意しようとしなかった様子が窺われる。

明治三八年一二月二二日に第一次桂太郎内閣小村寿太郎外相が清国と締結した日清満州善後条約では、日露両国がポーツマス講和条約で合意したように、清国は日本が東清鉄道や遼東半島など南満州の諸権益を露国から継承することを承認し、他方、日本は軍隊の満州からの早期撤退という清国の要求に同意していた。翌明治三九年一月七日、日露戦争とその戦後処理を行った陸軍出身の桂首相が退陣し、後継の首班指名を受けた西園寺首相には、満州から陸軍を撤退させ、占領行政を終了させることは国際公約でもあったが、軍政の継続を求める陸軍の強い抵抗によりそれを決定することができずにいた。このため加藤外相が辞任した後、三月一九日には英国、また二六日には米国より、ポーツマス講和条約成立後も満州の軍政を継続している現状は門戸開放原則違反との抗議を受け、外相を兼任した西園寺首相としても満州における軍政の終了と民政への転換は不可避となっていた。

在奉天総領事館の開設は陸軍の抵抗する民政への転換を象徴するものであったが、それにもかかわらず、萩原が在奉天総領事への発令をみないまま出張という名目で奉天に赴任したのは、総領事館の開設が正式に決定される前に外務省が総領事を内定することに、西園寺首相や陸軍が反発することを避けるためであり、その開設準備は内密に進められなければならなかった。萩原の在奉天総領事への発令は、日露戦争後の満州政策をめぐって占領行政の継続をはかろうとする陸軍と、一日も早く軍政から民政への転換をはかろうとする外務省との対立の中で、満州問題協議会で軍政の終了と民政への転換が正式に決定されるまでは、外務省内で密かに潜行していた。

このように、英米両国より日露戦争後の日本の満州経営を門戸開放違反とする批判を受け、その批判に対して日本が満州における軍政から民政への転換を推進しなければならない中で、萩原は奉天に着任した。

二、満州統治問題（1　在奉天総領事館の開館）

明治三九年四月七日、萩原が満州への出張を命じられた日、在芝罘領事館堺与三吉書記生、在厦門領事館八木元八書記生に萩原の満州出張への随行が命じられた。五月六日、萩原は営口に到着、同八日、在牛荘領事館太田喜平領事官補にも萩原への随行が命じられ、翌九日、太田は牛荘から奉天に入り、秋洲郁三郎外務属ならびに警備官（在奉天総領事館開館後に領事警察官に任命）などを同道する萩原の奉天到着の受け入れ準備にあたった。萩原とその一行は一三日に奉天に到着したが、八木はその前日の一二日、堺はその当日にそれぞれ奉天に到着した。五月二六日、奉天現地で萩原は在奉天総領事に任命され、また太田、堺、八木および秋洲の四名も在奉天総領事館在勤が命じられ、あわせて秋洲は書記生に昇進した。萩原と太田領事官補および三名の書記生の総員五名の陣容（領事警察官を除く）により、六月一日、萩原は趙爾巽奉天総督等の出席を得て在奉天総領事館開館式を挙行した。

萩原が在奉天総領事の時代に萩原を補佐し、萩原が不在の時には総領事代理を務める次席は、開館時は入省後三年の太田喜平領事官補であった。太田は、明治三六年に東京高商を卒業、同年の第一二回外交官領事官試験に合格、一期上には東京高商で一年先輩の出淵勝次、二期下には一年後輩の佐藤尚武がいる。太田は、翌明治四〇年三月一八日、在哈爾濱総領事館に転任し、その後、明治四二年九月二七日から大正四年一〇月九日まで領事として再び牛荘に在勤する。

太田の後任には、明治四〇年三月一三日、吉田茂領事官補が着任した。前年明治三九年に東京帝国大学法科大学政治学科を卒業、同年の第一五回外交官領事官試験に合格、同期には広田弘毅、武者小路公共、吉田の後任の在奉天総領事となる林久治郎等がいる。吉田にとって奉天勤務は駐英国大使を最後に退官するまでの外交官生活の第一歩であった。吉田は萩原の後任の加藤本四郎総領事の下でも次席を務め、明治四一年一〇月に奉天を離任、その後、大正元年九月に在安東領事、また大正一四年一〇月に第七代在奉天総領事として再び奉天に在勤する。

また書記生などの館員（本稿でいう在奉天総領事館館員には、遼陽出張所および鉄嶺、新民屯、長春の在奉天総領事館分館在勤者は含まない）は、開館時の三名の書記生に加えて、明治三九年七月一七日に白洲十平書記生、また一一月三〇日に草政吉通訳生が着任し、萩原の離任時には館員は総領事を含めて七名となった。因みに、明治三九年一一月の時点で在清国公使館および在上海総領事館の館員は実員で各七名、また在天津総領事館は六名、在英国大使館は八名、在米国大使館は五名、在露国公使館は七名であったから、七名という館員数は当時の在外公館の規模としては決して小さくなく、本省でも在奉天総領事館を満州の拠点公館として位置づけていたことを示している。

本省は日露戦争後の満州問題の重要性を十分に認識し、在奉天総領事館に配置する館員にも相当な考慮を加えていた。特に、八木は明治三五年の第七回外務省留学生試験に合格した露国語の専門家で、昭和二年九月に在哈爾濱総領事になる。また堺は元陸軍通訳で明治三一年に中国語通訳生として外務省に採用され、大正一〇年一二月に在間島総領事、次いで翌年一〇月に在吉林総領事になる。八木や堺のように後に総領事として満州に在勤する人材を配置したところにも、本省の配慮の跡をみることができる。

ところで在外公館の開設は、現在は「在外公館の名称及び位置並びに在外公館に勤務する外務公務員の給与に関する法律」（昭和二七年四月二一日、法律第九三号）によって規定されるが、当時は閣議により決定された。日本が満州に開設した最初の領事館は、明治九年三月、遼河河口近くの左岸営口に開設した在牛荘領事館で、日露戦争の勃発によって、明治三七年三月、在牛荘瀬川浅之進領事は引き揚げを余儀なくされた。しかし、同年七月、満州派遣軍第二軍が大石橋の戦いに勝利し、東清鉄道南満支線沿いに露国軍を追撃、北進した後、七月二五日、陸軍が営口に軍政を布いたため、外務省は、八月四日、在天津伊集院彦吉総領事を在牛荘領事に兼任し、在牛荘領事館の業務を再開した。日露戦争後に満州に開設された最初の領事館は、在奉天総領事館が開設される一カ月前の明治三九年五月一日、鴨緑江河口近くの右岸、すなわち韓国新義州と鴨緑江対岸の在安東領事館で、在奉天総領事館が開館した時は牛荘と安東にすでに領事館が開設されていた。

領事館の開設には必ず領事管轄区域を定める必要があり、当時の領事管轄区域は外務省令により決定されていた。このため奉天に総領事館を開設するにあたって、在奉天総領事館と既設の在牛荘、在安東各領事館との間で、それぞれの領事管轄区域を確定しておく必要があった。在奉天総領事館開館時の領事管轄区域は、「黒竜江省、吉林省および盛京省中安東、牛荘領事館の管轄に属せざる」地域とされ、在安東領事館の領事管轄区域は「盛京省中安東県、岫巌州、寛甸県、通化県、懐仁県、臨江県および輯安県」、また在牛荘領事館は「盛京省中復州、営口庁、蓋平県、海城県および錦州府」とされた。開館当初の在奉天総領事館の領事管轄区域は、在牛荘、在安東各領事館の領事管轄区域と関東州を除く満州全域におよんでいた。

翌明治四〇年三月四日に在哈爾濱総領事館、続いて一〇日に在吉林領事館が開館すると、黒竜江省の全域と松花江以北の吉林省北部（伯都訥庁、五常庁、寧古塔およびその北側）、および嫩江以東の盛京省が在哈爾濱総領事館の領事管轄区域となり、また吉林省の在哈爾濱総領事館領事管轄区域を除く松花江以南の地域が在吉林領事館の領事管轄区域となったため、在奉天総領事館の領事管轄区域から黒竜江省および吉林省が外れ、その領事管轄区域は大きく縮小された。但し、吉林省でも長春にはすでに前年一一月一五日に在奉天総領事館分館が開設されていたため、長春市内は引き続き在奉天総領事館の領事管轄区域とされ、在奉天総領事館の領事管轄区域は「盛京省中安東、牛荘領事館ならびに在哈爾濱総領事館の管轄に属せざる地方、吉林省長春府（農安を含む）」とされた。

さらに同年二月一八日、長春と斉々哈爾にも領事館を開設することを前提に在満領事館の領事管轄区域の見直しが行われ、同年一一月一〇日に開館された在長春領事館は「吉林省長春府、農安県。黒竜江省嫩江以西ノ洮南府、盛京省中懐徳県、遼源州」、また翌明治四一年一〇月二九日に開館された在斉々哈爾領事館は在長春領事館の管轄する嫩江以西ノ洮南府を除く黒竜江省が領事管轄区域とされた。在奉天総領事館の領事管轄区域から長春市のほか盛京省の在長春領事館の領事管轄区域に編入された地域が外れ、その領事管轄区域はさらに縮小された。

一方、占領行政の担い手である関東総督府軍政官と新たに任命される在奉天総領事の権限は何も決められておらず、萩原は奉天到着翌日の五月一四日、営口では明治三七年八月の領事業務再開以来、軍政官と領事が並立した職務分担がなされていたものの、軍政官が邦人の居住や営業に対する許諾の権限をもち、邦人取締りのための罰則を設けるなど軍政官の権限が必要以上に拡大され、領事の存在意義が失われていると本省に報告し、軍政官の廃止を主張した。また軍政署が廃止される日取りも決められていなかったため、山座円次郎政務局長が奉天に出張、六月二〇日、福島安正参謀本部次長と協議し、八月一日に奉天軍政署を廃止、それに先立つ七月一日に同軍政官の邦人に対する取締り権限を在奉天総領事に移管することも決められた。

明治三九年八月一日、西園寺内閣は満州の軍政から民政への転換を具体的に示すため、日露戦争後の占領行政を担ってきた関東総督府を関東都督府に改組する関東都督府官制を公布し、同日以降、総督府が南満州八カ所（昌図、鉄嶺、奉天、遼陽、瓦房店、営口、安東、新民屯）に設置していた軍政署を閉鎖した。すでに奉天、牛荘（営口）、安東には領事館が開設されており、関東都督府の管轄下にある瓦房店と在奉天総領事館領事管轄区域にある昌図を除く鉄嶺、遼陽、新民屯に在奉天総領事館出張所が開設される。

三、満州統治問題（2　在満領事館体制の確立）

㈠　在満領事館体制の確立

明治三九年五月六日、奉天出張の途次、営口に到着した萩原は、袁世凱直隷総督をはじめ清国政府が満州での日本の軍政の実態に強い不満をもち、それが日清満州善後条約の履行の上で障害になる可能性があることを本省に報告した。

萩原は奉天に到着翌日の五月一四日に趙爾巽奉天総督を表敬し、また翌一五日には同総督の答礼を受け、この二度にわたる会談で趙総督が鴨緑江上流の日本人による木材伐採などの事例をあげ、軍政を統轄する大島義昌関東総督の施政では事態が一向に改善されないとの窮状が訴えられたことを報告し、日露戦争の勝利を過信する関東総督府がこのまま軍政を継続しても、見るべき成果が得られなければ日露戦争勝利の栄光にも傷をつけかねず、また日清関係や対欧米関係にも悪影響を与えかねないとの懸念を表明し、早急に占領行政を終了させることが必要と意見具申した。

鴨緑江上流の木材伐採は日露戦争中の満州派遣軍による木材徴用に端を発し、戦争終了後も伐採は続けられ、しかも無償で徴用されていたことに起因する。この問題は、萩原が奉天出張の途次、天津で同地の木材業者からも善処を要望されており、萩原はこれを軍政継続の弊害と理解した。萩原の関心は一刻も早く軍政を終了させることにあった。

在奉天総領事館の開館後、萩原は、軍政が終了した後、開放された都市には直ちに領事館を開設することの必要性を訴え、七月四日、軍政終了後も長くその地を開放しなければ、同地に居住する邦人の財産等をめぐって、清国当局との間で邦人居留民に不利になるような争議が起こりかねないとして、特に、すでに多くの邦人が進出し、多くの利権を獲得している鉄嶺や遼陽には、軍政の終了と同時に在奉天総領事館の分館を設置することが必要と林外相に意見具申した。

明治三九年八月一日に関東都督府官制を公布した西園寺内閣は、総督府軍政署に代えて、同日に鉄嶺、また三日に遼陽にそれぞれ在奉天総領事館出張所を開設し、さらに九月二〇日に鉄嶺出張所を在奉天総領事館分館に格上げした。また同年一〇月一日には新民屯にも在奉天総領事館出張所を開設した。

明治三九年一〇月一六日、露国軍撤退後の様子を視察するため長春に出張した萩原は、同市の商業活動は予想外に活発で、東清鉄道と満鉄との接続業務が始まれば同市はさらに発展すると予想し、鉄道連絡協定実施のためにも同市には領事の駐在が必要とし、占領行政の終了によって自由な経済活動が行われるようになれば、邦人が居留する主な都市には邦人の経済活動の保護支援のため総領事館ないし領事館を、また独立した領事館の開設が難しければ在奉天総領事館の分館を、分館の開設も難しい場合には出張所を開設し、館員を出張駐在させるなど領事の派遣が不可欠と意見具申した。同年一一月一五日、長春に在奉天総領事館分館が開設され、さらに同分館は、翌明治四〇年一一月一〇日、萩原の奉天離任直後、在長春領事館に格上げされる。

分館にもそれぞれの領事管轄区域が設定され、長春分館の領事管轄区域は長春府と農安県とされたように、一般的には分館所在地およびその周辺地域が領事管轄区域とされた。分館の責任者である分館主任にも、国内法上の問題はあるにせよ、在外公館長としての権限を付与し、清国現地当局者と交渉できるようにすることが必要との議論もあったが、実際に分館主任には在外公館長と同様の権限は与えられなかったものの、外相との間の電報、公信は、親公館（在奉天総領事館）を経由することなく、直接、やりとりすることも認められ、限定的ながら実質的には公館長と同等の権限が付与された。

長春からさらに哈爾濱にまで足を延ばした萩原は、明治三九年一〇月一八日、露国がすでにウランバートル駐在領事を総領事として哈爾濱に派遣することを決めたとして、長春以南のような日露戦争中の日本軍占領地域とは異なり、哈爾濱には邦人居留地がなく、まず居留地を画定する必要があると報告した。ポーツマス講和条約成立後とはいえ、同地方には依然として露国軍が残存し、露国人が満州南部の日本軍占領地を、また日本人が満州北部を往来することは制限されていたが、同年九月二八日からは、満州の南部と北部とを問わず、日露両国国民が相互に自由に往来することが認められ、日露戦争開戦前に哈爾濱に居住していたり、新たに同市で経済活動の可能性を求める邦人の進出が予想されたため、萩原は哈爾濱にも総領事館の開設が急務であることを指摘した。

翌明治四〇年三月四日、満州で二番目の総領事館が哈爾濱に開設された。在哈爾濱総領事館の開設にあたって、珍田捨巳次官は萩原に在哈爾濱総領事への転任を示唆したが、萩原はこれを固辞し、在哈爾濱総領事には露国語の堪能な人物を配置する必要があると意見具申し、初代在哈爾濱総領事には露国語専門官川上俊彦在ウラジオストック駐在貿易官が起用された。

また明治三九年一〇月三一日、吉林に出張した堺書記生は同市に進出する邦人および諸外国人が利権の獲得に奔走することを予想し、同市開放後は領事の派遣が急務とする出張報告を提出した。在吉林領事館は明治四〇年三月一〇日に開設されるが、堺はそれから一五年後に総領事として吉林に赴任する。

このように萩原は、満州における民政の確立を推進するため、特に満州各地が開放されるにしたがって、開放された都市には早急に領事館を開設することの必要を主張し、明治四二年一一月二日に在間島総領事館が開設されるまでの三年半の間に、満鉄本線沿線の主要都市に開設した在奉天総領事館出張所ないし分館は、新民屯出張所を除いて、いずれも領事館に格上げされる。軍政終了後は直ちに領事館を開設する必要があるとの萩原の主張が本省で支持されていたことが窺われる。

萩原が推進した領事館の開設は満州が日本の主権のおよぶ植民地ではないことを前提に、満州問題協議会で軍政の継続を主張する児玉源太郎等陸軍幹部に、伊藤博文が満州は日本の属地ではなく清国の一部であって、日本の主権のおよばない地域と認めたように、萩原が日本の主権のおよばない満州各地に領事館を開設し、領事権限によって在留邦人の保護とその経済活動を支えようとしたのは、満州問題協議会で伊藤が主張した民政への転換に則った考え方であった。

(二) 在満領事館体制と満鉄

明治三九年六月七日、勅令第一四二号によって満鉄の設立が裁可された後、七月二二日、西園寺首相ならびに原敬内相から満鉄総裁就任を強く求められた後藤新平台湾総督府民政長官は、すでに勅令によって満鉄の設立が決定されていたため、満鉄が終局的には外相の監督を受けることはやむを得ないとしても、植民地経営の経験がない関東都督の指揮を受けることに強く抵抗し、満鉄総裁が関東都督顧問として都督府の行政全般に関与することが認められることを条件に、満鉄総裁への就任を受諾した。

しかし、これには外務省が強く反対した。満鉄には鉄道付属地における行政権が付与され、関東都督には関東州の域を超えて満鉄沿線鉄道付属地の警察権が付与されるため、満鉄総裁に都督府行政への関与を認めれば、満鉄が鉄道付属地における行政権と警察権を一手に収めることにもなり、外務省は満鉄が在奉天総領事など満鉄沿線に駐在する各領事の領事権限に介入することを懸念したからである。そのため満鉄総裁の関東都督顧問就任に反対の意思表示として、林董外相は明治三九年八月三〇日から九月一八日まで休職した。林は満鉄総裁の関東都督顧問就任が萩原の強く推進する在満領事館体制を形骸化することを怖れていた。

満鉄開業後、明治四〇年四月二五日、中村是公満鉄副総裁が都督府民政長官、また八月一七日、久保田政周満鉄理事が都督府警務部警務課長（事務取扱）にそれぞれ就任したほか、五月四日、大島都督は鉄道経営という特殊性を理由に、満鉄の最終的監督主務大臣を外相から逓信相に移したいとの意見具申を林外相に提出した。これらはいずれも後藤満鉄総裁が画策したことは明らかであったから、林外相の懸念が杞憂でなかったことを示していよう。林外相が中村副総裁の都督府民政長官の兼務や満鉄の主務大臣を逓信相とすることに強く反対したため、中村副総裁は形式的に満鉄を退職し、都督府民政長官に就任した後、満鉄の嘱託となって改めて副総裁に就任した。また主務大臣の逓信相への変更は翌年七月一四日に成立の第二次桂内閣で後藤が逓信相に就任したことにより実現する。この結果、清国との交渉関係の事案を除いて満鉄に対する外相の監督権限は失われた。

しかし、後藤の構想とは裏腹に、明治四一年五月一九日、中村副総裁は都督府民政長官兼務を辞任した。民政長官としての勤務地は旅順であったが、満鉄副総裁としての勤務地は大連であったから両者を兼任することには物理的に無理があった。また久保田の警務課長事務取扱の兼任も明治四一年一月一〇日に解かれるが、これは同日付けの都督府官制の改定で、都督府警務課長を務める警視総長の階級が「勅任又は奏任」とされたため、民間人の満鉄理事が都督府警務課長を兼務することができなくなったためである。

後藤の描いた満鉄経営の根本は台湾総督府民政長官としての経験に基づき、後藤が記した「満鉄総裁就職情由書」にも明らかなように、満鉄を英国の東インド会社を模倣した植民地経営のための組織と位置づけていた。後藤は満鉄の経営には鉄道、鉱山、埠頭などを経営する現業部門だけでなく、調査部とともに教育や医療などの民生や文化などを担当する地方部にも力を入れ、単なる鉄道経営のための一企業といった枠を越え、満鉄を植民地経営機関として構築しようとしたが、萩原が満州で目指した在満領事館体制は、日本の主権のおよばない海外では領事権限によって在留邦人を保護し、経済活動を支援するもので、後藤の描いた植民地経営と萩原が目指した満州経営との間には大きな乖離があった。この乖離はその後も歴代内閣に満州統治機構の一元化という問題を投げ続けることになる。

四、満州懸案問題

(一)　鉄道問題

日清満州善後条約では、ポーツマス講和条約によって露国から日本に譲渡された東清鉄道南満支線（長春・大連間）など、日本が日露戦争中に改築ないし速成した鉄道は日本の在満鉄道権益として清国の承認を得た。

満鉄本線は野戦鉄道堤理部が日露戦争中に露国の建設した東清鉄道の広軌の軌間を日本国内で使用の狭軌に改築したもので、露国が獲得した三六年間の租借期限のうち、すでに経過した三年間を除く三三年間に限って日本の租借が認められた。また陸軍臨時軍用鉄道監部が日露戦争中に兵站線として狭軌により敷設した安奉鉄道（安東・奉天間）は、陸軍の撤兵のための期間を一年とし、さらに標準軌への改築工事期間を二年以内とした上で、その後一五年間の日本の経営権が認められた。しかし、陸軍が軍用軽便鉄道として敷設した新奉鉄道（新民屯・奉天間）は、日露戦争前に英国が建設していた京奉鉄道（北京・奉天間）の最終区間でもあったため、日本が要求した経営権は認められず、清国に売却されることになったが、清国に売却後、標準軌への改築資金の半分は日本からの借款をあてることが合意された。

明治三九年一一月二六日、山県伊三郎逓信相により満鉄の設立が認可され、後藤新平が初代満鉄総裁に就任、翌明治四〇年四月一日、営業が開始された。開業時に満鉄が経営していた路線はポーツマス講和条約によって露国より譲り受けた大連・長春間の満鉄本線および満鉄本線に接続する旅順線（南関嶺・旅順間）、営口線（大石橋・営口間）、煙台炭鉱線（煙台・煙台炭鉱間）、撫順炭鉱線（蘇家屯・撫順炭鉱間）などの支線、ならびに日露戦争中に陸軍臨時軍用鉄道監部が建設した安奉鉄道であった。また新奉鉄道は清国に売却されるまでは満鉄に経営が委託された。

満鉄の開業は満州の占領行政が終了し、満州が日清両国民以外の諸外国人の経済活動にも開放されたことを国際社会に明示した。すでに明治三八年一〇月三一日、野戦鉄道提理部は野戦鉄道普通輸送規定を定め、満鉄本線となる軍用鉄道の民間人による利用を認めており、さらにこれにならって翌明治三九年四月一日、陸軍臨時軍用鉄道監部も安奉鉄道の民間利用を認めていた。もとよりこの利用は日本人のみではなく諸外国人にも認められたが、野戦鉄道提理部の運行する列車は欧米諸国人には非常に不評であった。

満州の軍用鉄道で使用された客車は日露戦争中に日本国内で徴用し、兵員や物資の兵站輸送のために使われたもので、そもそも一般乗客の利用に供せられるようなものではなく、客車への不満はやむを得なかったが、英国人旅行者による不満は、「総ての客車は等級の区別無く皆一様なるを以て外国の紳士貴婦人も支那苦力及賤民と伍を倶にして旅行せざる可からず其客車は殆んど家畜列車の如く点燈、暖房其他何等の設備を有せず」と英国紙に報じられたことからも窺い知れる。

また萩原は、駅員や車掌など鉄道提理部職員の清国人への応対が横柄といった強い不満をもち、鉄道提理部職員の大半が満鉄開業後は満鉄で勤務することになっていたため、こうした不評が満鉄の事業拡大に悪影響を与えることを懸念し、武内徹鉄道提理に注意を促すとともに、満鉄の開業が満州の開放を内外に強く示すことになるだけに、満鉄開業後はこのような苦情を受けることがないよう努める必要があると指摘した。

ところで安奉鉄道は露国が獲得していた鉄道権益として譲渡された満鉄本線とは異なり、日露戦争中に陸軍臨時軍用鉄道監部が狭軌により速成したにすぎず、日清満州善後条約により撤兵と改築のための三年間の猶予期間を得て、明治四一年一二月までに標準軌への改築工事を終えなければならなかったが、満鉄本線の標準軌への改築と大連・蘇家屯間の複線化工事のため、安奉鉄道の軌道改築工事の着工は遅れていた。

満鉄部内には安奉鉄道の改築にあわせて、満鉄本線との接続を蘇家屯ではなく、当初に計画した遼陽ないし大石橋に変更する考えもあった。明治四〇年八月一三日、唐紹儀奉天巡撫から照会を受けた萩原は、林外相に安奉鉄道改築工事開始の時期について尋ね、唐は日清満州善後条約締結交渉の清国側代表の一人でもあるため、安奉鉄道の経路変更を唐に同意させることは非常に厳しいとの見通しを述べた。しかし林外相は、九月二〇日、安奉鉄道は日露戦争中に急造されたもので、これを商工業にも利用できるように改築するには経路の変更も当然あり得ることと反論し、交渉の暫時中止を命じた。このため安奉鉄道改築問題は萩原の奉天在勤中に解決することはできず、第二次桂内閣小村外相の下で萩原が通商局長に就任後、明治四二年八月七日、満鉄に改築工事の強行を命じることになる。

また新奉鉄道は、満鉄開業直後の四月一五日、譲渡価格一六六万円で清国に売却され、五月二七日、大連の満鉄本社で引き渡しが行われ、六月一日、新奉鉄道は満鉄から清国鉄路公司に移管された。清国鉄路公司は直ちに狭軌から標準軌に改築する仮工事を実施、同仮工事が終了した六月二九日、満鉄本線奉天停車場の西方に京奉鉄道の終点として瀋陽停車場（後の皇古屯停車場）を設置して運行を開始した。

清国は、露国が東清鉄道南満支線を租借していた時代から、京奉鉄道が同支線を横断して奉天市街まで延長することを希望していたが、東清鉄道付近には露国以外の列強による鉄道建設は認めないとする東清鉄道敷設契約により、露国は英国人技師が建設する京奉鉄道の延長には同意しなかったが、同鉄道の経営権が露国から日本に移った機会に、清国は改めて京奉鉄道の満鉄本線横断と奉天市街への延長の希望を表明した。

七月九日、萩原は林外相に、清国鉄路公司の雇用する邦人技師が、徐世昌東三省総督から奉天市街に向けた京奉鉄道延長線の路線調査を依頼されたことを報告した。林外相も、同延長線の満鉄への影響は大きく、日清満州善後条約付属取極め第三条は満鉄平行線とともに満鉄の利益を損ねる鉄道建設も禁じているとして、延長線の建設は認められないと萩原に回答した。さらに七月一七日にも林外相は萩原に、京奉鉄道を瀋陽停車場から満鉄本線奉天停車場に接続し、奉天停車場で満鉄本線と京奉鉄道を接続するよう清国との交渉を命じた。しかし、七月二二日、徐世昌東三省総督は萩原に、日本が瀋陽停車場から奉天市街への京奉鉄道延長線の建設を将来の課題として認めれば、奉天停車場で満鉄本線と京奉鉄道を接続するため、瀋陽停車場と奉天停車場間の接続線建設のための実地調査に同意すると述べ、あくまで日本が延長線の建設に同意するよう要求した。

このため京奉鉄道と満鉄本線との連絡問題に関する交渉は停滞し、萩原の奉天在勤中に解決することはできなかった。京奉鉄道延長問題は、明治四二年九月四日の満州五案件協約で、日本が京奉鉄道の満鉄本線横断と奉天市街までの延伸を認め、明治四四年九月二日、小池張造在奉天総領事が覚書に署名して解決する。

(二) 間島問題

満州北東部の吉林省間島地方では、一九世紀以来、朝鮮人農民による開墾が進められ、清国は朝鮮人農民の間島地方への流入を違法な越境と認識し、他方、韓国は間島地方を韓国領と主張し、一八八〇年代から間島地方の帰属をめぐって清韓両国の交渉が続けられていた。萩原は、明治三四年に露国が清韓国境問題を解決するために両国間の調停に入ろうとした時、在韓国公使館二等書記官として京城に在勤しており、このような露国の動きを注視していた。明治三七年六月一五日、日露戦争開戦後、萩原は駐韓国臨時代理公使として日露戦争終結後に日本が清韓国境問題について調停を斡旋するよう意見具申した。萩原にとって間島問題は決して未知の問題ではなかった。

ポーツマス講和条約の成立後、明治三八年一一月一七日、日本は韓国との間に第二次日韓協約を締結、韓国の外交権を掌握した。一二月二〇日には韓国統監府を設置、伊藤博文元首相が初代韓国統監に就任したが、清韓国境問題が未解決であったため、韓国政府は伊藤統監に間島地方居留朝鮮人の保護を要請した。翌明治四〇年二月八日、西園寺内閣はそれまでの韓国政府の施策に倣い、朝鮮人保護のため同地方に統監府職員の派遣を決定し、八月一九日、統監府職員として齋藤季治朗陸軍中佐を韓国北東部の会寧より間島地方に派遣、翌二〇日、吉林省延吉県龍井村に統監府間島派出所を開設した。清国は、二四日、間島地方は清国領土と主張し、直ちに統監府派出所の撤去を要求、日清間に間島問題が発生した。

間島問題の解決には、清国が主張するように清韓国境を図們江とするか、韓国が主張してきたように、朝鮮人農民が入植、開墾してきた間島地方を韓国領と認めるかの領土問題を解決する必要があったが、あくまで間島地方は清国版図の一部と主張する清国は、武力をもって統監府派出所を撤去することも辞さずとの強い態度を示したため事態は緊迫した。このため島川毅三郎在吉林領事は林外相に、間島地方に在住する朝鮮人保護のため同地に領事館の開設を求めたが、林外相は領事館を開設することは同地方が清国の領土であることを認めることになるとして、領事館の開設には反対した。

明治四〇年九月一一日、徐東三省総督は萩原に齋藤中佐の間島派遣が事後通告であったことを非難し、現地の治安維持のため軍隊の派遣を準備しており、統監府派出所開設の問題とは別に清韓両国の国境を早急に画定する必要を強調した。齋藤中佐が率いて間島地方に派遣された兵員は約五〇名であったが、九月二三日、徐総督は萩原に齋藤中佐の配下の部隊は二〇〇～三〇〇名にもおよぶとし、吉林より約二五〇名の兵士を急派する準備を進めていることを明らかにした。三〇日、萩原は唐紹儀巡撫に国境問題には日本にも清国の主張に反論する明確な根拠があり、今後、十分な討議を尽くして解決したいと指摘し、清国の派兵が逆に不測の事態を引き起こすことの懸念を伝え、事態の鎮静化を強く求めた。

萩原が述べた有力な根拠というのは、明治三九年二月一九日、大阪朝日新聞社の内藤虎次郎（湖南）が、清国の主張には根拠がないとする調書を外務省に提出したのを受けて、同年七月、山座政務局長が内藤に間島地方の地誌の調査を依頼し、内藤が明治四〇年夏に満州で行った調査を指している。

間島問題は、日露戦争中に萩原が指摘したように、日本が「調停者」となって解決をはかるべき清韓国境問題であったが、日露戦争終了後、日韓併合が進められた結果、日本が「当事者」となって解決をはからなければならなくなったため、それだけ日本にとって解決の難しい問題となった。明治四〇年九月二九日、萩原は間島地方をめぐる清国人と朝鮮人との対立について、清国人には朝鮮人が日本の威を借りて清国人を侮辱することは容赦しがたいとの声もあるなど、清国人の朝鮮人への感情的な反発があり、間島問題をめぐる対立の背景には、国境問題もさることながら、清韓両国民間の感情的なわだかまりに起因することも少なくないと林外相に報告している。

間島地方に定住した朝鮮人の法的地位をめぐる問題は、日韓併合によって海外における邦人保護という日本の主権にかかわる領事問題に発展するが、清韓国境を確定するだけでは間島問題の背景にある清韓両国民間の感情的な対立までは解消しないと認識する萩原は、日韓併合によって朝鮮人が日本政府の保護下に入ることにより、間島問題によって顕在化した満州における清国人の朝鮮人への感情的な反発が、清国人の反日感情に連鎖することを警戒していた。

明治四二年九月四日、日本は清国が主張する図們江を国境とする間島協約に調印する。間島問題をめぐる日清間の対立は萩原の離任後も続いていたが、明治四二年八月に日本の譲歩により決着をはかることにしたのは、間島問題を主管する倉知鉄吉政務局長が、通商局長の萩原が間島問題の取扱いを誤れば、清国人の反日感情にも連鎖しかねないと懸念していたことに耳を傾けたからである。

五、むすび

明治四〇年九月一七日、萩原に帰朝が発令され、また加藤本四郎在天津総領事に奉天への転任が命じられた。萩原は、一〇月二三日、奉天で外交官領事官試験同期の加藤に事務を引き継ぎ離任した。

萩原が在奉天総領事に内定した直後、明治三九年三月三日に加藤外相が辞任し、続いて英米両国から満州の門戸開放にかかわる抗議を受けたことは、奉天への赴任準備中の萩原にとって強い衝撃であったことは間違いなく、京奉鉄道延長問題や安奉鉄道改築問題では萩原が自ら解決の主導権を握ることはなかったものの、満鉄の円満な開業を希求したように、萩原が目指した日本の満州経営は英米両国から批判された排他的な権益の独占ではなかった。

萩原は、在奉天総領事館の開館から一カ月後の明治三九年七月一日、軍政官から在留邦人に対する取締り権限が移管された機会に、在留邦人に清国人には信義を重んじて友好関係を維持し、相互の利益増進に努め、日本国民としての体面を毀損するような行為は厳に慎むよう注意喚起する告示を掲示したが、その告示には、日清両国民の友好関係が確立維持できなければ、日本人の満州における自由な商工業の活動はあり得ないとの萩原の認識が示されている。萩原の描いた満州における軍政から民政への転換は、すなわち在満領事館体制の確立を追及することにあり、領事権限の下で邦人が満州で清国民と協和し、満鉄を中心にした経済活動を展開することであった。それだけに、間島における朝鮮人の法的地位の問題は、清国人との融和を阻害する要因になりかねないことを懸念していた。

他方、「二〇億の国帑と一〇万の血」といわれた日露戦争の代償である満鉄の利益を守ることは、在奉天総領事館の重要な任務であったが、満鉄を植民地経営の主幹としたいとする後藤満鉄総裁が、満鉄の経営を鉄道のみならず関東州から鉄道付属地にいたる企業活動にまで拡大し、また関東都督には関東州に加えて鉄道付属地の警察権も権限として与えたことにより、日本の主権下にある関東州と日本の主権下にはない鉄道付属地とが混然となり、日清満州善後条約で合意された鉄道付属地と関東州との法的地位の違いが曖昧になったことは否めない。

明治四〇年五月、一時帰国中の萩原は林外相に「関東都督府に対する外務省の監督権」と題する覚書を提出し、満鉄に対する監督権は関東都督にあるが、関東都督への監督権は外相にあり、これまでは日露戦争後の様々な経緯によって外相の都督への監督権は十分に行使されてこなかったが、日露両国軍隊が満州から撤退し、清国が同年六月に東三省総督を任命するといった新しい状況下では、外相の都督に対する監督権の確立が第一に求められなければならないと意見具申した。萩原は、関東州の施政権は関東都督の権限下にあるとしても、鉄道付属地は在満領事の領事管轄区域内にあり、またその権限下にあるといった違いがあり、鉄道付属地と関東州との法的地位の違いが都督府や満鉄において無視されることに危機感を感じていた。

明治四一年四月二一日、奉天より帰国して半年後、萩原は奉天在勤を解かれ、臨時に外務本省の事務に従事することを命じられた。おそらく、その日までに通商局長任命が内定したものと推察される。六月六日、第二次桂太郎内閣が誕生する直前、林外相は外務省幹部の大幅な人事異動を行い、萩原は外務次官に昇進する石井菊次郎通商局長の後任に起用された。

萩原は、通商局長に就任後、明治四一年一〇月七日から翌明治四二年六月二日まで通商局長のまま人事課長も兼任したが、明治四四年五月二六日、萩原は通商局長在職中に胃がんのため死去した。享年四三歳であった。

付表　在満領事等関係機関人員配置表(1)
萩原守一総領事時代
（明治39年5月～明治40年10月）

韓国統監府
統監：伊藤博文
（M38. 12. 21～M42. 6. 14）

関東総督府
総督：大島義昌
（M38. 10. 18～M39. 9. 1）
【M39. 9. 1、都督府に改組】

関東都督府
都督：大島義昌
（M39. 9. 1～M45. 4. 26）

南満州鉄道株式会社
総裁：後藤新平
（M39. 11. 13～M41. 12. 19）

在清国公使館
公使：内田康哉
（M34. 11. 10～M39. 5. 19）
臨時代理公使：阿部守太郎
（M39. 5. 19～同7. 14）
公使：林権助
（M39. 7. 14～M41. 5. 15）

在天津総領事館
総領事：伊集院彦吉
（M35. 1. 10～M39. 11. 1）
総領事：**加藤本四郎**
（M39. 11. 1～M40. 10. 19）

在英国大使館
臨時代理大使：陸奥広吉
（M39. 3. 20～同8. 16）
大使：小村寿太郎
（M39. 8. 16～M41. 7. 27）

在米国大使館
大使：青木周蔵
（M39. 4. 24～M40. 12. 30）

在露国公使館
公使：本野一郎
（M39. 1. 26～M41. 5. 1）

在奉天総領事：萩原守一（M39. 5. 26～M40. 10. 23）

新民屯出張所
所長：新国千代橘副領事
（M39. 10. 1～M40. 11. 15）

在牛荘領事館
領事：瀬川浅之進
（M37. 8. 6～M40. 2. 12）
領事：窪田文三
（M40. 2. 12～M42. 3. 10）

在哈爾濱総領事館
総領事：川上俊彦
（M40. 3. 4～T1. 4. 30）

長春分館
主任：松村貞雄副領事
（M39. 11. 15～M40. 11. 10）

遼陽出張所
所長：**速水一孔**副領事
（M39. 8. 3～M41. 9. 10）

在吉林領事館
領事：島川毅三郎
（M40. 3. 10～M41. 1. 19）

鉄嶺分館
主任：**天野恭太郎**副領事
（M39. 9. 20～M41. 9. 10）

鉄嶺出張所
所長：**天野恭太郎**副領事
（M39. 8. 1～同9. 20）
【M39. 9. 20、分館昇格】

在安東領事館
領事：**岡部三郎**
（M39. 4. 30～M42. 9. 30）

内　閣
首相：西園寺公望
（M39. 1. 7～M41. 7. 14）

外　務　省
外相：林董
（M39. 5. 19～M41. 7. 14）
外相：西園寺首相兼任
【林外相休職】
（M39. 8. 30～同9. 18）

外務次官：珍田捨巳
（M36. 12. 4～M41. 6. 6）

政務局長：山座円次郎
（M34. 12. 23～M41. 6. 6）

通商局長：石井菊次郎
（M37. 11. 26～M41. 6. 6）

注：ゴシックの氏名は在奉天総領事館在勤経験者（将来の在勤者も含む）

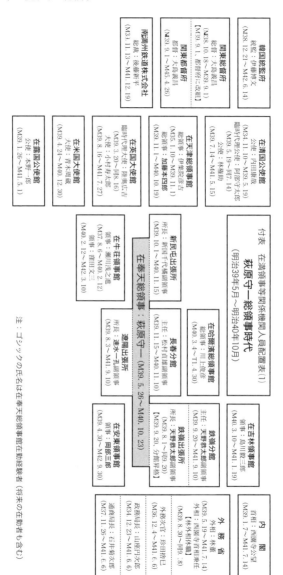

第二章　加藤本四郎総領事

一、問題の所在

在奉天総領事加藤本四郎は明治四〇年一〇月二三日に奉天に着任し、萩原守一総領事から事務の引き継ぎを受け、翌明治四一年六月二四日、加療のため館務を次席の吉田茂領事官補に託して帰朝するまで、第二代総領事として八カ月にわたって奉天に在勤した。

明治四〇年九月一七日、加藤は天津で奉天への転任を命じられたが、加藤が総領事として天津に着任してからまだ一〇カ月を経過したばかりであったから、天津から奉天への異動は加藤にとって全く予期していなかった人事であった。加藤の後任の在天津総領事は、明治四一年三月二〇日、加藤が天津を離任してから五カ月後に在芝罘領事館から小畑酉吉領事が総領事代理として着任するが、小畑が総領事に昇格するのはさらに一年後の明治四二年三月二〇日であるから、加藤の転任発令は予定外に早いものであった。

萩原と加藤は年齢では萩原が加藤よりも二歳年長であるが、帝国大学法科大学の同級で外務省の同期入省という関係があり、加えて明治三四年三月から萩原が在韓国公使館二等書記官の時に、加藤は同年一二月に京城とは至近の在仁川領事となり、日露戦争中はともに韓国に在勤していた。さらに萩原が在奉天総領事に任じられた半年後、明治三九年一一月、加藤は奉天から最寄りの在天津総領事に就任した。このような萩原と加藤の関係から、帰朝の内示を受けた萩原が在奉天総領事の後任に加藤を推した可能性は少なくない。いずれにしても満州では軍政から民政への転換が途についたばかりで、在奉天総領事は民政への転換を象徴する存在でもあったから、第一次西園寺公望内閣林董外相としては、萩原を帰朝させた後、在奉天総領事を空席にすることはできず、在天津総領事を空席にしても加藤を天津から奉天に転任させることとした。翌明治四〇年一〇月一九日、加藤は天津を発って奉天に赴任した。その時、加藤は三七歳であった。

加藤は、明治三年五月一〇日、大分県玖珠郡森町に生まれ、明治二八年七月に帝国大学法科大学を卒業後、同年の第二回外交官領事官試験に合格、同期には萩原守一、後に在奉天総領事となる落合謙太郎等がいる。外務省入省後、加藤は、同年一〇月に在韓国公使館外交官補、翌二九年九月に在ロンドン総領事館領事官補、明治三二年八月に在蘇州領事館副領事、翌三三年一二月に在香港領事館に転任、明治三四年一二月に在仁川領事に任じられた。日露戦争後、加藤は、明治三八年一二月二一日に韓国統監府とともに新設された仁川理事庁理事官に就任、翌明治三九年一一月一日、在天津総領事を拝命した。

明治三九年五月二二日に開催された満州問題協議会の決定に基づいて、第一次西園寺公望内閣は日露戦争後の南満州における軍政が終了したことを内外に示すため、九月一日、遼陽に本部のあった関東総督府を平時の軍事組織に改め、旅順に移転するとともに関東都督府に改組、都督には引き続き大島義昌関東総督を任命した。関東都督には日本が租借した遼東半島（関東州）の施政権に加え、満鉄沿線鉄道付属地の警察権を与えたため、鉄道付属地の治安は都督府警察が取り締まる一方、鉄道付属地外は各領事館に配置された領事警察があたることとなり、南満州の警察機能は都督府警察と領事警察とに二元化された。

他方、関東都督には、関東都督府官制第五条で「特別の委任」を受けて都督自らが満州地方当局との交渉を行う権限も付与されたが、都督は外相の指揮監督下におかれ、実際に都督が満州地方当局と外交交渉を行うことは許されなかった。このため大島都督は関東都督が、事実上、外交交渉に携わることができないことに強い不満をもち、明治四〇年七月、都督自ら満州地方当局と外交交渉が行えるよう関東都督府官制の改正を要求した。ここに外交交渉権をめぐる外務省と関東都督府の対立が顕在化した。

また加藤が奉天に着任した時、満鉄は明治四〇年四月の開業から半年を経過し、しかも同年七月二一日に日露間で南満・東清鉄道接続協約が成立、ポーツマス講和条約で定められた日露間で東清鉄道と満鉄本線とに分割した境界の寛城子で、満鉄本線と東清鉄道との接続業務も開始されていた。さらに同三〇日に第一回日露協約が成立、満州の南北で対立関係にあった日露間に緊張緩和が進展し始める一方、加藤が着任した直後の一一月八日、英国議会貴族院議員フレンチ男爵（ロード・フレンチ）が代表を務める英国ポーリング商会が、密かに法庫門鉄道（新民屯・法庫門間）の敷設権を獲得、満鉄平行線をめぐる日英間の対立が生じ、対露攻守同盟としての日英同盟にも変化の兆しが現れていた。

このように、日露戦争後の満州をめぐる国際環境が大きく変動し始め、日本は満州の軍政を民政に転換しながら在満権益の維持と強化に努めなければならない中で、加藤は奉天に着任した。

二、満州統治問題（1　在満領事館体制の確立）

加藤が在奉天総領事の時代に加藤を補佐し、加藤が不在の時には総領事代理を務める次席は吉田茂領事官補であった。また加藤が着任した時の総領事館員は、吉田のほか、萩原総領事時代に在勤した八木元八、堺与三吉、秋洲郁三郎、白洲十平各書記生と草政吉通訳生の五名であった。加藤の着任後、明治四〇年一二月九日に東條勝順書記生が着任し、館員は萩原時代に比べて一名増え、総領事も含めて八名となった。因みに、明治四一年一一月時点の在外公館は実員で在清国公使館は七名、在上海総領事館は八名、在天津総領事館は六名、在英国大使館は九名、在米国大使館は六名、公使館から大使館に昇格したばかりの在露国大使館は七名であった。在奉天総領事館は開設後二年目であったが、在外公館の規模としてはすでに主要公館並の館員数を擁し、本省が満州問題の重要性からそれだけ在奉天総領事館の役割を重視していたことが窺える。

一方、加藤が奉天に着任した時には、在奉天総領事館領事管轄区域内の鉄嶺と長春に在奉天総領事館分館が、また遼陽と新民屯に出張所が開設されていたが、明治四〇年七月二一日に成立した日露南満・東清鉄道接続協約により、寛城子において満鉄本線と東清鉄道との接続業務が開始されたことにともない、一一月一〇日、加藤が着任した直後、長春分館は在長春領事館に、さらに一一月一五日、新民屯出張所は新民屯分館に格上げされた。また明治四一年九月一〇日、加藤が離任した後、遼陽出張所ならびに鉄嶺分館はそれぞれ在遼陽、在鉄嶺領事館に格上げされる。

在奉天総領事館領事管轄区域内の長春、鉄嶺、遼陽に領事館が開設されるにあたり、明治四一年八月、在長春領事館領事管轄区域は「吉林省長春府、農安県。黒竜江省嫩江以西ノ洮南府、盛京省中懐徳県、遼源州」、在鉄嶺領事館は「盛京省中鉄嶺県、開原県、昌図府ノ内奉化県、康平県」、在遼陽領事館は「盛京省中遼陽州」とされ、在奉天総領事館は「盛京省中の在安東、在牛荘、在長春、在鉄嶺、在遼陽領事館の管轄区域に属せざる」地域とされた。加藤の奉天在勤中に在奉天総領事館領事管轄区域はさらに狭められた。

他方、明治四一年一〇月二九日、在哈爾濱総領事館領事管轄区域内で在斉々哈爾領事館が開設された。在哈爾濱総領事館領事管轄区域のうち主に黒竜江省が在斉々哈爾領事館領事管轄区域となり、在哈爾濱総領事館領事管轄区域は松花江以北の吉林省北部となった。

ところで、明治四一年当時の「領事官職務規則」（明治二三年勅令第一五三号）第一条には、「領事官は外務大臣の指揮監督及其の駐在国に在る帝国公使の監督を受くべし」とあり、満州ではいずれの領事も、外相はもとより、北京駐剳公使の指揮監督を受けたが、総領事および領事の間では外相の下に相互に独立しており、それぞれの領事管轄区域の事案に管轄外の領事は介入できない制度であったが、他方、奉天には満州地方当局として盛京省を管轄する奉天督弁のほか、全満州の実権を握っている東三省総督が駐在しており、在奉天総領事は在満領事館が各地に開設されるとその領事管轄区域は狭められていったが、逆に東三省総督と交渉する必要のある案件は、領事管轄区域外の事案であっても在奉天総領事が交渉に関与せざるを得なくなっていた。

このため、明治四一年一月九日、林外相は東三省総督との外交交渉にかかわる全ての権限を在奉天総領事に委ね、満州駐在の各領事と在奉天総領事との間の権限について、

「一、各領事館管轄区域に発生した交渉事件は当該領事とその地方官憲との間で処理すること

二、総領事に対し他の領事管轄区域内に発生した事件について督撫より交渉を受けた時は利害に関係するあるいは至急を要する場合以外はできる限り当該領事とその地方官憲との交渉に委ねるよう要求すること

三、各領事は管轄内で発生した事件で重要な事件または地方官憲との重要な交渉については大臣とともに奉天総領事にも通知すること

四、交渉事件の中でも一般的な性質を帯び他の地方にも利害を及ぼすようなものの比較的重大にして地方官憲の単独の意思解決し難きものその他督撫と直接交渉することが便宜と認められるもの地方官憲が希望する場合等においては各領事はこれを奉天総領事に移管する」

と規定した。

翌一〇日に関東都督府官制が改正され、加藤とともに在牛荘窪田文三領事、在安東岡部三郎領事、在長春松村貞雄領事も都督府事務官に兼任された。東三省総督との交渉に関東都督が介入することを防ぐためにも、東三省総督との交渉窓口を在奉天総領事に特定しておく必要があった。それまでの在奉天総領事の年次は在満領事の中で最も高かったが、これによって在奉天総領事は名実ともに在満領事の筆頭としての地位を確立することになった。

三、満州統治問題（2　関東都督府との対立）

㈠　警察権問題

関東都督府の発足により日露戦争後も南満州に駐屯していた満州派遣軍が撤退し、満鉄の開業により満鉄の保全およびその付属地の治安維持のため、明治三八年一二月二二日の日清満州善後条約付属取極めにより、満鉄沿線一キロにつき一五名以内の鉄道守備隊の配置が認められ、関東総督の傘下にあった二個師団一万人の守備隊に代わって、関東都督の傘下に陸軍一個師団六個大隊が配置された。これが、大正八年四月に関東都督府が改組され、関東庁が発足する際に関東軍として独立する陸軍部隊の起源になる。外相には都督に対する監督権が与えられたが、それは外交問題に限られ、都督傘下の師団は陸軍参謀本部の統帥下にあったから、関東都督府は民政機関を装いつつも全てが外相の監督下にあったわけではなかった。

関東州では警察権も裁判権も関東都督の権限下におかれていたが、他方、関東州外の南満州では、警察権は鉄道付属地では関東都督、また鉄道付属地外ではその地域を管轄する領事の所管であった。在奉天総領事館の開館にあたって領事警察官として警部二名、巡査二〇名が配置され、奉天市内のみならず在奉天総領事館領事管轄区域全域の治安維持にあたっていた。また在奉天総領事館分館では、鉄嶺に警部一名、巡査一〇名、遼陽に警部一名、巡査三名、新民屯に警部一名、巡査五名、長春に警部一名、巡査五名がそれぞれ配置されたにすぎず、この小規模な領事警察では、鉄道付属地外の領事管轄区域に住む在留邦人を匪賊の襲撃などから保護することは困難を極めていた。

このように、在満領事館は各領事管轄区域の治安維持のため警察組織を保持していたが、領事警察の規模は小さく、領事権限だけでは日本の権益を擁護し、在満邦人の安全を確保するには十分でないという限界も示していた。しかし、関東都督には関東州の施政権とともに、日清満州善後条約に基づいて満鉄付属地の治安維持のための取締り権限も付与されており、関東都督府は、鉄道付属地で発生する問題の解決は、都督自らが満州地方当局と直接交渉する必要を認め、外交交渉権と警察権の両方において在満領事に優越する立場を確立しようとしていた。

加えて、満州における領事裁判権は、鉄道付属地の内と外とにかかわらず、管轄する領事の権限下にあったから、南満州の鉄道付属地では領事裁判権が管轄の領事に付与されていながら、領事には同付属地での警察権が付与されていないという矛盾が生じていた。また南満州在留邦人の多くは鉄道付属地に建設された市街地に居住していたが、鉄道付属地外に居住する邦人も増え、また取締り規則も都督府警察と領事警察には違いもあり、両者の一元化は満州統治の一元化という観点からも不可欠となっていた。

林外相は、鉄道付属地は在満領事館の領事管轄区域内にありながら、在満領事には裁判権は付与されていても、鉄道付属地の警察権が付与されていないという矛盾を解決するため、在満領事が都督府事務官を兼任し、警察権に限って在満領事に関東都督の指揮権を認めることはやむをえないと考え、明治四一年一月の関東都督府官制の改正では、「領事官にして事務官を兼ねる者は上官の命を承け鉄道線路の警察事務を掌理す」との一項を挿入することとした。

林外相は、明治四一年一月一〇日、在満警察行政の一元化にあたって、

「一、鉄道付属地内の警察事項に関する規則の制定に関しては都督の指揮を受くべく、又同

付属地外に施行すべき警察規則の制定に付きては事情の許す限り付属地内の規則と調和を図り且制定の都度都督に報告すべきこと

二、鉄道付属地内に於ける警察事項に関しては都督に報告し且其指揮を受くべきこと

三、清国地方官憲若くは地方駐在の外国官憲との交渉事項にして鉄道付属地に関係するものに関しては都督に報告し且其指揮を受くべきこと

四、鉄道付属地外に関する領事官の執務上前二項と関係を有し其歩調を同一にするの必要ありと認むるものは事の緩急に応じ都督を経由して本大臣の指揮を受くるかまたは直接本大臣に稟申すると共に其旨を都督に報告すべきこと」

といった心得を加藤ほか南満州駐在各領事に与えた。

これにより、明治四一年一月一五日、満鉄沿線の領事が都督府事務官に兼任され、都督府事務官に兼任された領事は、都督の指揮監督の下に自らの領事管轄区域内の鉄道付属地の警察権を執行できるようになった。加えて鉄道付属地に駐在する都督府警察官が領事警察官に兼任され、領事は鉄道付属地を含む領事管轄区域全域で、領事警察官に兼任された都督府警察官を指揮して警察権を執行することになったため、人数的に少ない領事警察官を都督府警察官により補うこととなり、南満州における警察権の一元化がはかられることになった。

これに先立つ一月一四日、大島都督は、都督府傘下の各警察署長とともに、都督府事務官に兼任予定の各領事を旅順に召集した。奉天からは加藤が八木書記生を同伴して出席したほか、牛荘から窪田領事、安東から岡部領事に代わって野口多元書記生、長春から松村領事に代わって渡辺理恵書記生、さらに在奉天総領事館各分館および出張所からも鉄嶺から天野恭太郎副領事、新民屯から北条太洋書記生、遼陽出張所から速水一孔副領事が出席し、警察権が一元化された後の在満領事と都督府警察との顔合わせが行われた。

このように、明治四一年一月の関東都督府官制の改正は満州統治機構の全体にかかわるものとはならなかったが、警察権に限定したとはいえ、在外公館長に外相以外の指揮監督権を認めた未曾有の制度改革となった。在満領事が手薄な領事警察を都督府警察により補うことができるようになり、在満領事がこの制度改革から得られた利点も少なくなかったが、関東都督府事務官に兼任されたことにより都督の指揮監督の下に編入されたことは、その後の領事権限に大きな影を落とすことになった。

㈡　外交交渉権問題

関東都督は、関東都督府官制第五条の「特別の委任」により、都督自らが満州地方当局と交渉できる権限が付与されたが、都督の外交交渉に関与し得る権限を抑えるため、都督が満州地方当局と交渉を行う場合でも、その交渉が外相の権限の下で行われるように、関東都督府官制第四条により都督への監督権は外相に付与された。「特別の委任」とは、第一に「租借地と清国領土との境界に於ける事項に関する交渉事務」、第二に「帝国領事館及び分館なき地に於て鉄道付属地に於ける事項に関し、急速交渉を要する事項、ただし、事後直ちに交渉の顛末を外務大臣及び当該領事館に報告すること」の二点であった。

しかし、第一の「租借地と清国領土との境界」というのはまさしく日清間の国境であり、国境地帯における事案は日清間の外交問題として在清国公使館が取扱う案件であった。また第二の「帝国領事館及び分館なき地」というのも、領事館開設地である奉天、牛荘、安東以外にも、長春、鉄嶺、新民屯には在奉天総領事館分館が、また遼陽には同出張所が開設されており、満鉄本線沿線の主要都市で実際に「帝国領事館及び分館なき地」という地域は、例えば、公主嶺や四平街など限られており、公主嶺や四平街といっても在奉天総領事館領事管轄区域にあったから、事実上、無いに等しい状況で、つまり、都督が「特別の委任」により自ら東三省総督と交渉できる余地は初めから無かったといってよい。

因みに、公主嶺には、在奉天総領事館の領事官ではなく、領事警察官が駐在する出張所が開設されていた。領事警察官のみが駐在する出張所は、公主嶺以外にも、昌図、開原、法庫門、通江口にも設置されており、駐在する警察官が領事事務もあわせて担当していた（公主嶺、昌図、開原、法庫門、通江口各出張所における領事事務の取扱いは、在奉天総領事館領事部の一部であり、領事官が常駐している遼陽出張所のように、名称は同じ出張所で在奉天総領事館の傘下にあっても、在奉天総領事館領事部から独立して領事事務を取扱っていたのとは性格が異なるので、本稿ではこれら出張所を在奉天総領事館出張所としては取扱っていない）。

さて明治三九年八月二三日、大島関東総督が関東都督に任命される直前、林外相は在満各領事に、都督府とは協力しつつ満州地方当局との交渉には各領事があたるように指示しており、外相の監督権限下に都督をおくことによって、都督が満州地方当局との交渉に関与させないようにする意図を明らかにしていた。

関東都督が外相の監督を受けることは、事実上、東三省総督との交渉の途が閉ざされることを意味していた。都督は陸軍大将ないし中将の中から選任されており、嘉永三年（一八五〇年）生まれの大島都督は陸軍大将、関東都督府が発足した明治三九年当時で五六歳、それに対してその当時の萩原総領事は三八歳、またその翌年に着任した加藤は三七歳であったから、在奉天総領事は満州に駐在する領事の中では最も年次が上とはいえ、総領事が二〇歳も年下であれば、大島都督は在奉天総領事を相当な格下に見ていたであろう。それだけに大島都督が希求する外交交渉の権限が格下の在奉天総領事に与えられ、実質的に関東都督に与えられていないことに、大島都督は耐え難い不満を感じていた。

このため大島都督は、翌明治四〇年五月、「覚書　関東都督子爵大島義昌提出」を著し、都督自らが東三省総督との直接交渉に携われるよう関東都督府官制の改正を要求した。都督には官制上は満州地方当局との交渉に携わる権限も付与されていたが、実際に都督が満州地方当局と直接交渉を行うことは、在満領事の権限を侵害することにもなりかねないため、林外相は大島都督の要求に強く反対した。林外相は、一〇月三〇日、伊藤韓国統監に書簡を送り、大島都督は日本の主権のおよばない南満州と日本の主権の下にある遼東半島（関東州）とを混同していると批判している。

大島都督の関東都督府官制の改正要求は、満鉄沿線に駐在する領事が、重要ないし緊急の外交案件は外相の直接の指揮を受けるにしても、それ以外の外交案件については都督の指揮命令を受けること、加えて新設の都督府外事部長には在奉天総領事より格上の外事総長をあてることとし、外事総長には関東都督府において対清国外交関係の事務を総括させようとしていた。

明治四一年一月一〇日、関東都督府官制が改正され、同一五日、加藤のほか満鉄沿線の南満州に駐在する在長春松村領事、在牛荘窪田領事、在安東岡部領事に都督府事務官の兼任が命じられ、続いて二四日にも、在奉天総領事館鉄嶺分館主任天野副領事、同遼陽出張所長速水副領事にも兼任が命じられた。兼任を命じられたのは加藤などの館長のみで、吉田茂などの一般館員にまで兼任が発令されたわけではなく、新民屯分館主任北条書記生は、一月一四日に大島都督が旅順で開催した都督府警察署長等と在満領事の会合には招致されたが、新民屯は満鉄本線から地理的にも離れているとして関東都督府事務官には兼任されなかった。

また同年一月二一日、関東都督府外事総長に在伊国大使館一等書記官日下部三九郎が任命された。日下部は加藤と同じ明治三年生まれ、明治二七年に帝国大学法科大学を卒業後、同年の第一回外交官領事官試験に合格、同期には堀口九萬一がいる。外務省入省後、在韓国公使館外交官補、在ホノルル総領事館領事官補、明治二九年三月に在伊国大使館外交官補、翌三〇年一一月に三等書記官、明治三四年三月に二等書記官に昇進、同年一一月に在露国公使館に転任、明治三七年二月に日露戦争勃発のため在スウェーデン・ノルウェー公使館に転任、明治三九年四月に在伊国公使館一等書記官を歴任した。しかし、関東都督府外事総長に就任後、明治四二年二月に休職、その後の履歴は不明である。

林外相は都督府が満州問題に関する満州当局との交渉に関与することにそもそも反対であっ

た。日下部は外務省入省は加藤より一期上のため加藤より確かに年次が上であることは間違いないが、外事総長が在奉天総領事と年次的にほぼ同格であれば、大島都督としても、外事総長が在奉天総領事をはじめ在満領事を配下にしたがえ、関東都督府がその交渉を総括することなど期待できようもなかった。外務省も外務省員を外事総長に充てることを条件に外事総長の新設に同意したことは明らかで、満州問題に限るとはいえ関東都督府が交渉の総括を担うことはもとより望むところではなく、外事総長に在奉天総領事とほぼ同格の日下部を任じることによって、関東都督府の交渉への介入を抑えようとしたことは明らかであった。

明治四一年一月の関東都督府官制の改正は、在奉天総領事はじめ南満州駐在各領事を都督府事務官に兼任することにより、外交交渉権をめぐる領事館と都督府との不一致を解消する狙いがあったが、実際には満州南部の鉄道付属地内外における警察行政の一元化がはかられただけで、大島都督の期待に反して都督が在満領事を指揮して満州地方当局との外交交渉にあたることは認められず、清国との外交交渉に都督の指揮命令を発揮できる体制にはならなかった。実際に交渉を行う各領事が外相の直接の指揮命令により満州地方当局との交渉にあたることは、それまでと何も変わらなかった。

このため、同年七月、大島都督は改めて関東都督府官制の改正を求め、都督が満州地方当局との外交交渉に直接関与できるよう求めたが、在奉天総領事として外相の指揮下にある加藤としても、警察権に限るとはいえ、関東都督の指揮命令に服さなければならないことに大きな矛盾を感じた。ここに在奉天総領事の都督への反発が生まれ、それが加藤の次の小池総領事の時代に高揚し、在奉天総領事と都督の間の軋轢となって、在満統治機構をめぐる外務省と陸軍の対立を引き起こすことになる。

四、満州懸案問題（法庫門鉄道問題）

明治四〇年四月一日に満鉄は開業したが、開業後の最初の課題は三年以内に満鉄本線と支線の軌道を狭軌から標準軌に改築し、大連・蘇家屯間を複線化することであった。加藤が着任した時は大連・旅順間の改築工事が行われており、同年一二月までに同改築工事は終了した。満鉄本線の大連からの標準軌改築工事は翌明治四一年一月に瓦房店、二月に遼陽、三月に奉天、四月に寛城子まで終了し、五月三〇日から満鉄全線で標準軌による列車が運行された。翌三一日、大連郊外周水子に三千人の在留邦人が参列し、日本に送還する狭軌車両（機関車二一七両、客車一五七両、貨車三七二七両）の「告別式」が挙行され、標準軌改築工事の終了が宣言された。また大連・蘇家屯間の複線化工事は明治四二年一〇月に竣工するが、加藤の奉天在勤中は安奉鉄道改築問題など鉄道問題にかかわる日清交渉が始まるまでにはいたらなかった。

他方、明治四〇年一月、四月一日の満鉄開業を前に、萩原総領事は、満州の開市や税関問題を調査しているオリバー蘇州税関長が、遼河西域地方の穀物を大連ではなく営口ないし秦皇島から輸出するため、新民屯から法庫門にむけて京奉鉄道の支線（法庫門鉄道）を建設し、将来、それを斉々哈爾に延長することを献策したことを察知し、これが満鉄による満州産大豆などの農産物輸送に多大な影響をおよぼす競争線になることを警戒し、貨物輸送に収益の多くを依存する満鉄の利益を守るために、同敷設計画に強く反対する必要があると意見具申した。

南満州西部遼西地方の農産物は、法庫門や鄭家屯、洮南などで集荷されるため、満鉄はそれらの集荷地から貨物や農産物を大連に輸送することによって収益を上げていた。洮南のように東清鉄道に近い集荷地では、農産物は東清鉄道によってウラジオストックに運ばれていたため、すでに満鉄本線と東清鉄道とは同地域の農産物輸送をめぐる競争関係にあった。したがって、満鉄本線から遼西地方に向けて支線を建設することができれば、遼西地方産の農産物を満鉄本線に吸収し、大連に運ぶことが可能となるものの、法庫門鉄道（新民屯・法庫門間）が敷設されれば、遼西地方の農産物の多くが同鉄道から京奉鉄道により営口ないし秦皇島に輸送されるため、満鉄の運賃収入と積出し港大連の貨物取扱い量は大きな影響を受けることが予想された。

また徐世昌東三省総督は明治四一年から英国の技術支援を受けて、営口に代わる不凍港を錦州の南の葫蘆島に築港し、大連に対抗する新たな港として同港から満州産農産物を輸出できるようにしようとしていた。このため、権益としての満鉄の維持は在奉天総領事館にとって最優先課題であったから、萩原総領事は満鉄の利益に多大な影響を及ぼす可能性のある法庫門鉄道の建設には強く反対していた。

明治四〇年八月一二日、北京では阿部守太郎臨時代理公使から清国政府に、日清満州善後条約の平行線建設禁止規定により日本は法庫門鉄道の建設は承認できないと通告した。これに対して清国は、同鉄道建設問題は清国の内政問題であり、それが満鉄の利益を損ねることはなく、満鉄本線とは平行線と既定する以上の距離があるとして、日本が法庫門鉄道を満鉄の平行線と認定してその建設に反対することに強く反発した。加えて加藤が着任した直後の一一月八日、奉天巡撫唐紹儀は密かに英国ポーリング商会との間で、法庫門鉄道敷設の予備契約と同鉄道の斉々哈爾への延長に関する覚書に署名していた。グレー英国外相は法庫門鉄道が完成すれば、満鉄の利益が損なわれるとの日本の主張に理解を示したが、ポーリング商会代表ロード・フレンチは、英国議会で日本の法庫門鉄道敷設反対は日英同盟に反し、満州の門戸開放に違反するとの批判を惹起していた。

英国からこのような門戸開放違反との批判を受けた加藤は、明治四一年二月五日、日本の法庫門鉄道建設が清国や同鉄道建設を画策する英国の対日批判を招くことを懸念し、満鉄への影響を少なくするため、日本が満鉄本線の鉄嶺などから法庫門ないしその以西地域にいたる鉄道敷設権を獲得できれば、法庫門以北に同鉄道を延長しないことを条件に同鉄道の建設に同意した方が良いと、林董外相に意見具申した。

この加藤の意見具申で注目すべき第一点は、法庫門まで京奉鉄道を延伸することにより、法庫門で集積する遼西地方の農産物が満鉄を経由することなく京奉鉄道によって営口に運ばれ、牛荘港から満州外に運び出されることになるため、大連港の取扱い貨物の量は大きく左右され、満鉄の収入に大きな影響を与えるとして、同鉄道の建設にあくまで反対した萩原前総領事の認識を共有しながら、加藤は日本の反対が同盟関係にある英国の対日不信を引き起こすことを懸念し、同鉄道の建設にあくまで反対することによって、英国から門戸開放原則に抵触するといった批判を受けることは、むしろ国益を損ねる恐れがあるため同鉄道の建設は認めざるを得ないとしたことである。

また第二点は、日本が法庫門鉄道の建設を承認しても、法庫門の先への延伸を認めず、満鉄本線から法庫門にいたる満鉄支線の敷設権を日本に与えることを代償とした点である。この支線が建設されれば、法庫門鉄道が法庫門に集積される遼西地方の農産物の大半を吸収することはなくなり、それだけ満鉄の貨物取扱い量への影響は少なくなると考えられた。加えて法庫門鉄道の延伸を認めず、他方、満鉄本線から法庫門への満鉄支線をさらに遼西地方北部方面に延伸できれば、同地方の農産物は同支線で満鉄本線に運ばれるため、満鉄への影響はより少なくなると予想された。これが満鉄培養線の考え方の基礎になる。

この加藤の意見具申は、同年五月、離任間際の林権助駐清国公使から袁世凱外務部尚書に伝えられ、日本は法庫門地方の開発に反対ではなく、法庫門鉄道に代えて清国が満鉄本線と法庫門とを結ぶ鉄道を建設するよう提案したが、清国はこれに応じなかった。しかし、法庫門鉄道建設への日本の強い反対が明らかになると、ロード・フレンチは日本の法庫門鉄道建設への妨害は日露戦争前の露国と少しも変わらないとの不満を露にしながらも、その建設を断念したが、法庫門鉄道に代わるものとして日本も満鉄本線との間に同意しえる距離をおいた新たな鉄道敷設計画、すなわち錦州から洮南を経て斉々哈爾にいたる錦斉鉄道計画を構想し、加藤が病気療養のために帰朝した後、明治四一年九月二六日、密かにその敷設権を獲得した。

こうして法庫門鉄道問題は満州五案件交渉の一つとなり、同年九月二五日、つまりロード・フレンチが錦斉鉄道の敷設権を獲得する前日、第二次桂太郎内閣は満州問題解決処理方針を閣議決定し、加藤の意見具申を踏まえ、法庫門鉄道は清国が同鉄道の建設について日本の承認を求めること、また法庫門から先に延長しないこと、さらに満鉄が受ける損害への代償として、日本に四平街など満鉄本線より鄭家屯にいたる支線の建設を認めることを条件に、同鉄道の建設を承認することとした。しかし、袁世凱は満鉄の支線が遼西地方に延びることによって日本の勢力が満州西部に展開されることを嫌い、日本の提案を受け入れようとはしなかった。翌明治四二年八月七日、小村外相が安奉鉄道改築工事の断行を清国に通報した翌日、清国は法庫門鉄道の建設断念を日本に通告する。同年九月四日の満州五案件協約で清国は法庫門鉄道の建設には日本の了解を得ることに同意したが、実際にこれが建設されることはなかった。

五、むすび

明治四一年五月初旬、加藤は腫瘍の手術のため大連にて加療を希望し、林外相の許可を得て満鉄大連病院で手術を受けたが、根治にはいたらず、六月一九日、林外相は加藤に本邦での療養を勧め、二四日、加藤は大連を出発して帰国した。もとより加藤は健康を回復し、奉天に帰任するつもりであったが、加藤が再び奉天に帰任することは叶わなかった。

加藤の在奉天総領事としての在任期間は八カ月と短く、加藤が自らの方針により外交活動を行うまでにいたらなかったことは否めない。明治四一年一月の関東都督府官制の改正の頃までは大島都督の呼び出しに応じて大連まで出張していたものの、五月に腫瘍の摘出手術を受けるほどに病状が悪化したことを思えば、着任後半年にも満たない明治四一年二月ないし三月にはすでに病状の兆候があらわれていたと想像され、おそらく症状の悪化が見えてからは、加藤も総領事としての任務を必ずしも十分に果たしきれずにいたものと思われる。

明治三九年五月二二日の満州問題協議会では、西園寺内閣は英米両国の要求する門戸開放原則を受け入れ、満州の軍政から民政への転換を推進することにしたが、加藤が奉天に在勤していた明治四〇年から四一年にかけては、日本の満州の門戸開放の姿勢が国際社会で最初に問われた時期でもあった。英国内の日本の法庫門鉄道建設反対への批判の高まりが明らかになると、加藤は門戸開放原則をめぐる日英間の対立が日英同盟を阻害しかねないことを強く懸念し、いかにして満州の門戸開放を推進するかを強く意識していた。

加藤は、明治四一年二月五日の意見具申で清国の法庫門鉄道の建設を認める代償として、満鉄本線と法庫門ないしその以西地域を結ぶ鉄道敷設権獲得を提言したが、病魔との戦いが始まる直前の加藤の最後の意見具申は、その後、最終的に法庫門鉄道が建設されなかったことに鑑みれば、日本の満州経営にとって極めて重要な意味をもっていた。

また加藤をはじめ南満州に駐在する領事が都督府事務官に兼任されたことは、日露戦争後の日本の新しい満州統治体制であったが、大島都督が日本の主権下にある関東州と日本の主権下にはない南満州の法的地位を混同している状況では、満州の門戸開放を推進しなければならない加藤は、大島都督の指揮監督を受けることに大きな矛盾を感じていた。すでに法庫門鉄道問題で明らかにされたように、国際社会が日本の満州の門戸開放にどのように取り組むかを見守っている時であったから、加藤も満州における門戸開放を阻害しかねない都督の満州問題への介入には、努めて警戒しなければならなかった。

在奉天総領事館と関東都督府の間には満州統治をめぐる埋めがたい対立が隠されていたが、加藤は明治四一年六月に病気療養のため帰朝したので、加藤総領事時代に都督府との間で満州問題をめぐる外交交渉において軋轢が生じることはなかったが、都督府との対立の萌芽は加藤の後任の小池総領事時代に顕著となる。

明治四一年六月二四日、加藤が加療のために帰朝した後、総領事代理を務めていた吉田もすでに六月一一日に帰朝発令を受けていたが、同二六日、林外相は吉田に加藤総領事が本邦にて加療することになったことから、吉田の後任の尾崎洵盛領事官補が在上海総領事館より着任するまで帰朝の延期を命じた。明治三十八年に東京高商を卒業、吉田とは外交官領事官試験の同期である尾崎は、七月二七日に奉天に着任したが、吉田がチフスに感染し、八月四日から奉天日赤病院で療養を余儀なくされたため、在奉天総領事館は館長と次席の双方が不在という事態に陥った。

加えて、第二次桂内閣の外相に就任することが内定した小村寿太郎駐英国大使が、八月一九日、英国からの帰路、奉天で日清満州善後条約締結時の清国全権団員であった徐世昌東三省総督と会談することになり、九日より在安東岡部領事が奉天に出張、吉田に代わって館務を総括していたが、吉田の快癒が遅れたため、九月五日、岡部は在安東領事のまま在奉天総領事館兼任を命じられ、明治四一年一二月九日に小池総領事が着任するまでの二カ月間、総領事代理として在安東領事のまま館長不在の在奉天総領事館の館務を掌理した。

しかし、近隣といえども、他公館の館長が別の公館長を兼任するというのは極めて稀で、通常は館長不在の場合は館内序列第二位の館員が館長代理を務めるのが原則である。すでに帰朝発令を受けている吉田が奉天を離任するのは一〇月二二日であるが、病気療養のため勤務できない事情があれば、吉田の後任の尾崎はすでに着任していたので、尾崎が吉田に代わって館長代理を務めるべき立場にあったが、あえて在安東岡部領事に在奉天総領事代理を命じたのは、着任間もない尾崎に館長代理を務めさせることを本省が了解しなかったからである。

因みに、岡部は、明治三〇年に山口高商を卒業、明治三四年四月の第九回外交官領事官試験に合格（明治三四年は一〇月にも第一〇回外交官領事館試験が行われており、合計五名が合格）、明治三九年五月の在安東領事館開館以来、初代領事を務めていた。

また岡部が総領事代理となってから五日後の九月一〇日、在奉天総領事館遼陽出張所が領事館に格上げとなり、遼陽出張所長速水副領事が奉天に異動してきたが、職階上は副領事の方が領事官補より上席であったため、速水は奉天に異動するにあたって在奉天総領事館では次席を務めるものと思っていたが、本省は速水にも次席を委ねず、岡部に総領事代理を続けさせた。速水は、その後、在間島総領事館に異動し、明治四五年一月から大正二年六月まで総領事代理を務めるが、加藤が病気療養のために帰国した後の在奉天総領事館の館内人事は、吉田の加療入院もあったためにかなり混乱していた。

明治四一年六月二四日、大連を出発した加藤は二六日に帰京したが、そのまま療養生活に入り、一一月二三日に死去した。享年三八歳であった。

付表　在満領事等関係機関人員配置表(2)

加藤本四郎総領事時代

(明治40年10月～明治41年6月)

韓国統監府
統監：伊藤博文
(M38. 12. 21～M42. 6. 14)

関東都督府
都督：大島義昌
(M39. 9. 1～M45. 4. 26)

南満州鉄道株式会社
総裁：後藤新平
(M39. 11. 13～M41. 12. 19)

在清国公使館
公使：林権助
(M39. 7. 14～M41. 5. 15)
臨時代理公使：阿部守太郎
(M41. 5. 15～同10. 15)

在天津総領事館
総領事代理：山内四郎官補
(M40. 10. 19～M41. 3. 20)
総領事代理：小幡酉吉領事
(M41. 3. 20～M42. 4. 30)

在英国大使館
大使：小村寿太郎
(M39. 8. 16～M41. 7. 27)
臨時代理大使：陸奥広吉
(M41. 7. 27～同9. 21)
臨時代理大使：山座円次郎
(M41. 9. 21～M42. 2. 11)

在米国大使館
大使：青木周蔵
(M39. 4. 24～M40. 12. 30)
臨時代理大使：宮岡恒次郎
(M40. 12. 30～M41. 2. 3)
大使：高平小五郎
(M41. 2. 3～M42. 8. 10)

在露国公使館
公使：本野一郎
(M39. 1. 26～M41. 5. 1)
【M41. 5. 1、大使館に昇格】

在露国大使館
大使：本野一郎
(M41. 5. 1～T5. 2. 7)

在斉々哈爾領事館
領事代理：**堺与三吉**副領事
(M41. 10. 29～M43. 9. 10)

在哈爾濱総領事館
総領事：川上俊彦
(M40. 3. 4～T1. 4. 30)

在吉林領事館
領事：島川毅三郎
(M40. 3. 10～M41. 1. 19)
領事代理：**林久治郎**官補
(M41. 1. 19～同12. 2)

新民屯分館
主任：北条太洋書記生
(M40. 11. 31～T3. 8. 1)

新民屯出張所
所長：新国千代橘副領事
(M39. 10. 1～M40. 11. 15)
【M40. 11. 15、分館昇格】

在長春領事館
領事：松村貞雄
(M40. 11. 10～M43. 2. 27)

長春分館
主任：松村貞雄副領事
(M39. 11. 15～M40. 11. 10)
【M40. 11. 10、領事館昇格】

在鉄嶺領事館
領事代理：村山正隆副領事
(M41. 9. 10～M42. 9. 21)

鉄嶺分館
主任：**天野恭太郎**副領事
(M39. 9. 20～M41. 9. 10)
【M41. 9. 10、領事館昇格】

在奉天総領事：加藤本四郎 (M40. 10. 23～M41. 6. 24)
総領事代理：**吉田茂**官補 (M41. 6. 24～同9. 5)
総領事代理：**岡部三郎**領事 (在安東領事兼任) (M41. 9. 5～同12. 9)

在牛荘領事館
領事：窪田文三
(M40. 2. 12～M42. 3. 10)

遼陽出張所
所長：**速水一孔**副領事
(M39. 8. 3～M41. 9. 10)
【M41. 9. 10、領事館昇格】

在遼陽領事館
領事代理：鈴木要太郎副領事
(M41. 9. 10～M44. 6. 30)

在安東領事館
領事：**岡部三郎**
(M39. 5. 1～M42. 9. 30)
【注：奉天兼任】
(M41. 9. 5～同12. 9)

内　閣
首相：西園寺公望
(M39. 1. 7～M41. 7. 14)

外　務　省
外相：林董
(M39. 5. 19～M41. 7. 14)

外務次官：珍田捨巳
(M36. 12. 4～M41. 6. 6)
次官：石井菊次郎
(M41. 6. 6～T1. 5. 8)

政務局長：山座円次郎
(M34. 12. 23～M41. 6. 6)
局長：倉知鉄吉
(M41. 6. 6～T1. 5. 8)

通商局長：石井菊次郎
(M37. 11. 26～M41. 6. 6)
局長：**萩原守一**
(M41. 6. 6～M44. 5. 26)

注：ゴシックの氏名は在奉天総領事館在勤経験者 (将来の在勤者も含む)

第三章　小池張造総領事

一、問題の所在

在奉天総領事小池張造は明治四一年一二月九日に奉天に着任し、在安東領事のまま在奉天総領事館に兼任発令されていた岡部三郎総領事代理より事務の引き継ぎを受け、明治四四年一一月一四日、落合謙太郎総領事に事務を引き継ぎ離任するまで、第三代総領事として二年一一カ月にわたって奉天に在勤した。

明治四一年八月二七日、小村寿太郎駐英国大使が帰国して第二次桂太郎内閣の外相に就任した際、六月二八日に本邦に帰着した加藤本四郎総領事の病状が回復不能なほどに重いことが明らかにされ、加藤の後任人事を急ぐ必要に迫られた。小村外相は、英国からの帰路、日清満州善後条約締結の清国全権団員であった徐世昌東三省総督と会談した奉天で、在安東岡部領事が館長不在の在奉天総領事館に出張し、館務を掌理している不正常な様子を目の当たりにしていたから、後任総領事の発令の緊急性は良く理解していた。

第二次桂内閣が誕生した時、前年七月に第一回日露協商が成立、日露間の緊張緩和が進展する一方で、満鉄平行線問題のために米国や同盟関係にある英国との間に緊張関係が生まれ始めていたから、英米両国が主張する満洲の門戸開放原則に抵触することなく、日本の満州権益を維持する必要があった。小村外相は、明治三九年七月に駐英国大使としてロンドンに着任した際、数カ月間ではあったが、二等書記官の小池を見ており、日露戦争をはさむ四年間を英国、またその後は米国で在勤し、英米両国の日本の満州政策への関心を良く承知していた小池を、在奉天総領事に起用することとした。

小池は、前年一一月から在サン・フランシスコ総領事を務めており、八月二五日に用務帰国を命じられ、九月二五日にサン・フランシスコを出発、およそ二カ月の予定で一時帰国したが、用務帰国中の一一月一三日、加藤総領事が死去する一〇日前、小村外相は無理を承知で、用務帰国中の小池を奉天に転任させることにした。小池はサン・フランシスコに帰任する間も与えられずに奉天に赴任したため、石井菊次郎次官はサン・フランシスコ日本人会会長にその釈明を余儀なくされた。その時、小池は三五歳であった。

小池は、明治六年二月八日、福島県信夫郡福島町に生まれ、明治二九年七月、帝国大学法科大学政治学科を卒業、同年の第四回外交官領事官試験に合格、同期には幣原喜重郎等がいる。

外務省入省後、小池は同年一〇月に在韓国公使館外交官補、翌三〇年一〇月に在英国公使館に転任、加藤高明公使の下で在勤した後、明治三三年一二月に第四次伊藤博文内閣で加藤高明外相秘書官となる。その後、明治三四年一〇月に在清国公使館三等書記官、明治三五年一二月に再び在英国公使館に転任、明治三六年六月に二等書記官に昇進、また明治三九年一二月に在ニュー・ヨーク総領事、次いで明治四〇年一一月二一日に領事館から総領事館に昇格する在サン・フランシスコ総領事館に転任、初代総領事に起用された。

ポーツマス講和条約で露国から引き継いだ満鉄本線は、明治三八年一二月二二日の日清満州善後条約で露国に与えられた租借期間の残余の三三年間を日本が継承することになり、また安奉鉄道も、陸軍が満州から撤退する期間として一年、さらに一般の商工業にも使用できるように改築する期間として最長二年、その後に日本が経営する期間として一五年の租借が認められたにすぎず、租借期間の終了後、日本の鉄道権益は中国に売却されることになっていたから、租借期間の延長は満鉄の権益強化のため喫緊の課題であった。

日露戦争後、英米両国が満州の門戸開放を要求する中で、日本は満州の軍政を民政に転換することを決定し、その手始めとして在奉天総領事館を開館、ポーツマス講和条約で獲得した満鉄本線などの鉄道権益の強化をはかってきたが、加藤総領事時代には法庫門鉄道問題のように満鉄の経営に重大な影響をおよぼす恐れのある問題も浮上した。日本にとって鉄道租借期間の長期化は日本の満州経営を安定させる上でも不可欠であり、特に、安奉鉄道の租借期間の大幅な延長は緊急の課題でもあったが、同時に法庫門鉄道問題のように、日本の満州経営を強化する結果、英米両国などの満州権益を阻害することになれば、英米両国などは日本の満州権益は日本が日露戦争に勝利した結果と理解しても、満州の門戸開放要求の批判は避けられないことにも注意しなければならなかった。

このように、日本の満州経営が門戸開放という観点で国際的な注視の的となる一方、日本は満州権益の長期的な確立を図らなければならない中で、小池は奉天に着任した。

二、満州統治問題

(一) 在奉天総領事館の館内体制の強化

小池が事務引き継ぎを受けた岡部三郎領事は在安東領事のまま在奉天総領事代理を兼務していたため、小池の着任により在奉天総領事館領事兼任の職務を解かれ、小池が着任した一二月一三日に奉天から安東に帰任した。

小池が在奉天総領事の時代に小池を補佐し、小池が不在の時には総領事代理を務める次席は、小池が着任した時は尾崎洵盛領事官補であったが、尾崎は、翌明治四二年一月一〇日、外交官補として在米国大使館へ赴任し、後任には前年一二月一三日に青木新領事官補が着任した。青木は明治四〇年に東京帝国大学法科大学政治学科を卒業、翌明治四一年の第一七回外交官領事官試験に合格、同期には沢田節蔵、杉村陽太郎、木村鋭市、森田寛蔵等がいる。青木も同年一〇月二日に在ニューヨーク総領事館に転任し、同年九月一九日に青木の後任として、東京帝国大学法科大学政治学科では二期下で外交官領事官試験同期の沢田節蔵領事官補が着任したが、沢田も、翌明治四三年二月五日、副領事に昇進した後、二月二八日に帰朝した。

沢田の後任として、二月一四日に有田八郎領事官補が着任するまでの一年半は、次席として小池を補佐する領事官補が短期間で交代し、必ずしも小池を十分に補佐する状況ではなかった。有田は、明治四二年に東京帝国大学法科大学法律学科独法科を卒業、同年の第一八回外交官領事官試験に合格、青木、沢田の一期下で同期には徳川家正、来栖三郎等がいる。

小池総領事時代の総領事館員は、小池の着任前の明治四一年七月から一〇月にかけて萩原総領事時代から在勤していた書記生四名と通訳生一名が離任し、小池の着任時には次席の尾崎のほかに東條勝順書記生、小池の着任直前に着任した速水一孔副領事、糟谷廉二通訳生の三名が在勤していた。加藤前総領事時代には次席の吉田茂領事官補のほかに書記生五名と通訳生一名の六名が在勤していたことからすれば、書記生出身の速水副領事が在勤していたものの、小池の着任時には三名の書記生ないし通訳生が未配置であった。小池着任後に深沢暹、中野勇吉、山本全、竹内広彰、岩田庫治、寺井秀昌各書記生が着任し、明治四二年一〇月に速水に続いて、東條、中野、山本各書記生と糟谷通訳生が離任、小池の離任時には有田のほか深沢、竹内、岩田、寺井各書記生四名が在勤するのみであった。

しかし、実員数の上では在奉天総領事館の館員数は減ったが、それは必ずしも本省の満州への関心が失われたわけではなかった。小池の着任五カ月前の明治四一年七月二八日の時点で満州に開設されていた領事館は九公館（分館を含む）、在勤していた領事館員は実員で合計四四名（領事警察官は除く）、他方、小池の着任二年二カ月後の明治四四年一月二三日の時点で領事館は一四公館、実員は合計六二名と一八名も増えている。本省定員は明治四一年当時もまた明治四四年当時も一〇一名で変わらないが、在外定員は明治四一年当時は二八二名であったのに対して、明治四四年当時は三一七名と三五名も増員されており、在外定員の増員の半数は在満領事館に配置されていたことになる。

また小池の奉天在勤中、明治四二年一一月二日、韓国統監府派出所が設置された吉林省延吉県龍井村に在間島総領事館が開設されたほか、同日に延吉県局子街、続いて翌明治四三年二月九日に和龍県頭道溝、さらに同年一二月一一日に琿春県琿春にそれぞれ在間島総領事館分館が開設された。明治四二年九月八日の閣議決定では、汪清県百草溝にも分館が設置されることになっており、百草溝分館は大正一一年一〇月三日に開設される。

(二) 関東都督府との対立

小池の奉天着任後の明治四一年一二月二五日、小池も関東都督府事務官兼任となった。満鉄沿線の在安東岡部三郎領事、在牛荘窪田文三領事、在長春松村貞雄領事、在鉄嶺領事代理村山正隆副領事および在遼陽領事代理鈴木要太郎副領事はすでに兼任が命じられていた。明治四一年の関東都督府官制の改正で、関東都督に外交交渉への関与が認められなかったことに不満をもつ大島義昌都督は、同年七月、再度、関東都督府官制の改正を要求した。小池が奉天に着任したのは大島が二度目の関東都督府官制の改正要求を提出した後である。

翌明治四二年四月二四日、大島都督は、満州に関する日清間の交渉について小池が都督に報告することなく、また都督の指示を受けることなく、直接、外相からの指示のみによって交渉を行っていることを叱正し、都督への報告を強く求め、またそのことを小村外相にも要求したが、小村外相から一年後の明治四三年三月三一日、南満州駐在各領事には都督に日清間の交渉案件について経緯や顚末をその都度報告するよう指示する一方、大島都督には関東州および鉄道付属地にかかわる日清間の交渉案件は外相から都督に通知すると回答し、小村は日清間の外交交渉に都督の関与を一切認めない強い姿勢を示した。

明治四二年一〇月、小池は旅順に都督府警視総長を訪ね、安奉鉄道沿線に出没する不良邦人の取締りにあたる都督府警察の規律の荒廃について善処を要請したが、同警視総長の反応は小池が期待したようなものではなく、奉天に帰任後、「都督民政官共に不在の折柄総長のみにて本官希望通断行し得るや否やに付掛念あるに付都督をして然るべく総長に訓令せしむる様御取計いありたし」と小村外相に訴えた。また同年一二月、小池は都督府白仁民政長官からの求めに応じて安奉鉄道沿線での警察支署の設置について所見を述べたが、同民政長官はそれはすでに大島都督が決定し、「右は外務大臣に報告承認を得たり」と伝えたため、小池は「唯最初本官の意見を徴せられたるの無益なりしを遺憾とするのみ」と応じ、それを小村外相に報告した。

このように、在奉天総領事とはいえ小池の存在さえもが都督府内では軽んじられ、小池の所見に都督府が耳を傾ける意思が全くなかった様子が垣間見られる。在奉天総領事と関東都督との対立が顕在化することにより、安奉鉄道沿線への警官配置問題などを通じて、満鉄沿線の領事が都督府事務官に兼任されることの弊害が明らかになる。

在奉天総領事、満鉄総裁、関東都督は「満州の三頭政治」といわれたが、三者が鼎立していたわけではなく、都督府では総領事といえども格下にみていたから、小池は領事館と都督府の関係を対等とし、外交交渉への都督の介入を防ぐことが不可欠と考えるようになった。このため、都督府の改革は小池には非常に大きな問題意識となり、後に大正二年一〇月に小池が政務局長に就任後、本省で都督府改組を提起することになる。

他方、陸軍大将でもある大島都督は外相の指揮監督を受ける不満が無くなったわけではなく、明治四三年五月二四日、小池をはじめ都督府事務官を兼任している六名の領事を旅順に招集し、改めて都督の意向に沿うよう強く求めた。また六月二二日、台湾、樺太および関東州に関する行政の統一のために拓殖局が設置され、都督の終局的な監督権限は外相から首相に移管されたが、外交案件については引き続き外相の監督を受けることとされ、大島の不満が解消されることはなかった。

三、満州懸案問題（1　安奉鉄道建設問題）

(一) 安奉鉄道改築問題

小池が奉天に着任した時は日清満州善後条約で合意された安奉鉄道改築期限が目前に迫っており、同改築問題は小池が奉天在勤中の満州懸案問題の中では最も緊迫した交渉課題であった。安奉鉄道は満鉄本線とは異なり、日露戦争中に日本軍が兵站線として急造した軍用鉄道のため、改築工事は単に軍用鉄道の軌道を標準軌に改築する土木技術上の問題だけでなく、鉄道付属地、鉄道守備隊や警官の派遣などについても日清間で新たに取決める必要があった。明治四一年一二月の改築期限が過ぎた後、明治四二年一月、日本は清国に安奉鉄道改築のための測量技師の派遣を要請したが、清国は、当初、改築期限が過ぎていることを理由にこれに応じようとはせず、日清交渉を開始するため、小村外相は最長でも総計一八年の租借期間は変更しないことを確約しなければならなかった。

安奉鉄道改築問題をめぐる日清間の交渉地は北京であったが、北京では安奉鉄道の実情が必ずしもつまびらかではなく、明治四二年三月一七日、小池は小村外相に交渉地を北京から奉天に移すよう進言した。徐世昌東三省総督は五月一九日に東三省総督を退任して北京に帰任するため、小池にもそれまでに安奉鉄道改築問題を解決したいとの意欲をみせていたが、技術上の問題とあわせて鉄道付属地問題、守備隊問題および警察官配備問題に関わる解決も求めてきたため、奉天における交渉も膠着状態に陥り、改築工事に関する具体的な交渉に入ることもできないまま徐は奉天を離任した。

このため小村外相は、清国があくまで改築工事とその他の問題を関連させるよう主張するならば、改築工事の強行も選択肢の一つと考え始めていた。五月一八日、小池は小村外相に事態打開のためには工事開始の強行もやむを得ないと意見具申し、小池は東三省総督に錫良新総督が着任する機会に局面を打開するため、清国に改築工事着工の強行も辞さない強い態度を示すことが必要と考えていた。六月二四日、清国は安奉鉄道は満鉄本線の支線とは認められず、また日清満州善後条約は安奉鉄道の経路変更を認めていないと従来の主張を繰り返したため、小池はそれは安奉鉄道の標準軌への改築すら拒むものとして、二八日、小村外相に清国の対応によって改築工事が遅れた年月は、その分だけ安奉鉄道の租借期限を延長するとの強い態度を示す必要があると、重ねて改築工事の断行を進言した。

軍用軽便鉄道として敷設された安奉鉄道は、安東より本渓湖を経て陳相にて渾河を渡河し、奉天の南郊外に設置された南奉天停車場にいたっていたが、満鉄は渾河架橋工事には技術的困難を認め、渾河より南の陳相から満鉄本線の蘇家屯に向かい、蘇家屯からは満鉄本線により奉天まで進む経路の変更を検討していた。しかし清国は、安奉鉄道の租借期間が終了しても、蘇家屯経由では、安奉鉄道全線のうち蘇家屯・奉天間は引き渡しの対象にならないことから、経路の変更には応じなかった。このため小村外相は、日清間に基本的な対立のない安東・陳相間についてだけでも改築工事を開始したいと考えたが、清国の同意は得られず、八月六日、伊集院公使は改築工事の断行を清国に通告した。

翌八月七日、清国は満鉄が安東・陳相間の改築工事に着手したため日本の要求受け入れを表明した。また奉天では、九日、錫東三省総督が小池に交渉継続を要請し、一一日には標準軌への改築と土木技術的な理由による経路の変更には応じる用意があり、直ちに工事を中止するよう要望した。翌一二日、小村外相は工事の中止には同意しなかったが、清国が日本の要求する安東・陳相間の改築工事に同意したため、一九日、小池は陳相・奉天間の経路については後日の協議に委ねることとした安奉鉄道改築覚書に署名した。

しかし小池は、清国が強い関心を示している守備隊および警官派遣問題などに日本が全く譲歩しないままでは、陳相・奉天間の改築工事の交渉が妥結する可能性は少ないとみて、小村外相に、安奉鉄道沿線に出没する馬賊の取締りは日本の鉄道守備隊だけでは十分でないため、鉄道守備は清国に委ね、交渉の遅れによってこれらの問題の解決と陳相・奉天間の経路問題が取引されることがないよう交渉の早期再開を進言した。

一〇月二六日、哈爾濱駅構内で伊藤前韓国統監が射殺され、小村外相から事件の背景調査を命じられた倉知鉄吉政務局長が奉天に来訪した折にも、小池は倉知局長に安奉鉄道問題の早期解決について訴えたが、明治四二年中は、結局、交渉は再開されなかった。明治四三年一月六日、錫総督から交渉再開の督促を受けた小池は、奉天現地の事情を直接本省に説明するため一時帰国を願い出たが、前年一二月一八日にオブライエン駐日米国大使より満州鉄道中立化案が提議されたため、小村外相はその成り行きを見まもることを先決とし、安奉鉄道の未解決問題に関する交渉再開は認めず、小池の一時帰国も見合わせるよう指示した。

明治四四年一一月一日、安東・陳相間の改築工事が完了し、陳相・奉天間は渾河の手前から仮設線路により撫順支線に接続、蘇家屯に向かうことになった。これにより仮設線路を使用しながらも安東・奉天間の全区間で標準軌による列車の運行が開始された。小池が奉天を離任する二週間前であった。

(二) 満鉄・京奉鉄道接続問題

日本が日露戦争中に急造した新奉鉄道（新民屯・奉天間）は京奉鉄道（北京・奉天間）の最

終区間にあたり、日本から清国に売却された後、清国が標準軌に改築する仮工事を実施し、満鉄本線奉天停車場の西方に設置した瀋陽停車場（後の皇古屯停車場）を京奉鉄道の終着駅として、明治四〇年六月二九日から北京・奉天間の列車運行を開始した。奉天市街は満鉄本線の東側に位置しており、清国は京奉鉄道を満鉄本線を横断して奉天市街まで延長することを希望していたが、日本は日清満州善後条約付属取極め第三条により、満鉄平行線とともに満鉄の利益を損ねる鉄道建設は認められないとして、京奉鉄道を奉天市街に直接延長することには同意せず、京奉鉄道を奉天停車場で満鉄本線に接続した上で、奉天停車場から満鉄本線を横断して奉天市街にいたる連絡線の建設を要求していた。

明治四一年一一月一二日、小池が奉天に着任する一カ月前に成立した新奉鉄道および吉長鉄道に関する続約により、日本は新奉鉄道の遼河以東の改築資金三二万円を借款として供与し、清国は英国の技術支援を受けて遼河架橋とともに標準軌に改築する本工事を実施した。清国にとって、北京・奉天（瀋陽）間に直通列車を運行するために京奉鉄道延長線の建設は不可欠であり、明治四二年九月四日の満州五案件協約第五条で、日本は京奉鉄道の満鉄本線横断と奉天市街への延長に同意し、技術的な問題は奉天現地にて協議することとしたが、清国はすでに接続線の建設は満鉄の要求どおりに了解しており、交渉の焦点は清国の主張する京奉鉄道延長線と、満鉄が希望する連絡線のいずれを建設するかにあった。

奉天での交渉は翌明治四三年一月一〇日から清国鉄路公司と満鉄との間で始まったが、日清間の対立は収まらず、一三日、接続線の建設を合意するため、小池は小村外相に連絡線の建設を断念する旨の意見具申を行ったが、小村外相はあくまで連絡線についても将来の建設が認められるよう文書で確認することを命じた。しかし小池は清国の要求する延長線の建設は不可避であり、満鉄の希望する連絡線は満鉄本線を奉天市内に延長するにも等しく、清国の了解を得ることは難しいとの見通しを報告し、二六日、連絡線の建設は清国中央政府が妥協しない限り、合意に達する見込みはないとして、重ねて連絡線の建設は後日の課題とし、とりあえずは延長線の建設だけでも合意したいとの所見を述べたが、小村外相は調印を急ぐ必要を認めず、二月三日、連絡線も延長線と同時に決着させるため交渉を再び北京に戻した。しかし北京における交渉も膠着状態となり、交渉は明治四三年中は何も進展しなかった。

明治四四年になっても北京における交渉は進展せず、満鉄奉天停車場を経由する必要のない特別列車や貨物などを除く旅客列車は奉天停車場を経由するといった妥協点も探られたが、合意にいたらず、また鴨緑江架橋工事と安奉鉄道の安東・陳相間の改築工事の竣工も見えてきたため、延長問題にも早急に決着を図る必要が生じた。一方、小池は清国では土木技術上の観点から満鉄の希望する連絡線の建設に同意しても良いと考え始めているとの情報を入手し、六月一〇日、小池は小村外相に交渉地を再び奉天に戻すことを進言し、一六日、小村外相はこれを許可した。

交渉は七月四日から開始され、一時帰国中の小池に代わって有田総領事代理が交渉にあたった。問題は満鉄本線と京奉鉄道延長線との交差の態様にあり、当初は京奉鉄道延長線が既設の満鉄本線の上を跨ぐ計画であったが、清国は七日、その場合には延長線の勾配が急になることから、逆に満鉄本線を築土により高架とし、満鉄本線が新設の延長線の上を跨ぐような計画に変更できれば、満鉄が要求する連絡線の建設を認める用意があると提案した。中村是公満鉄総裁が東京に滞在している時であったため、満鉄は交渉の中断を求めたが、満鉄社内の協議は進まず、交渉の再開は遅れた。

八月二日、奉天に帰任した小池は、四日、満鉄に結論を急ぐよう求め、二一日、交渉は再開された。九月二日、双方が要求する延長線と連絡線を建設し、京奉鉄道と満鉄の交差は満鉄本線の下を京奉鉄道が通過すること、また京奉鉄道の急行列車など満鉄との連絡を要する列車は奉天停車場経由とすることなどが合意され、小池は京奉鉄道延長協約に調印した。

㈢　安奉・京義鉄道直通列車運行問題

明治四四年七月二一日、奉天では京奉鉄道延長問題の交渉が中断している時、小村外相は一時帰国中の小池に、奉天帰任後、満韓直通列車の運行について清国側との協議に入るよう命じた。八月二日、小池が奉天に帰任した日、後藤新平鉄道院総裁および寺内正毅朝鮮総督から小村外相に、翌明治四五年春を目途に釜山・奉天間の直通列車の運行を開始し、将来的には満鉄と京奉鉄道との間でも直通列車を運行する計画が報告されたため、八月二九日、第二次桂内閣が総辞職する前日、小村外相は小池に満韓直通列車の運行に関する交渉の開始を訓令した。

九月二日に京奉鉄道延長協約が調印された後、小池は直ちに直通列車運行に関する交渉に入りたいと考え、同七日、東三省政府に交渉の開始を申し入れたが、東三省政府は同交渉は清国中央政府の許可が必要と述べたきり、九月末になっても何の音沙汰もないままであった。九月二六日、第二次西園寺公望内閣林董逓信相（外相兼任）より小池に、一一月初めには安奉鉄道改築工事が、また一〇月中には前年明治四三年四月四日に日清間に成立した覚書に基づく鴨緑江架橋工事の竣工が見込まれることが伝えられ、小池は交渉を急ぐよう指示を受けたが、揚子江流域ではすでに辛亥革命の前兆ともいうべき鉄道国有化に反対する暴動が起こっており、清国中央政府の対応は遅れていた。

明治四三年八月二二日の日韓併合条約により鴨緑江は日清間の国境となり、満韓連絡鉄道により日清国境を通過する貨物にも、東清鉄道の露清国境（西の満州里、東の綏芬河）通過貨物には東清鉄道会社に関税率三分の一の割引を認めているように、同様の関税軽減措置が適用されるかどうかが、満韓直通列車の運行にかかわる第一の交渉課題であった。また第二は、朝鮮半島の京義鉄道（京城・平壌・新義州間）から安奉鉄道に入った直通列車がどこまで乗り入れを認められるかにあった。

日清交渉の焦点は関税軽減問題にあり、交渉は北京で行われていたが、関税率をめぐる交渉は難航し、朝鮮総督府では交渉が一〇月三一日までに妥結しなくても、一一月一日から直通列車の運行を開始する準備を進めていた。このため小池は関税軽減措置は断念しても、無条約状態で直通列車の運行が開始されることだけは避けたいと考え、一〇月三一日深夜、とりあえず日清両国が合意している事項についてだけ仮調印を済ませた。

一一月二日、京義鉄道から安奉鉄道に入った列車は、当初案では乗り入れは奉天までとされていたが、最終的には満鉄営業線内まで認められ、小池は鴨緑江架橋竣工後の直通列車の運行に関する日清協約に署名した。小池が奉天を離任する一〇日あまり前であった。

鴨緑江架橋の竣工により、安奉鉄道は京義鉄道と直結、満韓連絡鉄道が完成した。加えて、奉天で満鉄本線と京奉鉄道の相互乗り入れが可能となれば、朝鮮半島南端の釜山からの直通列車は奉天からさらに北京にまで到達可能となる。日露戦争前の露国でさえも東清鉄道南満州支線を北京まで延長できなかったことを思えば、京義鉄道からの直通列車が満鉄本線奉天停車場において京奉鉄道への乗り入れが可能になったことは、日本の北京への影響力の伸張を象徴的に示していた。

四、満州懸案問題（2 安奉鉄道警備問題）

安奉鉄道改築工事が進捗する一方で、安奉鉄道にかかわる鉄道付属地や鉄道守備隊の派遣といった基本的な問題は何ら解決していなかったが、改築工事が進展するにつれて安奉鉄道各停車場での警官の配置が改めて大きな問題となった。しかし、安奉鉄道には満鉄本線のような鉄道付属地は設定されておらず、清国は安奉鉄道沿線に鉄道付属地を設定することに強く反対したため、鉄道守備隊の派遣や警察官の配置について日清間では何も合意にいたっていなかった。

萩原総領事時代の明治四〇年四月、都督府が安奉鉄道本渓湖に都督府奉天警察署の出張所を設置し、鉄道守備隊を派遣したところ、趙爾巽奉天総督は、警察権は清国の行政権に属し、日本には鉄道付属地以外に警察署出張所を設置する権利はないと、当時の吉田茂総領事代理に強く抗議した。他方、安奉鉄道沿線には馬賊が出没するため、明治四二年一二月、都督府では安奉鉄道の主要停車場に警察官の常時配置を必要と認め、本渓湖に改めて都督府奉天警察署の、また鶏冠山には安東警察署の支署をそれぞれ設置した。一方、清国は本渓湖に安奉鉄路巡警総局を、また橋頭、草河口、鶏冠山、安東に同総局分局を設置し、警官計一〇〇名を配置して各停車場への立ち入り警備も行うとしたため、安奉鉄道沿線では日清両国警官の睨み合いが続いていた。

明治四三年二月一日、小池は小村外相に安奉鉄道沿線に配置された清国警官の増員を報告し、都督府警察官の手薄な停車場では清国警官を排除するために多人数の警察官を配備する必要があるが、その場合には清国警官との衝突も覚悟しなければならず、さらに実際に関東都督府が警察官の増員配備ができない停車場では、実力をもって清国警官を排除することは困難と小村外相の注意を喚起した。小村外相は鉄道付属地が未確定なため清国の安奉鉄道沿線への警官の派遣はやむを得ないが、都督府警察官が配備されている停車場ではできるかぎり清国警官を排除するよう指示した。

ところで安奉鉄道の警備は、草河口を境にして蘇家屯から草河口までは在奉天総領事、草河口停車場および草河口から安東までは在安東領事の管轄とされた。小池は日清両国警官が衝突し、清国の反日感情が高揚することを懸念していたが、明治四三年二月二〇日から草河口停車場で数度にわたって、同停車場構内から清国警官を排除しようとする都督府警察官とそれに抵抗する清国警官が衝突し、都督府警察官が負傷する事件が発生した。草河口停車場の警備責任者在安東木部守一領事は、現地の秩序回復のため大島都督に鉄道守備隊の派遣を要請しなければならなかった。

このように安奉鉄道沿線の緊張は高まっていたが、小池は同年四月五日から五月一四日まで一時帰国した。四月九日、有田八郎総領事代理は奉天総督交渉司に知人送迎のために清国警官が停車場構内に立ち入ることは了解するが、清国警官は送迎以外の場合にも送迎であるかのように停車場構内に立ち入り、警察権を行使する態度が認められると抗議したが、このような有田の対応に警備の指揮監督権を握る大島都督は満足せず、四月一七日、有田に日清両国警官の衝突を回避するため清国警官の停車場構内への立ち入りを全面的に禁じ、知人や要人の送迎などを理由に清国警官が停車場構内への立ち入りを求めても、都督府警察官が許可しない限り停車場構内に立ち入らせないこと、また草河口停車場での衝突事件で都督府警察官に暴行を働いた清国警官への処罰を要求するよう指示した。

有田は都督の強硬な要求は清国官民の反発を招き、排日運動などを惹起しかねないことを懸念し、事態の解決に向けて都督と協議するよう小村外相に訴えた。二〇年後には広田弘毅内閣外相となる有田であったが、当時はまだ二六歳、他方、大島都督は嘉永三年生まれの五八歳で、外務省入省後一年にも満たず、奉天に着任して間もない領事官補の有田が、在奉天総領事代理とはいえ、三〇歳以上も年長で陸軍大将の大島に異論を唱えることなどできようはずもなかった。

有田は満鉄本線とは異なる安奉鉄道沿線では鉄道付属地も確立されておらず、たとえ日本の権益の警護のためとはいえ、清国警官の実力排除の是非は当然検討しなければならないと考えたが、大島と有田の考え方の違いは日清満州善後条約の関東州と鉄道付属地の法的地位の違いの認識に起因していた。また有田は、日清間の警官の衝突事件が単に清国の対日態度を硬化させるだけでなく、乗客の中には欧米人もいるため、日清両国警官が乗客の前で衝突し、負傷者をだすような状況が欧米人乗客の目を通じて欧米各国に伝えられることが、欧米諸国の日本の満州政策への批判を招きかねないことを懸念していた。

五、むすび

明治四四年一〇月一二日、帰朝発令を受けた小池は、一一月一四日、奉天現地で在露国大使館参事官であった落合謙太郎総領事に事務を引き継ぎ、二〇日に離任し、帰国後、在ロンドン総領事を拝命した。

小池は、奉天在勤中に安奉鉄道沿線本渓湖炭鉱をめぐる大倉組の採掘権にかかわる問題でも清国との折衝にかかわっていたが、安奉鉄道改築問題をはじめ満韓鉄道連絡問題、安奉鉄道警備問題などいずれも安奉鉄道をめぐる様々な問題の解決交渉に関与した。安奉鉄道の重要性は朝鮮半島南部の京釜鉄道（釜山・京城間）および北部の京義鉄道と連絡することにより、対馬海峡を除けば東京から奉天まで鉄道により到達することができる点にあった。小池はこのことを十分に認識した上で、安奉鉄道にかかわる困難な交渉を手がけるほどに、小池の脳裏には安奉鉄道の租借期間の延長が重要な課題として浮かび上がり、その租借期間の延長は早急に交渉すべき課題と認識した。

また安奉鉄道改築交渉で小池は小村外相に清国に強硬な姿勢で臨むことを主張したが、安奉鉄道の標準軌への改築は一般の商工業の利用にも供すという目的があり、邦人の便をはかるだけでなく、英米人の利用にも供せられるため、改築工事の竣工は英米の主張する門戸開放要求にも適ったものであった。明治四二年七月一九日、改築交渉が暗礁に乗り上げた時、奉天駐在の英国総領事代理は小池に安奉鉄道改築工事の実施を支持し、東三省政府には日本の要求に応じるよう説得したと述べたが、あわせて鉄道付属地問題や警官配備問題では日本側に根拠がないことも指摘した。日清両国警官衝突事件では有田が英米人乗客を通じてこれがどのように英米本国に伝えられるかを懸念したのも、英国が警官配備問題については日本側に根拠がないと見ていたこともあった。

他方、在奉天総領事として、小池が最も本省の善処を期待したのは都督の権限問題であった。明治四二年一〇月二三日、哈爾濱への途次、奉天に来訪した伊藤前韓国統監が小池より満州情勢の説明を受けた際、満州での日本の行動および日本の行政組織には無理なところが少なく、都督が関東州外でも行政権を執行している状況は不都合と述べた。伊藤は明治三九年五月二二日に開催の満州問題協議会で満州の民政への転換を強く主張しただけに、小池の都督府に反発する問題意識には同感であった。伊藤は三日後の二六日に哈爾濱駅構内で暗殺されるが、小池はこれを伊藤の「遺言」として小村外相に伝え、本省で都督府改革の必要性の認識が高まることを期待した。

小池は明治四五年一月に在ロンドン総領事から在英国大使館参事官となり、その後、大正二年一〇月から大正五年一一月まで政務局長を務め、外務省内に都督府改革の機運を作り出し、政務局長退任後、大正八年四月一二日、都督は関東庁と関東軍に分離改組される。大正五年一一月三〇日、小池は政務局長を退任し、再び在英国大使館参事官を拝命したが、神経衰弱のため赴任できず、同年一二月二日に外務省を退官した。退官後、小池は久原本店理事、東亜工業取締役を歴任し、大正一〇年二月二五日に死去した。享年四八歳であった。

付表　在満領事等関係機関人員配置表(3)

小池張造総領事時代

（明治41年12月～明治44年11月）

在奉天総領事：小池張造（M41. 12. 9～M44. 11. 14）

韓国統監府
統監：伊藤博文
（M38. 12. 21～M42. 6. 14）
統監：曾根荒助
（M42. 6. 14～M43. 5. 30）
統監：寺内正毅
（M43. 5. 30～同10. 1）
【M43. 10. 1、総督府に改組】

朝鮮総督府
総督：寺内正毅
（M43. 10. 1～T5. 10. 16）

関東都督府
都督：大島義昌
（M39. 9. 1～M45. 4. 26）

南満州鉄道株式会社
総裁：中村是公
（M41. 12. 19～T2. 12. 19）

在清国公使館
公使：伊集院彦吉
（M41. 10. 15～T2. 7. 29）

在天津総領事館
総領事代理：小幡酉吉領事
（M41. 3. 20～M42. 4. 30）
総領事：小幡酉吉
（M42. 4. 30～T2. 9. 13）

在英国大使館
臨時代理大使：山座円次郎
（M41. 9. 21～M42. 2. 11）
大使：加藤高明
（M41. 2. 11～T2. 1 . 12）

在米国大使館
大使：高平小五郎
（M41. 2. 3～M42. 8. 10）
臨時代理大使：松井慶四郎
（M42. 8. 10～M43. 12. 23）
大使：内田康哉
（M43. 12. 23～M44. 8. 30）

在露国大使館
大使：本野一郎
（M41. 5. 1～T5. 2. 7）

在斉々哈爾領事館
領事代理：**堺与三吉**副領事
（M41. 10. 29～M43. 9. 10）
領事：**井原真澄**
（M44. 5. 10～T1. 11. 30）

在哈爾濱総領事館
総領事：川上俊彦
（M40. 3. 4～T1. 4. 30）

在長春領事館
領事：松村貞雄
（M40. 11. 10～M43. 2. 27）
領事：松原一雄
（M43. 2. 27～M45. 1. 14）

在鉄嶺領事館
領事代理：村山正隆副領事
（M41. 9. 10～M42. 9. 21）
領事代理：森田寛蔵副領事
（M42. 9. 21～M44. 12. 28）

新民屯分館
主任：北条太洋書記生
（M40. 11. 15～T3. 8. 1）

在間島総領事館
総領事：永滝久吉
（M42. 11. 2～M45. 1. 13）

局子街分館
主任：吉岡彦一副領事
（M42. 11. 2～M44. 12. 26）

頭道溝分館
主任：近藤愿吉副領事
（M43. 2. 9～同4. 19）
主任：吉岡彦一副領事
（M43. 4. 19～M45. 2. 21）

琿春分館
主任：大賀亀吉書記生
（M43. 12. 11～T3. 8. 18）

在吉林領事館
領事代理：**林久治郎**官補
（M41. 1. 19～同12. 2）
領事：岩崎三雄
（M41. 12. 2～M43. 7. 21）
事務代理：藤井元一書記生
（M43. 7. 21～同10. 2）
領事：**林久治郎**
（M43. 10. 2～T3. 10. 23）

在牛荘領事館
領事：窪田文三
（M40. 2. 12～M42. 3. 10）
領事：**太田喜平**
（M42. 9. 27～T4. 10. 9）

在遼陽領事館
領事代理：鈴木要太郎副領事
（M41. 9. 10～M44. 6. 30）
領事：鈴木要太郎
（M44. 6. 30～T2. 5. 7）

在安東領事館
領事：**岡部三郎**
（M39. 5. 1～M42. 9. 30）
領事：木部守一
（M42. 9. 30～M45. 1. 10）

内　閣
首相：桂太郎
（M41. 7. 14～M44. 8. 30）
首相：西園寺公望
（M44. 8. 30～T1. 12. 21）

外　務　省
外相：小村寿太郎
（M41. 8. 27～M44. 8. 30）
外相兼任：林董逓信相
（M44. 8. 30～同10. 16）
外相：内田康哉
（M44. 10. 16～T1. 12. 21）

外務次官：石井菊次郎
（M41. 6. 6～T1. 5. 8）

政務局長：倉知鉄吉
（M41. 6. 6～T1. 5. 8）

【M41. 12. 16、政務局分課】
政務局第1課
課長：芳沢謙吉
（M41. 12. 16～M43. 2. 1）
課長：**岡部三郎**
（M43. 2. 1～M44. 3. 31）
課長：出淵勝次
（M44. 3. 31～T3. 8. 6）

通商局長：**萩原守一**
（M41. 6. 6～M44. 5. 26）
局長兼任：石井次官
（M44. 5. 26～M44. 9. 9）
局長：坂田重次郎
（M44. 9. 9～T5. 10. 13）

【M41. 12. 15、通商局分課】
通商局第1課
課長：中村巍
（M41. 12. 15～M42. 3. 31）
課長：**赤塚正助**
（M42. 6. 14～M45. 3. 6）

注：ゴシックの氏名は在奉天総領事館在勤経験者（将来の在勤者も含む）

（補）小池張造政務局長と「対華二一カ条要求」

大正四年一月一八日、日置益駐華公使は袁世凱大総統を訪ね、いわゆる「対華二一カ条要求」を提出した。五号二一カ条からなる日本の要求は、第二次大隈重信内閣加藤高明外相の下で小池張造政務局長が起案したといわれているが、周知のとおり、日本外交史において最も悪評の高いものである。

外務省に政務局が設置されたのは明治二四年、通商局はそれよりも早く明治一八年の内閣制度発足時に設置された。政務局と通商局の二局体制は明治期外務省組織の完成された姿であり、明治四一年には政務局と通商局に分課制度が導入され、政務局ではアジア地域を所掌する第一課とアジア以外の地域を所掌する第二課が、また中国との通商・経済関係は通商局第一課が所掌した。また「対華二一カ条要求」提出時の外務省幹部は、加藤高明外相の下に松井慶四郎次官、小池張造政務局長、坂田重次郎通商局長で、全員が加藤外相とは加藤が駐英国公使ないし大使であった時代に、在英国公使館、大使館で次席を務めていたという繋がりがあった。

小池は明治三三年一〇月に成立の第四次伊藤博文内閣加藤高明外相秘書官であった。小池が外相秘書官に抜擢されたのは、明治三〇年一〇月から加藤駐英国公使時代に外交官補として在英国公使館に在勤した関係による。またその当時の在英国公使館次席は松井慶四郎一等書記官、加藤、松井、小池という「チーム加藤」は明治三〇年の在英国公使館以来のものである。加えて坂田は、明治三八年に在英国公使館が大使館に昇格した後、加藤駐英国大使時代に参事官として次席を務め、明治四四年の第三回日英同盟更新では加藤大使を補佐して対英交渉を行い、七月一三日、加藤はグレイ外相とこれに調印した。その後、坂田は同年九月にロンドンより帰朝し、第二次西園寺公望内閣内田康哉外相の下で通商局長を命じられるが、その在英国大使館次席の後任が小池であった。

小池は、明治四四年一一月、在奉天総領事から在ロンドン総領事に転任、さらに翌年一月に在英国大使館参事官に昇進、加藤大使の下で次席を務めた。加藤の元秘書官であった小池への個人的な信頼が厚かったことが窺われる。さらに大正二年一月、加藤がロンドンから帰国し、第三次桂太郎内閣外相に任命された際、政務局長は阿部守太郎、通商局長は坂田であったが、加藤は外務次官に在英国大使館で次席として加藤を支えた松井を抜擢した。このことは加藤の松井に対する信頼の高かったことを示している。

第三次桂内閣は翌年二月に総辞職し、第一次山本権兵衛内閣が成立するため、加藤外相・松井次官の体制は長く続かなかったが、大正二年九月二日、私邸前で暴漢に襲撃された阿部守太郎政務局長が翌三日に死去したため、同一〇日、小池は急遽帰朝を命ぜられ、帰国後の一〇月一三日に政務局長に就任した。翌年四月に第二次大隈内閣が成立し、加藤が外相に返り咲くと、加藤、松井、小池という「チーム加藤」が、外相、次官、政務局長となって復活、それに坂田通商局長が加わって、加藤駐英国公使・大使時代の次席経験者が「対華二一カ条要求」を作り上げることになる。

「対華二一カ条要求」を決定した本省幹部は加藤外相と英国繋がりがあったから、加藤のみならず、「対華二一カ条要求」が欧米列強にどのような影響を与えるかは十分に認識していたはずである。特に、加藤と坂田は第三回日英同盟の改定交渉を担っており、「対華二一カ条要求」が日英同盟に抵触するようであれば、それが、後日、日英間で問題化することは十分に承知しており、英国だけでなく、列強諸国のそれぞれの権益にどのような影響を与えるかは十分な注意が払われていたはずである。

ところで、五号二一カ条におよぶ要求の全容で重要なのは、第一号の山東半島の権益確保、第二号の満州の権益強化と第五号の希望条項で、小池が特に重視したのは第二号第五条の関東州および満鉄本線と安奉鉄道の租借期間を九九年に延長することである。関東州および満鉄本線の租借期間は明治三八年一二月の日清満州善後条約によって三三年間、また安奉鉄道は最長で一八年間と取り決められ、安奉鉄道は遅くとも大正一二年には中国に返還しなければならなかった。つまり大正四年の時点では安奉鉄道の租借期間は残り八年となっており、その租借期間の延長は日本の満州経営にとって喫緊の課題であった。

「対華二一カ条要求」は日本のそれまでの対中国懸案事項を一挙に解決しようとしたものであったが、小池の念頭にあった安奉鉄道租借期限の延長は日本の満州経営にとって死活的問題であり、小池は「対華二一カ条要求」の最重要項目として、小池が在奉天総領事として心血を注いで開通させた安奉鉄道の租借期間の延長を最優先課題に掲げた。

安奉鉄道は朝鮮半島を縦断する鉄道と接続し、日本の満州経営には不可欠な動脈であり、阿部守太郎政務局長が記した「支那ニ関スル外交政策ノ綱領」でも満州鉄道利権の恒久化が不可欠と指摘されていた。小池が「対華二一カ条要求」の原案を起草した背景には、「支那ニ関スル外交政策ノ綱領」で満州鉄道利権の恒久化の不可欠なこと、関東都督府および満鉄に対する外相による監督強化の必要性が指摘され、満鉄本線および安奉鉄道の租借期間の延長および満州統治機構の改革は本省幹部の共通認識であった。

他方、「対華二一カ条要求」第五号で、日本は揚子江流域の武漢・九江間などの鉄道敷設権を要求したが、英国はそれが英国の揚子江流域の権益を侵害する恐れがあるとして日本に抗議したため、日本は第五号そのものを撤回した。しかし、日本の「対華二一カ条要求」への国際社会の批判は、「対華二一カ条要求」の内容よりは日本がこれを国際社会にも秘密に中国に要求したことにあった。例えば、特に悪評の高い第五号も当初は英国にさえ通報しておらず、第一次世界大戦の講和成立前に中国にこれを強引に応諾させようとしたことに、日本が国際社会から批判を受けた原因があった。

二月二日から日置と曹汝霖外交部次長との間で始まった交渉では、高揚する中国国民の日貨排斥運動に支えられた中国政府の強い反発を受け、「対華二一カ条要求」への中国の抵抗は強く、日本の要求を理不尽なものと中国内外に訴え、中国国内の反日世論の高揚とともに国際社会の対日批判を呼び起こすことに努めた中国は、満鉄本線と安奉鉄道および遼東半島の租借期間の延長を除いて一切の妥協を示そうとはしなかった。

「対華二一カ条要求」をめぐる日置公使と曹外交次長との交渉が暗礁に乗り上げた大正四年五月、小池が最後通牒の発出など強硬な主張を展開したのも、小村外相から安奉鉄道改築工事の強行を命じられた在奉天総領事時代の経験に基づいていた。小池が在奉天総領事として満州権益の維持に努めた原体験は、政務局長として「対華二一カ条要求」を起案するにあたって大きな影響を与えた。

大正四年五月二五日、南満州および東部内蒙古に関する条約が成立したが、その内容は当初の要求とは大きくかけ離れ、日本の要求がそのまま受け入れられたのは関東州、満鉄本線および安奉鉄道の租借期間を九九年に延長することのみであった。加えて中国における反日運動の高まりと国際社会からの対日批判は、日本外交史に大きな汚点となって残ることになった。

安奉鉄道の標準軌への改築は一般商工業の利用にも供すという目的があり、邦人の便宜をはかるだけでなく、奉天駐在の英国総領事代理が小池に安奉鉄道改築工事の実施を支持したように、英米人の利用にも供せられるものであったから、改築工事の竣工は英米の主張する門戸開放原則にも適い、改築後の安奉鉄道が、日本だけでなく、欧米各国に共通の利益をもたらすという大義はあったが、「対華二一カ条要求」が列国に日本の中国権益独占という印象を与えたところに「チーム加藤」の見誤りがあった。

第四章　落合謙太郎総領事

一、問題の所在

在奉天総領事落合謙太郎は明治四四年一一月一四日に奉天に着任し、小池張造総領事から事務の引き継ぎを受け、大正四年九月二七日、本省政務局から着任した矢田七太郎領事に事務を引き継ぎ離任するまで、第四代総領事として三年一〇カ月にわたって奉天に在勤した。

第二次桂太郎内閣小村寿太郎外相が在奉天総領事に落合を起用したのは、同外相の随員として落合がポーツマス講和条約および日清満州善後条約締結交渉に陪席し、小村外相と同様に日本の満州権益の特殊性を十分に理解し、日露戦争をはさんであわせて一〇年間をセント・ペテルスブルグに在勤した経験から、満鉄の対露戦略上の重要性を十分に認識していたことがある。また米国が提起した満州鉄道中立化問題や英国による錦愛鉄道（錦州・愛琿間）計画などの満鉄平行線問題が、露国の東清鉄道と日本の満鉄に共通の利害をもたらし、それが基になって日露協約が成立するだけに、その間、セント・ペテルスブルグで第一回および第二回日露協約成立のために奔走した落合は、満鉄の権益擁護のためには培養線の建設が不可欠といった満鉄をめぐる諸情勢にも精通していた。

また落合は外交官領事官試験では小池より二期上で、一般的に公館長の年次が前任者よりも上になる年次の逆転は稀であるが、年次が二期上の落合をあえて小池の後任としたことも、小村外相が在奉天総領事には落合以外に適任者はいないと見ていたことが窺われる。小池総領事時代には小池と大島義昌関東都督の間に軋轢が生じ、在奉天総領事と関東都督の関係を改善するためには在奉天総領事の年次をあげること、また在奉天総領事館の館内体制を強化することが不可欠であり、そのためには年次の逆転といった人事も避けられなくなったため、小村外相にはポーツマス講和条約交渉で労苦をともにした落合であれば、このような好まれない人事でも受け入れられるのではないかとの期待もあった。

明治四四年三月末、落合は母親の病気見舞いのため任地セント・ペテルスブルグから一時帰国し、母親の病没後、七月一一日まで東京に滞在し、七月二三日にセント・ペテルスブルグに帰任したが、露国在勤はすでに五年以上におよび、帰任して間もない八月二八日に帰朝発令を受けた。落合は東京滞在中にすでに小村外相より在奉天総領事に異動の内示を受けており、八月三〇日に第二次桂内閣が総辞職した後、九月二四日に露国より帰朝した落合は、一一月二日、第二次西園寺公望内閣内田康哉外相から在奉天総領事の発令を受け、奉天に赴任した。その時、落合は四一歳であった。

落合は、明治三年二月二一日、滋賀県東浅井郡大郷村に生まれ、明治二八年七月に帝国大学法科大学政治学科を卒業、同年の第二回外交官領事官試験に合格、同期には在奉天総領事として前任の萩原守一、加藤本四郎等がいる。外務省入省後、落合は、同年一〇月に在京城領事官補、続いて在抗州領事館に転任、明治三〇年二月に在露国公使館外交官補、明治三四年五月に三等書記官、翌明治三五年六月に二等書記官に昇進、明治三五年一〇月に外務書記官として本省政務局で勤務の後、明治三六年一〇月に在仏国公使館二等書記官、日露戦争中はパリに在勤し、明治三八年八月のポーツマス講和条約および同年一二月の日清満州善後条約締結交渉では小村寿太郎首席全権の随員を務めた。さらに落合は、明治三九年一月にセント・ペテルスブルグに再開された在露国公使館一等書記官を拝命、明治四一年五月に同公使館が大使館に昇格した後、翌明治四二年六月に参事官に昇進、五年半にわたって次席として本野一郎駐露国公使および大使を補佐した。

落合の奉天着任直前の明治四四年一〇月一〇日、武昌に始まった辛亥革命は瞬く間に清国全土に広がり、翌明治四五年一月一日、革命派が孫文を中華民国臨時大総統に擁立し、二月一二日、清国宣統帝は退位を余儀なくされて清王朝は終焉した。辛亥革命勃発後、日本および欧米列強諸国はそれぞれの中国権益維持の観点から、清王朝派を支援するか、革命派と提携するかの選択をせまられ、第二次西園寺内閣は、日本の在華権益や在留邦人に被害がおよばないかぎり軍事行動はできるかぎり避け、清王朝派と革命派の官革両派のいずれにも加担しないとの基本方針を打ち出した。

しかし、辛亥革命の進展は日本に微妙な問題を投げかけた。西園寺内閣は官革両派のいずれにも加担しない中立的立場をとるとしたが、それまでの清国政府との関係を踏まえれば、中立的立場とはいえ、日本が清王朝派と革命派のいずれにも加担しないことは、清王朝派の清国政府には日本がそれだけ革命派に接近したように見えた。また清朝王家始祖の地である満州にまで革命派の勢力がおよぶかどうかは不明で、北京に革命政権が誕生しても満州に清王朝を継承する政権が発足する場合に、日本の官革両派の間では中立という立場で、従来どおりにこれまでの在満権益を維持できるのかとの懸念もあった。

また明治三八年一二月二二日に調印された日清満州善後条約では、満鉄本線（大連・奉天・長春間）の租借期間は三三年間、また安奉鉄道（奉天・安東間）は最長でも一八年間とされ、日清満州善後条約が締結されてからもすでに六年が過ぎ、満鉄本線および安奉鉄道の租借期間の大幅な延長は早急に解決しなければならない課題であった。他方、実際には建設されなかったとはいえ、英国ポーリング商会が獲得した錦愛鉄道計画のような満州西部での鉄道建設計画や、米国から満州鉄道中立化案が提示され、満鉄本線と満州西部の遼西地方とを結ぶ培養線の建設が不可欠と認識する日本は、辛亥革命が進行する中で在満権益の拡充に努めなければならなかった。

このように、辛亥革命による中国の政治的変動が進行する一方、日本は満鉄培養線の敷設権獲得など満州権益の強化を推進しなければならない中で、落合は奉天に着任した。

二、満州統治問題

㈠ 在奉天総領事館の館内体制の強化

落合が総領事の時代に落合を補佐し、落合が不在となる時には総領事代理を務める次席は、落合の着任時は有田八郎領事官補であった。有田は、落合の着任直後、明治四四年一一月二〇日に副領事に昇進、翌明治四五年二月二九日に離任した。後任は落合の奉天赴任に同行、着任した山崎平吉領事官補ではなく、落合は同年二月一六日に着任した書記生出身の天野恭太郎領事を次席に指名した。

天野領事は大正元年一二月九日に離任し、後任の次席は同年一二月三日に在斉々哈爾領事館から転任してきた書記生出身の井原真澄領事が務めた。在奉天総領事館の次席は外交官領事官試験合格者の入省間もない領事官補ではなく、書記生出身であっても外交官として経験を積んだ領事が起用される体制になったが、大正三年一〇月一七日に井原領事が離任した後、後任の領事は配置されず、大正四年九月の落合離任時は空席であった。

小池までの三代の各総領事は着任時の年齢がいずれも三〇歳代後半であったが、落合は四一歳で、総領事の年次が高くなったことも次席に領事を配置できるようになったことと無関係ではない。館長の年次が高くなればそれだけ年次の高い次席を配置できるため、書記生出身者でも落合の下で次席を務めた後、在吉林領事を務めた天野や在斉々哈爾領事から在奉天総領事館の次席に転任した井原のように、館長が務められる年次で満州在勤経験者を在奉天総領事館の次席に配置したことも、本省が在奉天総領事館館内体制の強化を模索していた跡を見ることができる。

ところで、現在の外交官補、領事官補の身分は在外研修員で在外公館の館務には従事しないが、当時は外交官補も領事官補も館務に従事していた。在奉天総領事館では、開館以来、常時、領事官補一名の配置を受けていたが、落合に同行した山崎平吉領事官補が着任、領事官補は有田とともに二名の重複配置となった。山崎は明治三八年に東京帝国大学法科大学を卒業、明治四三年の第一九回外交官領事官試験に合格、同期には斎藤博、斎藤良衛、堀田正昭、武富敏彦等がいる。

さらに翌明治四五年に帰朝した有田の後任として桑島主計が着任した。桑島は、明治三九年に早稲田大学政治科を卒業、同年の外務省書記生試験に合格。入省後、在清国公使館勤務の後、明治四一年の高等文官試験行政科、さらに明治四四年の第二〇回外交官領事官試験に合格、同期には重光葵、芦田均、堀内謙介等がいる。また大正二年に桑島の後任に東郷茂徳、翌三年に山崎の後任に朝岡健各領事官補が着任した。東郷は明治四一年に東京帝国大学文科大学独文科を卒業、大正元年の第二一回外交官領事官試験に合格、同期には坪上貞二、川越茂、天羽英二等がいる。朝岡は明治四四年に東京高商を卒業、大正二年の第二二回外交官領事官試験に合格、同期には、栗山茂、白鳥敏夫、谷正之等がいる。

このようにして、在奉天総領事館には、常時、領事官補二名が配置されるようになったが、第一八回外交官領事官試験（明治四二年）合格者は一〇名、第一九回は九名、第二〇回は八名、第二一回が六名、第二二回は八名のように、当時の外交官領事官試験合格者は、毎年一〇名にも満たない人数であったから、その中から、常時、二名を奉天に配置したのは本省がそれだけ在奉天総領事館への人員配置を重視していたことが窺われる。

また落合の着任時に奉天に在勤していた書記生は、深沢暹、竹内広彰、岩田庫治および寺井秀昌の四名であったが、その後、小松正則、国原喜一郎、浅山龍二、佐藤由己の四名が着任する一方、寺井、深沢、小松および岩田の四名が離任、竹内が新民屯分館主任に異動し、落合離任時に在勤していた書記生は、国原、浅山、佐藤の三名であった。また落合が着任した時には通訳生は未配置であったが、その後、西尾正、坂東末三、林出賢次郎、清野長太郎、荒基の五名が配置され、離任したのは西尾のみであったから、落合離任時に在勤していた通訳生は坂東、林出、清野および荒の四名、書記生と通訳生の合計人数は小池総領事時代より多い七名が配置されていた。加えて落合の離任直前に今井兼続、山崎恒四郎両書記生が着任、落合離任時の館員は実員で九名であった。ここにも本省が在奉天総領事館館内体制の強化を目指した跡が見える。

なお、小池総領事時代に在間島総領事館が開設され、萩原初代総領事が提唱してきた在満領事館体制は一段落し、落合の奉天在勤中に満州に新たに開設された領事館はない。大正四年七月二六日、加藤高明外相は在満各領事に同年五月二五日に南満州および東部内蒙古に関する条約が成立した機会に、今後、満州に新設すべき領事館について意見を求め、落合は、七月三一日、鄭家屯、錦州、洮南および赤峰に領事館開設を提言したが、在奉天総領事館領事管轄区域に領事館が開設され、その管轄区域が縮小されれば、在奉天総領事館の領事事務の負担は軽減されるものの、日本の満州統治における在奉天総領事館の役割がそれだけ縮減することを懸念し、落合は領事館の新規開設には必ずしも賛成ではなかった。

(二) 関東都督府との対立

辛亥革命が進展する中で満州に侵入した革命派党員の取締りをめぐって、関東都督との間に生じた軋轢は落合にとって最も困難な問題であった。前任の小池総領事と同様に落合も奉天赴任前の一一月七日に関東都督府事務官兼任の発令を受け、都督の指揮下で鉄道付属地の警察権の執行責任者となったが、最終的な権限は都督にあり、落合が都督に何ら協議を求めずに、内田外相から鉄道付属地に潜伏する不穏分子摘発の指示を受けたのは、大島都督やその後任の福島安正都督には都督としての権限が無視されたとの不満が生まれた。

明治四四年一一月二九日、内田外相は落合に鉄道付属地内で在留邦人に匿われている革命派党員の一掃を命じたが、大島都督は、将来、革命政権が誕生することを考えれば、革命派党員を鉄道付属地から退去させるのは得策でないとして、都督として都督府事務官の落合に内田外相からの訓令の執行を見合わせるよう命じた。これには、伊集院彦吉駐清国公使が、三〇日、袁世凱国務総理等清国政府首脳が日本は革命派の庇護を認めていると誤解する状況では、日本が官革両派の間で中立を維持するためにも、在奉天総領事による不穏分子の取締りは不可欠と意見具申し、内田外相は大島都督の異論には同意しなかった。

小池総領事時代と同様、落合総領事時代も、依然として在奉天総領事と関東都督が警察権をめぐる権限争いを続けていたことが見える。内田外相は、明治四五年四月、大島都督と交代する福島安正陸軍中将の都督就任の際に、在満各領事に都督府との意思疎通に努めるよう訓令を発出したが、在満領事館と都督府の対立の顕在化に外務省も憂慮し始めたことを示している。しかし、辛亥革命が進行している状況で、小池総領事時代とは異なって、外務省が在奉天総領事の存在を重視し、都督の外交問題への介入を許さないとする強い態度を示したのは、特に大正二年一〇月に小池前総領事が政務局長に就任したことにより、外務省内にも問題の所在が十分に理解されるようになったためであった。

このように在奉天総領事と都督の対立が深まったため、都督は自らの満州統治の実権を掌握しようと試みた。大正四年五月二五日、「対華二一カ条要求」をめぐる日華交渉が終わり、南満州および東部内蒙古に関する条約が成立した後、福島都督の後任の中村覚都督は岡市之助陸相に、都督府とその配下の陸軍部隊司令部を旅順から奉天に移し、関東州および満鉄付属地の行政、外交、司法、警察にかかわる全ての権限を都督に集約する満州統治機構の一元化を提議した。

この提議には中村是公満鉄総裁の満州開発は満鉄を中心に推進するという考えが色濃く反映されていたが、他方、都督府では警察権の行使をめぐって、落合が在奉天総領事として内田外相の指揮は受けても、都督府事務官として都督の指揮に服せず、都督に外交問題に介入する余地を与えないことへの反発もあった。しかし、このような都督府の求める改革は、満州統治における在奉天総領事館の役割を縮小することは明らかであり、落合がこれに同意するはずもなかった。

三、満州政況問題

㈠ 辛亥革命と第一次満蒙独立運動

落合が奉天に着任したのは、明治四四年一〇月に武昌で辛亥革命が勃発してからおよそ一カ月後であったから、着任直後の落合は、辛亥革命の余波からいかにして日本の在満権益を擁護し、在留邦人を保護するかに苦慮していた。落合は奉天で満州各地の軍閥が送り出すおびただしい数の軍勢が、清朝王家擁護のために京奉鉄道で南下するのを見守っていたが、他方、日本の官革両派のいずれにも加担しないといった基本方針にもかかわらず、中村是公満鉄総裁が、あたかも同年四月に就任したばかりの趙爾巽東三省総督の追放を画策しているかのように、奉天において公然と革命派との接触をはかっていることにも苦慮していた。

特に鉄道付属地では革命派党員が邦人に匿われ、趙総督は日本軍が奉天市内を混乱に導き、奉天に軍政を施行するのではないかといった疑惑さえも抱き始め、落合に鉄道付属地の革命派党員の引き渡しを求めていた。落合としても、官革両派の間で中立を保つとの立場から趙総督の要求に応えて革命派党員を引き渡すことはできなかったが、他方、邦人の庇護を受ける革命派党員をそのまま鉄道付属地に留めておくこともできず、明治四四年一一月二八日、落合は内田外相に趙総督の猜疑心を除去するため、不穏分子を東三省当局に引き渡さないまでも、鉄道付属地から一掃することは不可避とする所見を伝えた。同日、内田外相もこれに同意し、落合に邦人の庇護を受けている不穏分子を鉄道付属地から立ち退かせ、この措置を趙総督にも説明するよう命じた。

一一月二九日、落合は趙総督に内田外相の訓令を伝え、同総督は武器弾薬を保持した革命派党員が鉄道付属地で邦人に匿われており、また邦人の中には資金を供与する者もいるとして落合に改めて厳重な取締りを要求した。また同日、東京でも汪大燮駐日清国公使が内田外相を訪ね、鉄道付属地の革命派党員の取締りを要求したため、内田外相も関東州と鉄道付属地が革命派の拠点とならないよう取締りの強化に応じなければならなかった。

落合は一二月初旬には鉄道付属地より不穏分子を一掃したが、それを機に今度は趙総督が落合に改めて満州に侵入する革命派党員に対する取締りを求めてきた。官革両派の間では中立を保つという方針の下で落合は趙総督の要望には応じられず、取締りの可否はあくまで在奉天総領事として判断することとしたものの、日本の中立の立場を趙総督に通告すれば、趙総督は逆に日本は趙総督との距離を拡げる一方、革命派との距離を縮め、革命派支持へと方針を転換したとも誤解させかねず、落合は厳正中立の立場を維持することに疑問を呈する所見を内田外相に伝えた。

翌明治四五年一月一九日、落合は孫文新政権が新たに任命した藍夫蔚関外都督より、満州の清王朝派残党の追放は中国新政権の満州支配を確立することが目的であり、新政府軍は規律を重んじ、在留友邦国人に累はおよぼさないとして、新政府軍を土匪として討伐するとの旧政権の主張に惑わされないよう注意を促す書簡を受け取った。落合は、時局を維持するだけの力はあるとみていた趙総督が現在は秩序維持にも自信を失っていること、また鄭家屯に拠点をおいて満州の治安維持に努めている張作霖の軍勢も寄せ集めにすぎず、成り行きによっては暴徒化する恐れもあり、革命軍が満州に上陸すれば満州の秩序維持はさらに困難になると見ていた。

清王朝の崩壊を認識した落合は、満州の軍事的覇権を手中に収めた張作霖の動向を注視するようになった。日本が満州に多大な権益を持っていることを認識する張作霖は、今さら革命派に協調できないとして、日本の支援を受けて清朝王家一族の粛親王善耆を擁立し、満州に清朝王家による政権を樹立したいとの希望を明らかにしたが、このような旧王朝家による政権の樹立を支援することは、革命派から満州に逃れた清朝王家一族の身の安全を守るのとは異なり、明らかに満蒙の独立を支持することを意味し、官革両派の間で中立を維持するという西園寺内閣の基本方針からは逸脱するため、落合はこのような構想を支持することはできなかった。

明治四五年二月二日、清王朝の存続に見切りをつけた粛親王善耆は、北京から旅順の都督府民政長官公邸に移り、川島浪速や一部の日本陸軍関係者等の支援を受け、張作霖など満州軍閥の蜂起を促し、満蒙の独立を画策していた。官革両派の間では中立という日本が粛親王善耆の民政長官公邸での滞在を認めたのは、三月一九日、旅順から退去を求めた外務省に川島等が強く反発したため、六月一五日、後に都督に就任する福島安正参謀本部次長が同親王に会見し、同親王から満蒙独立運動に関与しないとの言質を得たことによる。

しかし、三月二一日、満蒙独立の策略を察知した落合が内田外相にこれを内報したため、これに関与していた陸軍関係者が参謀本部の叱責を受け、第一次満蒙独立運動は瓦解した。官革両派の間で中立を保つという西園寺内閣の基本方針に反して、都督府傘下の陸軍出先部隊が満蒙独立運動を支援するのは重大な規律違反であり、落合は中立の証としても鉄道付属地が革命派の活動拠点となることを防がなければならなかった。それにもかかわらず、陸軍による満蒙独立運動派への武器供与は密かに続けられていた。

(二) 日貨排斥問題

清王朝の崩壊後、明治四五年三月一〇日、孫文は臨時大総統の地位を清王朝派の袁世凱国務総理に譲り、また袁国務総理は大正二年七月一二日に第二革命を鎮圧し、一〇月一〇日に正式に大総統に就任した。辛亥革命の混乱が続く中で、第二次大隈内閣は、翌大正三年八月に第一次世界大戦が勃発したのを機に、翌大正四年一月一八日、袁大総統に「対華二一カ条要求」を通告、五月二五日に成立した南満州および東部内蒙古に関する条約で、清国は関東州、満鉄本線および安奉鉄道の租借期間を九九年に延長することに同意し、日本にとって満鉄本線および安奉鉄道の租借期間の大幅な延長という懸案は解決した。

しかし、日本の「対華二一カ条要求」に反発する中国国民の反日世論は高揚し、中国国内では広東、上海、香港などで日貨排斥運動が始まり、その余波は瞬く間に揚子江流域などをはじめ中国国内ばかりでなく、サン・フランシスコやバンクーバーなど北米西海岸や、仏領インドシナ、シンガポールなど東南アジア各地にも広がった。他方、第一次世界大戦中のため欧州商品の輸入が途絶しがちな中で、日本商品の商いに従事する中国人商人も少なくなく、日貨排斥が大きく広がるとは予想されなかったが、日置益駐華公使から日貨排斥への取締り強化を要求された袁大総統は、大正四年三月二五日、中国国内各地方当局に日貨排斥運動の禁止を通告したが、反日世論は激化の一途を辿っていった。

日貨排斥運動が激化する中国本土に比べて満州は比較的平穏であった。五月二一日、在牛荘太田喜平領事が同市内の日本商品を取扱う中国人商店に脅迫状が送付されたと報告したが、落合は都督府大連民政署長から奉天における本邦商品の売れ行きがこれまでになく低下していると指摘されても、奉天の景気の低迷と中国人商人が日本から直接商品の買い付けするようになったことが原因で、奉天で日貨排斥が広がっていることは否定した。落合は、中国本土とは異なって満州は平穏と強調したものの、二五日、奉天ではまだ日貨排斥運動は起こっていなかったが、安東では日貨排斥運動の兆候がみられたため、東三省当局に日貨排斥運動への取締りの強化を要請した。

しかし六月にはいって、奉天でも密かに日貨排斥が行われていることが明らかとなり、表向きは東三省当局の布告もあり、学生等が文房具など日本商品への非買運動を行っている程度であったが、密かに日貨排斥の檄文が配布され、また日本商品を取扱う商店に対する脅迫状が送付されたことなどが判明した。落合は満州における日貨排斥運動の激化を懸念し、五日、再び東三省当局にこれを根絶するための取締りの強化を要求したが、その効果は薄く、奉天での日貨排斥運動の実態も中々明らかにならなかったため、落合は一二日に重ねて東三省当局に取締りの強化を申し入れた。

他方、六月七日に在吉林森田寛蔵領事から吉林地方の日貨排斥の現状に関する報告が届いたのに続いて、一二日に在鉄嶺領事代理酒匂秀一領事官補、一四日に在奉天総領事館新民屯分館主任竹内広彰書記生、二一日に在遼陽土谷久米蔵領事、二二日に在哈爾濱総領事代理川越茂領事官補、二三日に在安東吉田茂領事、二九日に在長春山内四郎領事から次々と満州各地の日貨排斥運動の状況が伝えられ、満州でも日貨排斥運動が急速に進展している様子が明らかになった。満州の日貨排斥運動は漢口で発生した暴動をともなう激しいものではなく、単なる非買運動にすぎなかったが、六月一八日には奉天市内の邦人薬種店に爆弾が投げ込まれる事件が起こり、日貨排斥運動の急展開に危機感を抱いた奉天在留邦人は、二一日、在奉天在住邦人市民大会を開催し、六〇〇名の邦人代表が、日貨排斥運動に取締りを装うのみで、効果のある取締りを実行しない東三省当局を非難し、日貨排斥運動の禁止や治安維持の確保、爆弾犯人の逮捕などを要求する決議を採択した。

落合は奉天における日本商品の取引高が例年に比べ八割も激減しているのは、両三年前からの不況、金融状況の悪化および銀価下落による購買力低下のためであり、必ずしも日貨排斥運動のためとは考えておらず、高価な欧米商品ではなく日本商品を買う中国人も少なくなく、奉天での日貨排斥運動もこれ以上は拡大しないと予想していた。六月二七日、奉天で領事警察が爆弾投げ込み事件の容疑者を検挙したが、東三省当局は同容疑者は日貨排斥運動とは全く関係ないとしたため、落合は同容疑者を直ちに東三省当局に引き渡さなかったが、同容疑者が逮捕されてからは排日脅迫文の配布なども止み、日中間における商品取引も再開され、日本商品の売れ行きも回復し始めたほか、中国人市民も奉天市内における領事警察による警備を歓迎するなど、事態の改善が見えてきたため、落合は奉天における日貨排斥運動は下火になりつつあると見ていた。

七月二一日、満州各地の在留邦人代表が参加する在満邦人居留民大会が奉天で予定されていたが、落合はすでに満州の日貨排斥運動は鎮静化しつつあるため、在留邦人の大規模な抗議集会で東三省当局の取締りを非難すれば、いたずらに東三省当局を刺激しかねないことを恐れ、主催者に少人数で冷静かつ慎重に在留邦人の利害得失のみを討議するよう説得した。これに対して落合は同大会開催中止を求める不当な介入との非難も受けたが、居留民大会は実際には奉天地区代表三二名と奉天以外の地域代表一六名による穏便な大会に終始し、日本政府に中国本土とは事情の異なる対満州政策の確立、東三省当局に頼ることのない日貨排斥運動への自衛措置の実行、日貨排斥運動による満州在留邦人の被害に対する救済などを求める決議を採択しただけで終了した。

七月二三日、落合は加藤外相に奉天の日貨排斥運動が下火になったことを報告したが、日本が東三省当局を非難することで、爆弾犯人の逮捕をきっかけに収束し始めた日貨排斥運動の再燃を警戒し、これをそのまま収束させたいと苦慮していた。満州では辛亥革命の余波が収まったとはいえ、「対華二一カ条要求」に起因する日貨排斥運動への在留邦人の反発が大きくなれば、これが満蒙独立運動といった反政府活動に結びつけられ、中国革命政権から日本が満蒙独立運動に加担していると受け止められかねない恐れもあり、落合は日貨排斥運動への在留邦人の反発を和らげることにも苦慮していた。

四、満州懸案問題

㈠　満鉄培養線敷設権問題

明治四五年七月八日に成立した第三回日露協約の背景では、満州西部で実際に建設されることはなかったものの、英国が画策した錦愛鉄道計画などが日露両国の鉄道権益を脅かす共通の脅威として認識された。第一回日露協約は東経一二二度以東の満州を南北に二分し、それぞれを日露両国の勢力範囲としたが、第三回日露協約はその南北を二分した境界を東経一二二度以西にも延長することに合意した。満鉄本線はほぼ東経一二二度に沿って南北に走っており、これにより露国は満鉄本線の西側の遼西地方を日本の勢力範囲とすることに同意し、日本は遼西地方の権益拡充のため満鉄本線から遼西地方への培養線の敷設権獲得を目指すことになった。

一方、英国は錦愛鉄道の敷設を計画するとともに、満鉄本線を横断した京奉鉄道を奉天から海龍を経て吉林への延伸を画策していた。京奉鉄道は一八九〇年に李鴻章が最初に計画し、英国の技術と資本により奉天から吉林を経て琿春まで延長する構想であったから、中国は京奉鉄道延長問題が解決したのを機会に、当初の計画どおり、京奉鉄道を奉天から満州北東部に延伸しようとしていた。

大正二年二月一九日、京奉鉄道の奉天から吉林への延伸計画を伝え聞いた牧野伸顕外相から事実確認を求められ落合は、これを単なる風説に過ぎないと否定したが、明治四四年九月二日に京奉鉄道延長協約が成立したため、満鉄本線を横断した京奉鉄道がさらに奉天以東に延伸される可能性は十分にあり、その建設は終点が吉林となるか朝鮮半島の会寧となるかにかかわらず、満鉄への経済的な影響が大きいことを指摘し、その建設には反対との所見を述べた。在露国公使館在勤中に第一回日露協約成立のために奔走した落合は、満鉄本線の東側地域に日本以外の列強が鉄道を敷設することを強く警戒していた。

このため、同年三月一二日、牧野外相は、中村是公満鉄総裁、伊集院彦吉駐華公使と落合に、日本が、今後、満州に建設すべき鉄道および中国ないし列強による建設を阻止すべき鉄道について意見を求めた。落合は、一九日、第一に、満鉄本線の東側および吉長鉄道（長春・吉林間）および吉会鉄道（吉林・会寧間）の南側の地域、すなわち第一回日露協約で露国が日本の勢力範囲と認めた地域では、日中両国以外による鉄道建設は認めるべきでないこと、第二に、中国が同地域で鉄道を建設する場合もそれが満鉄培養線とならない、つまり満鉄本線に接続されれない鉄道の建設には反対すべきこと、しかし奉天を起点とする鉄道が京奉鉄道に接続されれば、満州産物資が満鉄を経由することなく満州外への輸送が可能になるため、特に奉天を起点とする鉄道建設には反対すること、第三に、満鉄本線の西側地域、すなわち第三回日露協約で露国が日本の勢力範囲と認めた地域では、満鉄本線四平街から鄭家屯を経て洮南にいたる四洮鉄道を建設することなどを意見具申した。

この第三点は、明治四一年一月に当時の加藤本四郎総領事の意見具申を踏まえ、同年九月二五日に桂内閣が閣議決定し、英国の構想する法庫門鉄道（新民屯・法庫門間）の建設を容認することへの見返りとして要求したことに由来するが、落合は第三回日露協約で遼西地方を日本の勢力範囲とすることに露国が同意したことから、同地方での培養線の建設の必要性を十分に認識し、満鉄本線の西側に広がる遼西地方の農産物を満鉄本線に吸収し、満鉄の増収につなげることが満鉄培養線建設の目的であることを改めて強調した。明治四二年に在奉天総領事館が取りまとめた「在奉天帝国総領事館管轄区域内事情」は、明治四二年上半期の満鉄の営業収入が前年同期に比べて倍増した最大の理由を、満州産大豆の生産量が当初の見込みの倍にもなる豊作のため、大豆の運賃収入が三倍にもなったためと記している。

牧野外相は、大正二年八月一八日、北京に着任直後の山座円次郎駐華公使に満鉄本線の西側地域は、四洮鉄道を基礎として、これをさらに洮南から満州南西部の熱河に向けて満州西部を南北に走る鉄道、および同鉄道と満鉄本線とを結ぶ鉄道の三路線、また満鉄本線の東側地域では、満鉄本線開原から海龍を経て将来は吉林にいたる各鉄道敷設権を獲得するよう中国との交渉開始を命じた。翌一九日、北京では横浜正金銀行小田切万寿之助取締役が主催した会食の席で、山座公使は朱啓鈐交通総長に日本の要求を伝え、翌二〇日、朱交通総長は小田切取締役に、満鉄本線と洮南とを結ぶ鉄道は四平街からではなく、吉長鉄道の延長線として長春を起点としたいとの要望を表明した。

満鉄は、洮南への鉄道の満鉄本線の起点は、長春を起点とする場合は四平街より建設距離が長くなるとして四平街を主張した。落合も、遼西地方の農産物等集積地の鄭家屯から満州の農産物が京奉鉄道に吸収されずに、また遼河の水運で運ばれることも防ぐには、積出港となる大連への輸送距離を短縮する必要があるとして、洮南への培養線の起点は四平街とすることが有利と意見具申した。加えて吉長鉄道を洮南に向けて延長する場合には、それが満州中央部を東西に走る鉄道となるため、満州北部に日露戦争後も露国が引き続き保持する東支鉄道本線（満州里・哈爾濱・綏芬河間、辛亥革命前の東清鉄道）の競争線ともなり、満鉄培養線の建設に露国が介入する余地を残しかねないと注意を喚起した。

一方、満鉄本線東側地域の海龍への鉄道の満鉄本線の起点について、陸軍は開原ではなく奉天とするよう要求していた。奉天は満州の政治、経済、軍事の要であり、奉天を起点とする鉄道建設は日本の満州経営にとって不可欠ともいえたが、満鉄もそれが奉天で京奉鉄道に接続されることを警戒し、海龍への鉄道の起点を奉天とすることには強く反対した。一〇月三日、牧野外相は陸軍の意向を山座公使に伝えたが、山座公使は以前にも陸軍と同じように奉天を起点とするよう主張した際に、本省は奉天を起点とするのは実質的に京奉鉄道の延長に等しいとの理由から、奉天を起点とすることに同意しなかったことを踏まえ、満鉄本線上の起点は交渉の議題ともしなかった。

山座公使が奉天に固執せず落合の判断を尊重したのは、本省が、落合の意見具申を踏まえて、すでに奉天を起点とする鉄道建設に反対の方針を固めていたことにしたがったからであった。八月二二日、張作霖奉天都督は山座公使の指示を受けた井原在奉天総領事代理に、日本の借款による開原・海龍間鉄道の建設はもとより、満州で日本の借款により中国が鉄道を建設することは賛成であり、日本以外の国からの借款には日本と満州との関係から同意しないと述べた。奉天を起点とする鉄道が京奉鉄道に接続され、満鉄の競争線となる可能性が高いとの落合の認識は、本省および在華公使館では共通の認識となっていた。

大正二年一〇月五日、孫寶琦外交総長と山座公使との間で満蒙五鉄道に関する交換公文が取り交わされ、四洮鉄道（四平街・鄭家屯・洮南間）、開原・海龍間鉄道に加えて、中国の要求による長春・洮南間鉄道の各敷設権と、将来、吉林・海龍間鉄道および洮南・承徳間鉄道を建設する場合に、日本の借款を優先する敷設優先権が日本に認められた。

なお、大正四年一二月一七日、横浜正金銀行と中国の間で四洮鉄道に関する借款契約が調印され、大正六年四月に四平街・鄭家屯間（四洮鉄道四鄭線）が着工、翌大正七年一月に竣工する。四洮鉄道の全線は大正一三年七月に営業が開始されるが、満蒙五鉄道の中で実際に中国が日本の着工を認めたのはこの四洮鉄道のみであった。

㈡　鄭家屯日本軍銃撃事件

大正三年八月一七日、鉄嶺駐屯の鉄道守備隊歩兵二個中隊（三九七名）および騎兵一個小隊（三一騎）が、前年一〇月に日本が敷設権を獲得した四洮鉄道建設予定地に沿って四平街から鄭家屯に向けて行軍中に、鄭家屯近郊で現地農民および警官から銃撃を受け、同部隊がこれに応戦する事件が勃発した。在鉄嶺森田寛蔵領事の調査では、当初、中国側は同事件は現地住民と馬賊の間の銃撃戦で、同部隊を標的としたものではないとしたが、その後、日章旗を掲げて日本軍であることを明示した旗手が中国側の銃撃を受けて負傷したこと、また中国警官がその直前に昼食休憩中の同部隊に接触し、中国側はそれが日本軍であることを承知していたことなどの事実が明らかになり、中国側が故意に日本軍を攻撃したとの疑いがもたれるにいたった。

中国外交部曹汝霖次長は事件の解決交渉を奉天で行うよう日置益駐華公使に希望し、鉄道付属地外に日本軍が駐屯することは条約上の根拠がないとして、日本軍の速やかな撤退を要求したため、九月七日、日置公使は事件を穏便に解決するよう加藤高明外相に意見具申した。二二日、加藤外相は落合に、本事件は馬賊に応戦したもので日本軍に向けて発砲したのではないとの中国の主張は遁辞にすぎず、これを不問に付すことは到底容認できないとしたが、大局的な利害からこれを穏便に解決するよう命じた。

事件発生後、関東都督府は応援のため現地に一個中隊を増派したが、事件の鎮静化により撤兵し、九月二八日の時点では鄭家屯に歩兵二二七名、騎兵四七騎が残留するのみで、加藤外相は事件解決までは残留部隊をそのまま現地に駐屯させることに同意した。この間、一一日、関東都督を退任する福島安正都督は加藤外相に、満鉄付属地外に居住し、事業に従事する邦人の活動には条約上の保護が与えられていないため、この機会にこれら邦人の権利を明確に認める条約の締結を要求したが、加藤外相は事件を穏便に解決するため、突発的事件の解決に絡めて全局面にかかわる問題を提起すべきではないと拒絶した。加藤外相は日本軍の鄭家屯駐屯には法的根拠がないことを良く承知していた。

大正三年一〇月一日、加藤外相は、九月一五日に関東都督に就任した中村覚都督が、事件の首謀者と見られる呉俊陞について、「呉俊陞は此際寧ろ其儘として我に利用するを有利と考う」と加藤外相に述べてきたことを問題視し、六日、中村都督に「貴官管轄内に発生の外交事件に関し、随時貴見の程御稟申相成るは敢て差支無之候共、前記貴電秘第二二八号の如きは甚其体を得ざる次第に付き、自今深く御注意相成様致度為念此段申進候也」と強く批判し、都督が外交交渉に介入することがないよう注意を喚起した。

交渉は一一月一二日に開始され、落合は実行犯と監督責任者に対する処罰と処分および被害を受けた日本軍兵士への賠償金の支払い等六項目を要求した。特に落合が重視したのは事件の再発防止には中国側の責任を明らかにする必要があり、そのため傷害を負った日本軍兵士への慰謝料とともに、中国側責任者として洮遼鎮守使呉俊陞の解任を要求した。呉については二年前の邦人銃器輸送隊員虐殺の容疑でも中国側に処分を要求した経緯があり、今回の銃撃事件でも中国側の事実上の首謀者と目されたが、東三省当局は呉は事件と関係がないと主張し、また在鉄嶺領事館の捜査でも呉が関与したことを示す証拠が見つけられなかったため、一二月一〇日、落合は交渉妥結のため呉に対する処分要求の撤回もやむをえないと加藤外相に伝え、一五日、加藤外相もこれを了承した。

しかし東三省当局は、一二月二〇日、鄭家屯での日本軍駐兵にかかわる条約上の問題を取り上げ、事件発生後も現地に駐留し続ける日本軍の撤退を要求したため交渉は暗礁に乗り上げた。落合は、事件が中国警官による故意ともみえる日本軍への銃撃事件であるにしても、日本軍が鉄道付属地外の鄭家屯に駐留することの法的根拠は乏しく、日本軍が撤退に応じなければ交渉の妥結も難しく、鄭家屯からの撤兵に応じた上で交渉の早期妥結をはかるよう加藤外相に意見具申したが、加藤外相の同意は得られなかった。

このため交渉の焦点は日本軍の鄭家屯からの撤兵時期に絞られ、大正三年中の交渉妥結は困難になった。当初、加藤外相は落合に、交渉の開始に先立って交渉妥結後の撤兵を表明するよう指示していたが、一〇月六日、交渉妥結後も部隊の一部は当分の間は駐兵が続くことを示唆し、交渉妥結後の撤兵表明は見合わせるよう指示した。このため落合は、日本軍の鄭家屯からの撤兵時期を具体的に言及できず、翌大正四年一月一四日、東三省当局に事件の解決交渉と日本軍の撤兵時期は全く別の問題と強く主張し、二八日、日本軍の鄭家屯からの撤兵問題には何ら触れずに、中国側関係者の処分や日本側負傷者への中国からの慰謝料の支払いなどについて合意し、交渉は二月二五日に妥結した。

大正四年五月二二日、落合は加藤外相に鄭家屯での駐留は臨時の措置であり、秩序回復後は撤兵を拒む理由は薄弱となるが、日本軍が鄭家屯に進駐した結果、四洮鉄道の建設を見越して同地に進出する邦人が増加しており、撤兵に際してはこれら邦人の安全確保も必要になるとして、落合は四洮鉄道四鄭線の着工を急ぐとともに、中国側の内諾を得ることは難しいとしても、当分の間は在鉄嶺領事館領事警察官の鄭家屯常駐が必要と意見具申した。六月三日、加藤外相は落合に撤兵時期は追って通報するとして、それまでは撤兵問題について中国側と接触しないよう指示し、改めて日本には撤兵する考えのないことを示した。

翌大正五年一〇月二五日、落合が奉天から離任してから一年あまり後、在奉天総領事館鄭家屯分館が開設され、鄭家屯には在奉天総領事館領事警察官が駐在することになるが、同分館開館直前の大正五年八月一三日、鄭家屯に在住する邦人雑貨商と中国人兵士の口論が切っ掛けで日中両軍が交戦し、同地常駐の在鉄嶺領事館領事警察官一名が死亡するなど、両軍に死者および重軽傷者をだす鄭家屯事件が発生する。軍部隊の駐屯により引き起される事件として、落合が最も懸念していたことであった。

五、むすび

大正四年九月一〇日、落合は大隈首相兼外相より在伊国大使館参事官を命じられ、同年九月二三日に本省政務局第一課外務書記官から着任した矢田七太郎領事に事務を引き継ぎ、同二七日に離任した。前年一〇月に井原領事が離任した後、後任の次席が空席となっている状況の下で、松井慶四郎次官は、萩原や加藤総領事時代の吉田茂、また小池総領事時代の有田八郎のように、東郷領事官補を次席として館長代理に任ずる考えはなく、本省政務局の矢田を領事に任命し、総領事代理として在奉天総領事館の館務を統括させることとした。

落合は着任早々辛亥革命の展開に翻弄させられたが、辛亥革命が勃発しても実際にそれが成就するかどうかの見通しは必ずしも明らかではなく、官革両派の間で、とりわけ清王朝派の東三省総督との関係で、落合は中立を保つことの難しさを感じていた。落合は着任直後の明治四四年一一月二八日、日本が厳正中立を保ち、邦人や権益に被害がおよばないかぎり軍事的行動は取らないとの西園寺内閣の自衛措置は消極的すぎると考え、革命後の日中関係を考えれば、英米等各国が日本は辛亥革命を契機に満州権益の拡大を画策したとの誤解を与えないように注意しつつ、引き続き権益の拡充に努めるべきであり、それは在奉天総領事としての活動の指針ともなると内田外相に意見具申した。

在奉天総領事として日本の在満権益の強化に目を向ける落合の関心は、四洮鉄道の建設を提議したように、第三回日露協約で日本の新たな勢力範囲と認められた遼西地方にあった。落合は、第三回日露協約で露国が遼西地方を日本の勢力範囲と認めたことを最重要と認識し、同地方の権益確保を強く意識していた。落合が遼西地方へ進出するために鄭家屯への満鉄培養線建設を建策したことは、落合の認識を端的に示していた。

日貨排斥運動が激化する中でも、在留邦人の東三省当局への批判を抑え、また満蒙独立運動でも、関東都督府が満蒙独立運動に加担していたのとは対称的に、落合がこれを支持しない姿勢を強く打ち出したのは、中国革命政権に日本が満蒙独立運動を支持していると見られることは、日本の在満権益の拡充にとって障害と確信していたからである。落合の内報が第一次満蒙独立運動を鎮静化させたが、それでもなお満蒙独立運動を支援する関東都督府は、密かに独立運動派への武器の供給などを開始するが、こうした活動は日本が進出の途についたばかりの遼西地方を中心に展開され、落合は内政干渉にも等しい大陸浪人等の遼西地方での活動を警戒していた。

遼西地方の中心地鄭家屯へ行軍中の日本軍への銃撃事件は、都督府が満蒙独立運動を水面下で支援しているとの疑いがもたれ、日本軍が鄭家屯に非合法的に駐屯しながら遼西地方の権益の拡大をはかることは、中国内外から多くの批判を招きかねない懸念もあった。このため落合は、解決交渉に臨むにあたってあくまで日本軍の撤兵に拘り続けたが、この事件を契機に落合の予想を越える勢いで多くの邦人が鄭家屯に進出したため、これら邦人の安全を確保する陸軍部隊の鄭家屯駐屯が不可欠になり、条約上の根拠がないまま日本軍が駐屯する中で遼西地方の権益を拡大することになった。落合には同意しがたいことであったが、同時に在鉄嶺領事館には、鄭家屯をはじめ遼西地方に進出する邦人保護の責務も生じることとなり、落合はその矛盾に苦慮していた。

在伊国大使館参事官を命じられて奉天より帰朝した落合は、大正四年一一月五日、改めて特命全権公使に任じられ、オランダ駐箚（デンマーク兼任）を命じられた。その後、大正九年七月、駐伊国特命全権大使に任じられた落合は、大正一五年四月三〇日、病を得てローマを離任、帰朝するが、六月四日、シンガポールから香港に向かう船中にて死去する。享年五六歳であった。

付表　在満領事等関係機関人員配置表(4)

落合謙太郎総領事時代

(明治44年11月～大正4年9月)

内　閣

首相：西園寺公望
(M44. 8. 30～T1. 12. 21)
首相：桂太郎
(T1. 12. 21～T2. 2. 20)
首相：山本権兵衛
(T2. 2. 20～T3. 4. 16)
首相：大隈重信
(T3. 4. 16～T5. 10. 9)

外　務　省

外相：内田康哉
(M44. 10. 16～T1. 12. 21)
外相：桂首相兼任
(T1. 12. 21～T2. 1. 29)
外相：加藤高明
(T2. 1. 29～T2. 2. 20)
外相：牧野伸顕
(T2. 2. 20～T3. 4. 16)
外相：加藤高明
(T3. 4. 16～T4. 8. 10)
外相：大隈首相兼任
(T4. 8. 10～同10. 13)

外務次官：石井菊次郎
(M41. 6. 6～M44. 5. 8)
次官：倉知鉄吉
(M44. 5. 8～T2. 2. 1)
次官：松井慶四郎
(T2. 2. 1～T4. 10. 29)

政務局長：倉知鉄吉
(M41. 6. 6～M44. 5. 8)

在間島総領事館

領事：永滝久吉
(M42. 11. 2～M45. 1. 13)
総領事代理：**速水一孔**副領事
(M45. 1. 13～同6. 30)
総領事代理：**速水一孔**領事
(M45. 6. 30～T2. 6. 23)
総領事代理：**堺与三吉**領事
(T3. 6. 23～同8. 15)
総領事代理：鈴木要太郎領事
(T3. 8. 15～T8. 9. 12)

局子街分館

主任：荒井金造書記生
(M44. 12. 26～T1. 8. 1)
主任：岩永覚重書記生
(T1. 8. 1～T2. 10. 25)
主任：木島仙造書記生
(T2. 11. 2～T8. 2. 23)

頭道溝分館

主任：**清野長太郎**通訳生
(M45. 2. 22～T1. 10. 21)
主任：山崎誠一郎書記生
(T1. 10. 21～T4. 6. 13)

琿春分館

主任：大賀亀吉書記生
(M43. 12. 11～T3. 8. 18)
主任：北条太洋書記生
(T3. 8. 18～T5. 11. 20)

在哈爾濱総領事館

総領事：川上俊彦
(M40. 3. 4～M45. 4. 30)
総領事：本多熊太郎
(M45. 4. 30～T3. 6. 22)
総領事代理：川越茂官補
(T3. 6. 22～同12. 7)
総領事：佐藤尚武
(T3. 12. 7～T8. 9. 16)

在長春領事館

領事：松原一雄
(M43. 2. 27～M45. 1. 14)
領事：木部守一
(M45. 1. 14～T3. 7. 16)
領事代理：酒匂秀一官補
(T3. 7. 16～同10. 21)
領事：山内四郎
(T3. 10. 21～T8. 1. 8)

在鉄嶺領事館

領事代理：村山正隆副領事
(M41. 9. 10～M42. 9. 21)
領事代理：森田寛蔵副領事
(M42. 9. 21～M44. 12. 28)

在斉々哈爾領事館

領事代理：藤井貫一郎副領事
(M43. 9. 10～M44. 5. 10)
領事：**井原真澄**
(M44. 5. 10～T1. 11. 30)

在清国公使館

公使：伊集院彦吉
(M41. 10. 15～T2. 7. 29)
【T1. 1. 1、中華民国成立】

在中国公使館

公使：山座円次郎
(T2. 7. 29～T3. 5. 28)
臨時代理公使：松平恒雄
(T3. 5. 28～同6. 4)
臨時代理公使：小幡酉吉
(T3. 6. 4～同8. 20)
公使：日置益
(T3. 8. 20～T5. 7. 16)

在天津総領事館

総領事：小幡酉吉
(M42. 4. 30～T2. 9. 13)
総領事：窪田文三
(T2. 9. 13～T3. 7. 23)
総領事：松平恒雄
(T3. 8. 22～T7. 5. 13)

在英国大使館

大使：加藤高明
(M41. 2. 11～T2. 1. 12)
臨時代理大使：**小池張造**
(T2. 1. 12～T2. 6. 18)
大使：井上勝之助
(T2. 6. 18～T5. 7. 20)

朝鮮総督府

総督：寺内正毅
(M43. 10. 1～T5. 10. 16)

関東都督府

都督：大島義昌
(M39. 9. 1～M45. 4. 26)
都督：福島安正
(M45. 4. 26～T3. 9. 15)
都督：中村覚
(T3. 9. 15～T6. 7. 31)

南満州鉄道株式会社

総裁：中村是公
(M41. 12. 19～T2. 12. 19)
総裁：野村竜太郎
(T2. 12. 19～T3. 7. 15)
総裁：中村雄次郎
(T3. 7. 15～T6. 7. 31)

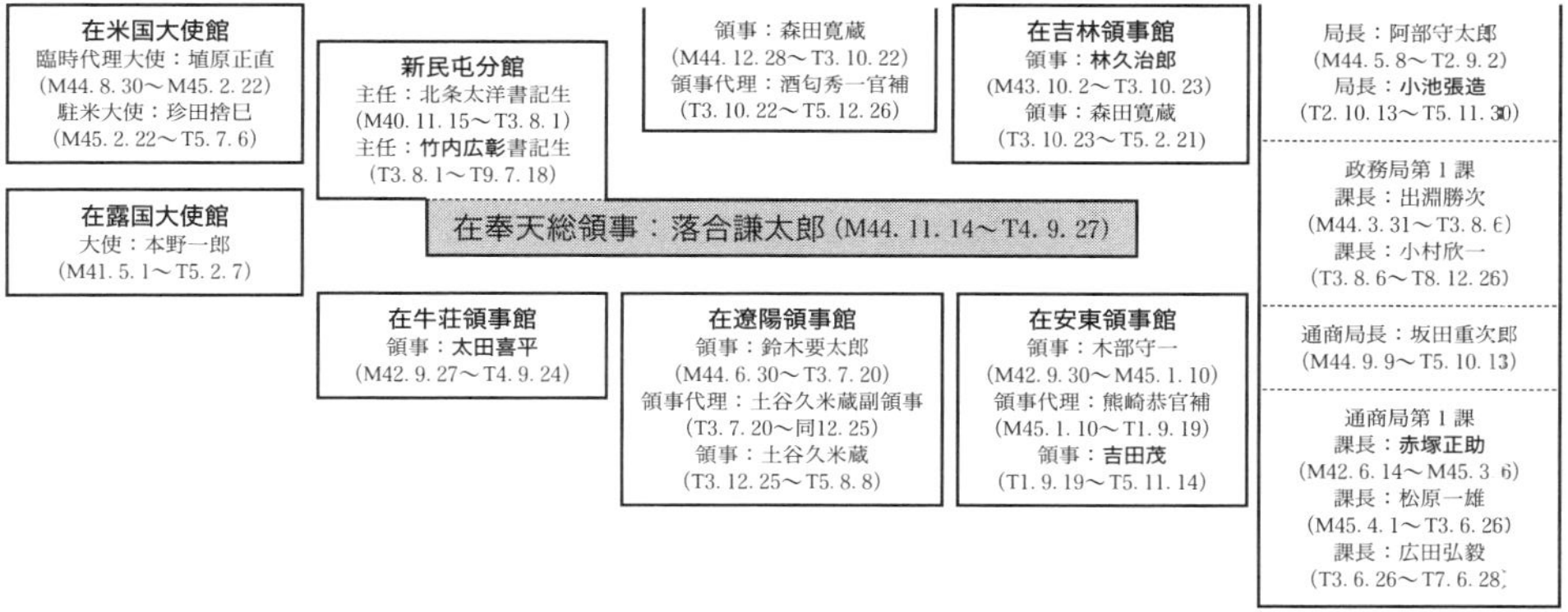
在米国大使館
臨時代理大使：埴原正直
(M44. 8. 30～M45. 2. 22)
駐米大使：珍田捨巳
(M45. 2. 22～T5. 7. 6)
在露国大使館
大使：本野一郎
(M41. 5. 1～T5. 2. 7)
新民屯分館
主任：北条太洋書記生
(M40. 11. 15～T3. 8. 1)
主任：竹内広彰書記生
(T3. 8. 1～T9. 7. 18)
領事：森田寛蔵
(M44. 12. 28～T3. 10. 22)
領事代理：酒匂秀一官補
(T3. 10. 22～T5. 12. 26)
在吉林領事館
領事：林久治郎
(M43. 10. 2～T3. 10. 23)
領事：森田寛蔵
(T3. 10. 23～T5. 2. 21)
局長：阿部守太郎
(M44. 5. 8～T2. 9. 2)
局長：小池張造
(T2. 10. 13～T5. 11. 30)
政務局第1課
課長：出淵勝次
(M44. 3. 31～T3. 8. 6)
課長：小村欣一
(T3. 8. 6～T8. 12. 26)
通商局長：坂田重次郎
(M44. 9. 9～T5. 10. 13)
通商局第1課
課長：赤塚正助
(M42. 6. 14～M45. 3. 6)
課長：松原一雄
(M45. 4. 1～T3. 6. 26)
課長：広田弘毅
(T3. 6. 26～T7. 6. 28)
在奉天総領事：落合謙太郎 (M44. 11. 14～T4. 9. 27)
在牛荘領事館
領事：太田喜平
(M42. 9. 27～T4. 9. 24)
在遼陽領事館
領事：鈴木要太郎
(M44. 6. 30～T3. 7. 20)
領事代理：土谷久米蔵副領事
(T3. 7. 20～同12. 25)
領事：土谷久米蔵
(T3. 12. 25～T5. 8. 8)
在安東領事館
領事：木部守一
(M42. 9. 30～M45. 1. 10)
領事代理：熊崎恭官補
(M45. 1. 10～T1. 9. 19)
領事：吉田茂
(T1. 9. 19～T5. 11. 14)

注：ゴシックの氏名は在奉天総領事館在勤経験者（将来の在勤者も含む）

第五章　矢田七太郎総領事代理

一、問題の所在

在奉天総領事代理矢田七太郎は大正四年九月二三日に奉天に着任し、落合謙太郎総領事より事務引き継ぎを受け、大正六年一月九日、赤塚正助総領事に事務を引き継ぎ離任するまで、官職上は総領事代理であったが、館長として一年三カ月にわたって奉天に在勤した。

大隈重信首相兼外相は、大正四年九月一〇日、着任以来三年半を経過した落合に在伊国大使館参事官への異動を命じた。落合は大正三年中に小畑酉吉前在天津総領事と交代することが内定していたが、在華公使館で大正三年五月二三日に次席の水野幸吉参事官、また二八日に山座円次郎公使が続いて急逝したため、第一次山本権兵衛内閣加藤高明外相は、急遽、待命中の小畑を在華公使館一等書記官に任じ、小畑は六月四日に北京に着任、日置益公使が任国チリから北京に着任する八月二〇日まで臨時代理公使を務めた。このため落合は後任総領事が未発令のまま奉天を離任しなければならなくなった。

加えて在奉天総領事館では、落合総領事時代に館内体制強化のため次席には領事を起用する体制になっていたが、大正三年一〇月一七日に井原真澄領事が離任した後、次席は空席となっており、落合の離任によって在奉天総領事館は館長と次席のいずれもが不在という事態に陥ることになった。後任の総領事が着任する時期の見通しが全く立たない状況では、松井慶四郎次官は落合の離任前にも館長代理が務められる領事を奉天に派遣することが不可欠と考え、落合の前任者である小池張造政務局長は、館長代理を務められる人物として政務局の配下から第一課矢田七太郎書記官を抜擢した。落合の発令から一週間後の九月一六日、急遽、矢田に在奉天総領事館領事を命じ、総領事代理として落合離任後の館務を掌理させることとした。

矢田の在奉天領事の発令が落合の在伊国大使館参事官への異動発令後というのは、この間の事情を示している。矢田は発令後直ちに赴任し、九月二七日に落合が離任した後、総領事代理として館務を統括した。矢田は官職が領事のため総領事ではなく総領事代理とされたが、館長として奉天に在勤した。その時、矢田は三七歳であった。

矢田は明治一二年一二月四日に静岡県田方郡田中村に生まれ、明治三九年七月、東京帝国大学法科大学政治学科を卒業、翌四〇年の第一六回外交官領事官試験に合格、同期には小村欣一等がいる。外務省入省後、矢田は、明治四一年五月に在漢口領事館領事官補、翌四二年六月に在天津総領事館に転任、明治四三年一一月に在清国公使館外交官補に異動した。明治四五年五月に帰朝した矢田は身分は外交官補のまま政務局第一課勤務を命じられ、同年（大正元年）一一月に在伊国大使館三等書記官に任じられたものの赴任せず、翌大正二年六月、外務書記官を拝命して改めて同課勤務を命じられた。

当時の政務局の所掌事務は、第一課は中国などアジア諸国、また第二課は欧米諸国などとの二国間の政務関係とされており、二国間の経済関係は通商局が所掌し、政務局第一課が所掌する中国などアジア諸国との経済関係は通商局第一課が主管していた。矢田は入省以来の五年あまりを中国各地で在勤し、中国事情に精通しており、外務書記官は課長相当職であったから、満州における日本の課題や在奉天総領事館の抱える問題などについても十分に把握していた。

因みに、矢田が政務局第一課に勤務していた時の課長は、矢田が清国より帰朝した時は外交官領事官試験五期上の出淵勝次であったが、翌大正三年八月六日、出淵から外交官領事官試験同期の小村欣一に交代した。小村は小村寿太郎元外相の長男、明治四〇年七月に東京帝国大学法科大学政治学科を卒業、大学の卒業年次では矢田より一年下になる。

一方、中国では明治四五年一月一日に孫文が中華民国臨時大総統に就任し、袁世凱国務総理が英国の斡旋する官革両派の講和を受け入れたため、二月一二日、宣統帝は退位、また翌一三日には孫文も臨時大総統を辞任し、三月一〇日、袁世凱は自ら臨時大総統に就任した。翌大正二年七月一二日、揚子江流域に反袁派による第二革命が起こると、袁世凱は九月一日に南京を占領してこれを鎮圧し、一〇月一〇日、大総統に就任した。さらに袁世凱は、日本の「対華二一カ条要求」を契機に独裁体制強化を志向、帝政復活を希求し、大正四年一二月一二日、自らが皇帝に即位する帝政への移行を明らかにした。このため二五日、これに反対する第三革命が雲南省に始まるなど、辛亥革命勃発後の中国の政情は混迷を深めていた。

また満州でも、明治四五年二月二日、清王朝の復辟を断念した粛親王善耆が北京から旅順に脱出し、大島義昌関東都督の庇護を受けて満蒙独立運動を開始したが、落合総領事の内報により第二次西園寺公望内閣内田康哉外相は、同年三月、一部陸軍将校と結託した川島浪速などによる満蒙独立運動支援の動きを封じたため、満蒙独立派の活動は下火となり、いわゆる第一次満蒙独立運動は失敗に終わった。しかし陸軍参謀本部には、川島浪速など大陸浪人などを巻き込み、武器供与などを通じて満蒙独立派への支援を密かに続ける動きもあり、満州の政情もまた混乱が続いていた。

ところで中国における辛亥革命の勃発とその後の混乱は、日本にとって未解決の諸懸案を解決する好機と捉えられた。特に満鉄の経営を強化するためには満鉄培養線の建設と租借期間の延長は不可欠であり、大正二年一〇月五日、孫寶琦外交総長と山座円次郎駐華公使との間で満蒙五鉄道に関する交換公文が取り交わされ、日本が四洮鉄道（四平街・鄭家屯・洮南間）などの敷設権を獲得したのに続いて、大正四年五月二五日、「対華二一カ条要求」に基づいて南満州および東部内蒙古に関する条約が成立し、満鉄本線、安奉鉄道および関東州の租借期間は九九年間に延長され、在満権益の恒久化が図られた。

このように、辛亥革命後の中国の政情が混迷を深める一方、日本が満鉄の利権拡充など満州における権益の維持強化に努めなければならない中で、矢田は奉天に着任した。

二、満州統治問題

㈠ 在奉天総領事館の館内体制の強化

在奉天総領事館に配置の領事官補は落合総領事時代に二名体制となり、矢田の着任時も東郷茂徳と朝岡健の領事官補二名が在勤していた。大正五年六月に東郷が離任、栗原正領事官補が着任し、在奉天総領事館の領事官補二名の配置は矢田の在勤中も続いた。栗原は大正四年に東京帝国大学法科大学を卒業、同年の第二四回外交官領事官試験に合格、同期には石射猪太郎等がいる。

また書記生は矢田の着任時は国原喜一郎、浅山龍二、佐藤由己、今井兼続、山崎恒四郎の五名、また通訳生は坂東末三、林出賢次郎、清野長太郎および荒基の四名の計九名が在勤していたが、大正四年に国原、大正五年に佐藤が離任した後、大正五年に林出、坂東両通訳生が書記生に昇進、通訳生は大正四年に清野、大正五年に荒が離任し、矢田の離任時には浅山、今井、山崎、坂東、林出の書記生五名が在勤するのみであった。

一方、大正四年五月二五日に南満州および東部内蒙古に関する条約が成立し、七月二六日、加藤高明外相はその後の南満州で新設すべき領事館について在満各領事より所見を求め、翌大正五年三月一六日、第二次大隈重信内閣石井菊次郎外相はそれを踏まえて鄭家屯、海龍、掏鹿、農安および赤峰に領事館を開設することとした。特に満州現地には鄭家屯の領事館開設は急務との共通の認識があったが、領事館の新設にはもとより中国政府の承認が不可欠であり、また国際的慣例によれば中国はかかる要求は承認すべきものと考えられたが、中国は外国人への開放を認めていない地域に外国領事館の開設を認めることは、当該地域の開放を意味することにも繋がりかねないとして日本の要求に応じなかった。

このように新領事館の開設に中国の承認は得られなかったが、鄭家屯では、大正三年八月一七日、鄭家屯近郊を行軍中の陸軍部隊に向けた中国警官等による銃撃事件が発生、治安維持のために陸軍部隊が鄭家屯に進駐し、同地に在住する邦人保護のため領事警察官の常駐が必要という落合総領事の意見具申もあり、大正五年七月四日、石井外相は、離任間際の日置公使に中国側の了承が得やすいように領事館ではなく領事館分館として、鄭家屯に在奉天総領事館分館、掏鹿、海龍に在鉄嶺領事館分館、農安に在長春領事館分館、通化に在安東領事館分館を開設することとし、中国の承認を求めるよう命じた。中国は、一五日、未開放地に在外公館を必要とする理由は認められないとしながらも領事館分館の開設には応じたため、石井外相は、一〇月二五日、鄭家屯の管轄を在鉄嶺領事館から在奉天総領事館に移し、矢田の下で在奉天総領事館鄭家屯分館を開館した。

在奉天総領事館鄭家屯分館の開設に先立って、大正五年九月一三日に在長春領事館農安分館、さらに一〇月一二日には在鉄嶺領事館海龍分館、続いて同一八日には同掏鹿分館が開設された。南満州では日本はすでに安東および満鉄本線の遼陽、奉天、鉄嶺、長春に領事館を開設していたが、新たに開設したこれらの領事館分館所在地はいずれも満鉄本線からは奥地にあり、領事館分館の開設は中国が外国人への開放に同意していない地域にも、多くの邦人が進出していた状況を示していた。

大正二年一〇月五日、孫寶琦外交総長と山座円次郎駐華公使の間で取り決められた満蒙五鉄道は、これらの分館所在地と満鉄本線を結ぶものであり、その中でも四洮鉄道（四平街・鄭家屯・洮南間）は、大正四年一二月二七日、横浜正金銀行から借款が供与され、他の四鉄道に先駆けて建設されることになった。このため遼西地方の農産物集積地の鄭家屯は日本人の新たな進出先として注目されるようになり、新たな起業機会を求めて鄭家屯に進出する邦人の数も増え、その邦人保護は在奉天総領事館の新たな責務となった。鄭家屯に分館が開設されたとはいえ在奉天総領事館の領事管轄区域であることに変わりなく、矢田は鄭家屯の情勢には在留邦人の保護という観点から強い関心をもたなければならなかった。

㈠　関東都督府との対立

矢田は奉天着任後の大正四年一二月一三日に関東都督府事務官に兼任され、都督の命を受け、都督府警察官を指揮して満鉄付属地の治安維持にあたる一方、領事警察の執行責任者として領事警察官に兼任された都督府警察官を指揮し、鉄道付属地外の在奉天総領事館領事管轄区域の治安維持にもあたることになった。

大正五年八月一四日、都督府の支援を受けた蒙古民兵組織（巴布札布軍三千名）が満鉄本線四平街と公主嶺の間に位置する郭家店に進駐した。その前日一三日には鄭家屯に駐屯する陸軍部隊と奉天軍が衝突した鄭家屯事件が発生しており、二〇日からは巴布札布軍と奉天軍の間でも小競り合いが始まり、両軍が衝突することを警戒した中村覚都督は、九月一日、都督府事務官の矢田に、奉天軍が巴布札布軍との衝突を避けるよう張作霖に要求するよう命じたが、張作霖が衝突を避けなければ日本軍は自由な行動をとるとの中村都督の指示は、張には脅しとも受けとれ、矢田は、このような指示は警察権の範囲を越えて外交問題にもなりかねないことを懸念し、石井外相に中村都督からの指示を報告した。都督府事務官でもある矢田は中村都督に異論を述べることは憚られ、中村都督の指示への疑問を率直に石井外相に訴えた。

石井外相は領事の職権行使には国際法による正当性が認められるが、都督の満州での職権行使には国際法上の根拠はなく、したがって都督の外交問題への介入は中国に日本が満州の領有に野心があるかのような誤解を与えかねないとして、同九日、中村都督に外交に重大な結果を招きかねない事項は外相の指示を求め、外交問題に関する都督の在満領事に対する指示は国際法的に疑義があると注意を喚起した。

このように、在奉天総領事と都督の間では外交問題への関与をめぐる対立が続いていた。都督府事務官に兼任された在奉天総領事は、都督の配下に入れられても外相指揮下の総領事であることに変わりなく、したがって、都督が在奉天総領事をその意のままに動かせるわけではなかった。中村都督は自らが満州における統治の実権の掌握を求め、前年大正四年五月二五日、「対華二一カ条要求」に基づく南満州および東部内蒙古に関する条約が調印された日、岡市之助陸相に満州統治機構の一元化を提議したが、都督府とその配下の陸軍師団司令部を旅順から奉天に移すとともに、関東州および満鉄付属地における行政、外交、司法、警察にかかわる全ての権限を関東都督に集約するとした満州統治構想に加藤高明外相から注意喚起を受けたことに、中村都督は強い不満を感じていた。

このため中村都督は、大正五年一一月四日、寺内正毅首相兼外相に「都督府官制改正に関する意見」を提出し、満鉄沿線各領事のみならず間島、哈爾濱、吉林、斉々哈爾に駐在の各領事にも都督府事務官兼任を求め、あわせて都督府警察官を各領事館の領事警察官として配置する兼任発令を要求した。明治四一年の関東都督府官制の改正により都督府警察官が南満州各領事館の領事警察官に兼任され、満鉄付属地に限らず、都督府警察官が実質的に満鉄付属地外でも行動できるようになったため、都督府警察官が全在満領事館の領事警察官に兼任されれば、各管轄領事の指揮監督を受けるとはいえ、満鉄付属地と同様に都督府警察官が満州全域で行動可能になることを意味していた。

都督の下に行政、外交、司法、警察にかかわる全ての権限を集中した満州統治機構の一元化や、満州北部に駐在の領事も都督府事務官を兼任し、あわせて都督府警察官を満州北部各領事館の領事警察官として配置する中村都督の構想には、陸軍の行動範囲を南満州からさらに北満州に拡大しようとする陸軍の野心が垣間見られた。陸軍の意図の背景には、小池張造総領事時代以来の在奉天総領事と関東都督の対立があった。

在奉天総領事代理とはいえ、年次としては小池や落合よりはるかに若い矢田にとって、外交問題への都督の介入を防ぐことは非常に難しく、中村都督の指示への不満を石井外相に訴え、抑えようとしたことが窺われる。このような矢田と中村都督の間の軋轢は矢田の年次が前任の落合や小池より低かっただけ、より顕著となり、改めて在奉天総領事はじめ南満州駐在各領事を都督府事務官に兼任することの弊害が明らかにされた。

三、満州政況問題（第二次満蒙独立運動）

辛亥革命勃発後、宣統帝の退位に反対の清朝王家愛新覚羅良弼、溥偉などが中心になって清王朝の継続をはかる宗社党が結成されたが、明治四五年一月二六日、良弼が革命派の襲撃を受けた際の傷が原因で死亡し、加えて二月一二日、宣統帝が退位を宣言したため宗社党は勢いを失った。しかし、三月一〇日に袁世凱が臨時大総統に就任してからは、宗社党は袁世凱打倒を標榜し、辛亥革命によって崩壊した清王朝の復辟を満州に求め、陸軍や川島浪速等のいわゆる大陸浪人から密かに支援を受けて活動を続けていた。

大正二年一〇月一〇日、正式に大総統に就任し、帝政に移行する機会をうかがっていた袁世凱は、大正四年一一月一一日、列強諸国の反対により一旦は列国に帝政への移行延期を通告したが、一二月一一日、中国参政院の推戴を受け、翌大正五年一月一日に即位して元号を洪憲と改めた。しかし、中国国内の反帝政運動は雲南省昆明に第三革命を誘発し、反帝政運動は中国全土に広がった。また日本だけでなく英・仏・露三国も帝政移行に反対し、袁世凱は帝政樹立の宣言すらできなくなった。三月七日、大隈内閣は袁世凱排除の方針を明らかにし、大陸浪人等による反袁活動も黙認するとしたため、三月二二日、袁世凱は改元を取り消して帝政移行を断念せざるをえなくなった。

大正五年三月一七日、川島や陸軍予備役将校等と密接に関係する大陸浪人が、宗社党を使って武装蜂起を計画していることを察知した矢田は、その取締りの急務を石井外相に進言し、同外相から厳重な取締りの指示を受けた。大陸浪人が関与する暴動は単に満州内での武装蜂起にとどまらず、北京を攻撃する大掛かりな計画も仄聞されたが、その多くは風評の域をでるものではなく、在奉天総領事館でも実際にかかる武装蜂起が起こるとみていたわけではなかったが、このような騒乱扇動首謀者に厳重な取締りを実行することは風評を抑える上で不可欠であった。

このような不穏な動きがある中で、日本があくまで袁世凱の皇帝即位に反対し、他方で満蒙の独立を推進するとすれば、張作霖は自らが東三省の独立を主導しなければならなくなることも覚悟していた。石井外相にはもとより満蒙独立問題に干渉するつもりは全くなく、張作霖の動向が満州の安定に重大な影響をおよぼすと認識していたが、同外相の指示を受けた矢田は張作霖に、現状では張も日本に歩調を合わせる以外に道のないことを納得させようとしていた。一方、あくまで皇帝即位を模索する袁世凱は張が東三省の独立を主導することを警戒し、東三省の独立を封じるため、四月末、逆に張作霖を奉天将軍代理に任命して張の離反を抑え、張が東三省の独立を主導することがないよう画策していた。このため張作霖は宗社党がめざす宣統帝の復辟を支持する可能性を示しながら、自らが東三省の独立を主導することへの日本の対応を見極めようとしていた。

このように張作霖の動静に注目が集まっていた大正五年五月二九日、張暗殺未遂事件が発生した。川島等を支援して満蒙の独立を達成しようとする大陸浪人の中には、参謀本部には張作霖による東三省独立を支援する一派もいるため、張を排除しないかぎり、参謀本部内が川島等による満蒙独立運動を支持する方向に固まらないと考える者もいた。事件は日本の大陸浪人が実行したとの疑いは少なくなく、張作霖は内々に犯人を特定したとも述べ、また矢田にも暗殺計画実行犯は日本の大陸浪人とする情報も伝えられたが、犯人が自爆して表向きは特定できなかったため、張作霖が犯人についてどこまで証拠を握っているかの懸念はあったが、矢田は暗殺事件に日本は無関係との態度に終始した。しかし、矢田も張の要求する治安を乱す大陸浪人への取締り強化には応じなければならなかった。

大正五年六月六日、皇帝即位の夢を果たせなかった袁世凱大総統が失意のうちに急逝し、黎元洪副大総統が大総統に昇格したが、北洋軍閥において袁の後継を自認する段祺瑞国務総理との対立が顕在化し、北京の政治的混乱が収まることはなかった。一方、満州でも大陸浪人の支援を受けた宗社党の残党による武装蜂起の噂は絶えず、七月八日、黎元洪新大総統が日置益駐華公使に満州の大陸浪人の取締りを強く求めたため、矢田はその対応に苦慮していた。大陸浪人の取締りは単に治安維持の問題ではなく、日中間における外交問題となり、その取締り強化は避けられなくなっていた。

矢田は奉天の領事警察の執行責任者として大陸浪人の謀略活動を取締る責務を負っていたが、他方、大陸浪人の中には参謀本部や都督府の支援を受けて活動している者もおり、その取締りには都督府事務官として都督の命にもしたがわなければならなかったから、矢田は大陸浪人の取締りが外交問題になっているにもかかわらず、取締ろうとしても取締ることができないといった矛盾の中におかれていた。南満州駐在の領事が都督府事務官を兼任することによって南満州の警察機能は都督の下に一元化されたが、都督が外交問題にかかわる事項についても領事への指揮権を行使しようとする限り、関東都督による外交問題への介入を抑えることは難しく、南満州駐在の領事が都督府事務官に兼任される制度そのものに問題のあることが浮き彫りになった。

大正五年七月三一日、長春で大規模な満蒙独立派による武装蜂起が予定され、これによって満州が混乱することを恐れた石井外相は、在長春山内四郎領事に取締りの強化を指示し、反袁運動には黙認してきた大陸浪人の活動も、治安を乱す者には厳しく取締ることを明らかにした。このような石井外相の指示は、矢田から提起された大陸浪人の謀略活動の取締りと無関係ではない。その結果、参謀本部が大陸浪人を介して川島等を支援することは困難になり、第一次満蒙独立運動の残党グループを支援して満蒙を独立させることは断念せざるを得なくなった。八月末には参謀本部の後ろ盾を失った宗社党は解散を余儀なくされ、第二次満蒙独立運動も失敗に終わった。

四、満州懸案問題（鄭家屯事件）

在奉天総領事館鄭家屯分館の開館直前、大正五年八月一三日、鄭家屯市内路上において同市在住邦人売薬商吉本喜代吉と中国軍兵士が接触したことから口論となり、中国兵に殴打された吉本が同市駐在の在鉄嶺領事館領事警察官河瀬松太郎巡査にこれを訴え出た。鄭家屯は分館開設時に管轄を在鉄嶺領事館から在奉天総領事館に移管することになっていたが、その時点ではまだ在鉄嶺領事館の領事管轄区域であったため、在鉄嶺領事館領事警察官が駐在していた。事件の発端は極めて些細なことであった。

河瀬巡査が売薬商吉本の訴えに基づいて鄭家屯市内中国軍第二八師団司令部に出向き、同師団司令官に面会を求めたものの、同司令官は面会にも応じなかったため、同巡査は同市駐屯の日本軍守備隊松尾彦治中尉にこれを通報し、これを受けた松尾中尉が日本兵を引き連れて中国軍師団司令部に押しかけたため、両軍が衝突するにまで事態は急展開した。その結果、日本側は売薬商吉本および河瀬巡査のほか兵士一六名が死亡、五名が重傷を負い、中国軍は死者四名、重傷者一名を出した。これが鄭家屯事件の概要である。

事件発生の第一報は矢田から石井外相に伝えられた。翌一四日、矢田は張作霖から事件発生について遺憾の意が伝えられ、事件はすでに鎮静化しているため日本が現地に陸軍部隊を増派しないよう申し入れを受けたが、中村都督はすでに鉄嶺に駐屯する鉄道守備隊から歩兵一個小隊を現地に急派し、またさらなる増派を参謀本部に要請していた。日本の増派によって事態が日中間の大規模な武力衝突にまで発展することを懸念した張作霖は、あくまで自らの責任で日本側との協議により事態を収拾しようとしていた。また石井外相も、一五日、増派は中国軍第二八師団が日本兵を包囲しているためで、日本としても穏便に事態を解決したいとの希望を表明した。

北京では前日の一四日に林権助駐伊国特命全権大使が、身分は特命全権大使のまま、二度目の北京駐割公使を命じられローマから着任したばかりで、同日、着任挨拶のため陳錦濤外交総長代理を訪ねた際に、鄭家屯の日本兵に対する攻撃の停止を要求したが、戦闘はすでに停止されているとの回答が伝えられた。さらに翌一六日、陳外交総長代理は林大使に面会を求め、第二八師団はすでに鄭家屯から撤退しているため日本も穏便な解決に応じるよう要請し、奉天現地での解決交渉を希望した。また同日、奉天では矢田が張作霖より第二八師団はすでに撤退を命じられ、鄭家屯から撤退しているとの通報を受けた。

このように事態は拡大することなく鎮静化したが、石井外相は日本側でも河瀬巡査ほか死傷者が多数に上っているため現地で解決することは疑義があるとして、林大使に真相を明らかにした上で奉天で解決交渉を行うかどうかを判断したいと伝えた。しかし九月六日、林大使は「河瀬巡査が従来の慣行とは云いながら当該地方官憲に交渉することを為さず、直接軍隊に向かいて談判を試みんとし、剰え其の行動の頗る常軌を逸したるものあり」と批判し、「本使の最も不審に堪えざるは、我外務省巡査が斯かる場合に於いて何等出兵を要求し得る権限無きに拘らず、守備隊長が軽々しく之に応じたる点」として、軍事力を背景に中国と交渉すること の妥当性について、また「鄭家屯には我兵員を駐屯せしめ得る権利あるや否や甚だ疑わしき地方」として、そもそも鄭家屯に日本軍が進駐する法的根拠に疑問を投げかけ、日本はこの機に中国側に過剰な要求を行うのではなく、あくまで穏便に解決をはかるべきことを意見具申した。

八月二九日、第二次大隈重信内閣は鄭家屯事件解決方針を定め、第一に中国軍第二八師団長の懲戒、第二に第二八師団の行為に直接責任のある将校の処分、第三に多くの邦人の進出する都市に領事警察官の常駐などを要求することとし、九月二日、林大使はこれを陳外交総長代理に通告した。石井外相は二年前の大正三年八月一七日に鄭家屯近郊において起きた陸軍部隊への現地農民、警官等による銃撃事件を想起し、改めて事件を穏便に解決したいと考えたが、陳外交総長代理は中国側の事情調査が未了のため、調査終了後に日本の提案を仔細に検討したいとして、直ちに交渉を開始することには応じなかった。

一方、奉天では張作霖が矢田に事件発生の責任は中国側にあると認めたものの、林大使の陳外交総長代理との会談で、張が矢田に述べたのとは逆に、責任は日本側にあると報告していたことが明らかになり、九月二日、石井外相は矢田に改めて張の認識を聴取するよう命じた。張作霖は、改めて面会を求めた矢田に、日本は事件の発生と関係のない中国軍部隊や巡警の撤退まで要求したと不満を示し、また陳外交総長代理は革命派であるため自分自身とは相容れない関係にあると弁明したが、事件は穏便に解決したいとの希望を述べた。

しかし、張作霖は四日のガセット紙に「吾人は弱力愚鈍且統一を欠くも其の数や大なり日本人にして其の野心を棄てざるに於いては結局支那の為め其の胃の腑破裂し帝国の滅亡を見るに至るべし」と述べた旨報じられ、林大使は矢田に張の発言の真偽を確認するよう命じたが、張は事実無根とするばかりで、張が自らの都合の良いように二枚舌を使っていることが明らかになった。

ところで大正五年六月以来、中国の外交総長は唐紹儀が任じられていたが、実際に唐は外交総長には就任せず、陳が外交総長代理を務めていた。一〇月になって陳は正式に外交総長に就任したがすぐに辞任し、その後、外交総長には夏詒霆、さらに一一月には伍廷芳が就任、外交総長がめまぐるしく交代したため、事件の解決交渉は中国側の調査の終了だけでなく、新外交総長の任命をも待たなければならなかった。一〇月六日から北京で林大使と陳外交総長代理の交渉が始まったが、林大使が事件の原因はあくまで中国側にあると主張したのに対して、陳はいわば「喧嘩両成敗」を主張したため交渉は難航した。

日本の要求には警察権の一部を日本に委譲したり、日本人軍事顧問の雇用といった項目もあり、張はこれを中国の主権にかかわる問題として奉天省、吉林省各省議会で強い反対の意思を示すよう画策していた。このため矢田は、一一月四日、林大使の指示により張に世論を刺激することなく慎重に対処するよう注意を促したが、張はそのような事実を否定する一方、陰では満州各地の反日運動を煽っていたため、満州の反日感情はさらに高まっていった。

一〇月九日に成立した寺内正毅内閣寺内首相兼外相は、一一月一六日、改めて交渉の速やかな妥結を林大使に指示したが、一一月二五日、奉天省公民大会は警察権問題および軍事顧問問題で譲歩することは、東三省のみならず、その災いが全中国におよぶとして、黎元洪大総統および段祺瑞国務総理に中国が日本の要求に屈しないよう強く要求する決議を採択した。このため矢田は、一二月六日、改めて張に交渉を穏便に妥結させるため満州の反日感情を抑えるよう注意を喚起しなければならなかった。

交渉は、翌大正六年一月二二日、矢田が奉天を離任した後、林大使と伍廷芳外交総長の間で覚書を交換して終了する。日本は警察権委譲問題および軍事顧問雇用問題で譲歩し、中国軍関係者の処分と事件の発端となって死亡した邦人売薬商吉本への慰謝料の支払いに加えて、張作霖が関東都督と在奉天総領事に謝罪することを認めさせた。鄭家屯事件は二年前の銃撃事件が農民や警官など非軍事組織による陸軍部隊を標的としたものとは異なり、日中両国正規軍の間で起こった最初の武力衝突であっただけに、日中両国は解決交渉を慎重に進めなければならなかったが、矢田は張の言動に翻弄され続けていた。

五、むすび

大正五年九月二五日、矢田は在英大使館三等書記官を命じられ、同日、在広東総領事赤塚正助に奉天転任が命じられた。赤塚は一〇月一三日に広東を離任したが、奉天への赴任途次に一時帰国し、故郷の鹿児島県で休暇を過ごしたため奉天着任はさらに遅れた。その間に、一二月二六日、矢田は在英大使館二等書記官に昇進、赤塚が実際に奉天に着任したのは翌大正六年一月九日となり、矢田は一月一六日に奉天を離任した。

当初、大正四年末までには赤塚は奉天に着任すると考えられていたため、矢田の奉天在勤も一〜二カ月程度の短期間と見込まれていたが、赤塚が本省の想定していた短期間で広東から離任できず、離任できる見込みが立つまで発令は延期された。このためそれだけ矢田の奉天在勤は長引くことになった。

落合前総領事が奉天在勤を命じられた際は、都督との関係で在奉天総領事の年次を上げることが必要との認識があったが、落合が離任するまでに後任の発令ができず、総領事代理とはいえ、外交官領事官試験では一四期後輩の矢田が起用された結果、矢田は関東都督から小池総領事、落合総領事時代よりもさらに強い重圧を受けることになった。

また落合総領事の内報によって第一次満蒙独立運動が失敗に終わった状況で、第二次満蒙独立運動を支援する参謀本部がその工作の全てを矢田に知らせていたわけではなく、矢田はむしろ参謀本部や都督府傘下の陸軍部隊の動きを十分に周知されてはいなかったから、逆に満州における陸軍の動きなどに関する情報収集もせざるをえなくなった。

大正五年九月六日、北京駐在の林大使は石井外相に、陸軍は日中関係の現実を顧みることなく在満出先軍隊に行動の自由を許容していること、また鄭家屯事件発生の翌日、郭家店で陸軍の支援を受けた川島や大陸浪人が巴布札布軍と宗社党と結び付けようと画策したことは、日本が満蒙独立運動と内通しているかのごとき疑いを中国に与えたとして、外交案件に陸軍が容喙することを強く批判する意見具申を送った。そこには、外交問題を引き起こしかねない陸軍の行動に、外務省の毅然とした対応を求める矢田など在満領事の期待が垣間見られる。

矢田が都督の強い重圧を受ける一方、中村都督が満州北部駐在領事の都督府事務官兼任を要求したことは、満蒙独立運動を支援し、その機会に乗じて満州全域にその権限の行使を拡大したい参謀本部の意図が見え隠れしていた。在満領事に指揮監督権のある都督に、陸軍の将官が任命される制度を変えないかぎり、在奉天総領事を通じて外交問題に関与しようとする都督を抑えることが難しいことは明らかであった。二年後の大正八年四月に関東都督府が改組され、関東庁と関東軍との政軍分離が行われる背景である。

矢田の官職は領事のため、総領事ではなく総領事代理として在奉天総領事館の館務を掌理する立場であったが、張作霖との交渉、張の動静に関する情報収集は、誰が在奉天総領事館の館長であっても在奉天総領事館として遂行しなければならない館務であり、在奉天総領事館の館長として張作霖とは密接な人的関係を構築しなければならなかった。しかし、辛亥革命を通じて東三省の覇者としての地歩を築いてきた張作霖が、革命政権の傘下に留まるのか、革命政権に対抗して東三省の独立を推進するのかはまだ自ら決めかねており、鄭家屯事件をめぐる解決交渉でも、日本との穏便な解決を求める一方で反日運動を煽るなど、矢田は張の言動に振り回されていた。

矢田にとってこのような張との関係は、在奉天総領事館の館長という職務を遂行するにあたって、ややもすれば石井外相や林大使の信頼を失いかねず、そのため矢田の張への不信感はより深くなっていった。他方、年齢的には矢田は初代総領事萩原守一や第二代総領事加藤本四郎が在奉天総領事に任じられた歳とあまり変わらなかったが、年齢的には張作霖の方が矢田より四歳年長ということもあって、前任の落合総領事との年齢差に鑑みれば、張作霖には、矢田が在奉天総領事館の館長であろうと、張に対する日本の窓口としてはいささか格下と思ったのであろう。それも張の言動によって矢田が翻弄される一因であった。

矢田は在英大使館勤務の後、ロンドン、サン・フランシスコ、上海の各総領事を歴任、昭和四年一〇月に駐スイス公使となり、ジュネーブにおける国際連盟総会での満州事変をめぐる審議を見守るが、昭和九年二月に外務省を退官し、満州国参議として再び満州に戻ってくる。昭和一五年より東亜同文書院院長を務め、昭和三二年三月一日に死去した。享年七八歳であった。

付表　在満領事等関係機関人員配置表(5)

矢田七太郎総領事代理時代

（大正4年9月～大正6年1月）

在奉天総領事代理：矢田七太郎領事（T4. 9. 23～T6. 1. 9）

朝鮮総督府
総督：寺内正毅
（M43. 10. 1～T5. 10. 16）
総督：長谷川好道
（T5. 10. 16～T8. 8. 12）

関東都督府
都督：中村覚
（T3. 9. 15～T6. 7. 31）

南満州鉄道株式会社
総裁：中村雄次郎
（T3. 7. 15～T6. 7. 31）

在中国公使館
公使：日置益
（T3. 8. 20～T5. 7. 16）
臨時代理公使：小幡酉吉
（T5. 7. 16～同8. 14）
公使：林権助大使
（T5. 8. 14～T7. 12. 5）

在天津総領事館
領事：松平恒雄
（T3. 8. 22～T7. 5. 13）

在英国大使館
大使：井上勝之助
（T2. 6. 18～T5. 7. 20）
大使：珍田捨巳
（T5. 7. 20～T9. 8. 21）

在米国大使館
大使：珍田捨巳
（M45. 2. 22～T5. 7. 6）
臨時代理大使：田中都吉
（T5. 7. 6～同10. 9）
大使：佐藤愛麿
（T5. 10. 9～T7. 1. 11）

在露大使館
大使：本野一郎
（M41. 5. 1～T5. 2. 7）
臨時代理大使：丸尾直利
（T5. 2. 7～T6. 2. 11）

在斉々哈爾領事館
事務代理：**吉原大蔵**書記生
（T1. 11. 30～T5. 2. 7）
領事：二瓶兵二
（T5. 2. 17～T7. 3. 10）

在哈爾濱総領事館
総領事：佐藤尚武
（T3. 12. 7～T8. 9. 16）

在長春領事館
領事：山内四郎
（T3. 10. 21～T8. 1. 8）

農安分館
主任：佐々木静吾副領事
（T5. 9. 13～T7. 6. 30）

在鉄嶺領事館
領事代理：酒匂秀一副領事
（T5. 12. 26～T7. 9. 23）

海龍分館
主任：吉沢幸吉書記生
（T5. 10. 12～T7. 8. 25）

掏鹿分館
主任：**吉原大蔵**書記生
（T5. 10. 18～T7. 8. 21）

新民屯分館
主任：**竹内広彰**書記生
（T3. 8. 1～T9. 7. 18）

鄭家屯分館
主任：岩村成允書記生
（T5. 7. 15～T7. 6. 1）

在間島総領事館
総領事代理：鈴木要太郎領事
（T3. 8. 15～T8. 9. 12）

局子街分館
主任：木島仙造書記生
（T2. 11. 2～T8. 2. 23）

頭道溝分館
主任：本田選書記生
（T4. 6. 13～T5. 2. 25）
主任：諏訪光瓊書記生
（T5. 2. 25～T8. 6. 30）

琿春分館
主任：北条太洋書記生
（T3. 8. 18～T5. 11. 20）
主任：浦川昌義通訳生
（T5. 11. 20～T6. 5. 11）

在吉林領事館
領事：森田寛蔵
（T3. 10. 23～T5. 2. 21）
事務代理：**天野恭太郎**書記生
（T5. 2. 21～T5. 11. 15）
領事代理：**深沢暹**副領事
（T5. 11. 15～T6. 12. 24）

内　閣
首相：大隈重信
（T3. 4. 16～T5. 10. 9）
首相：寺内正毅
（T5. 10. 9～T7. 9. 29）

外　務　省
外相：石井菊次郎
（T4. 10. 13～T5. 10. 9）
外相：寺内首相兼任
（T5. 10. 9～同11. 21）
外相：本野一郎
（T5. 11. 21～T7. 4. 23）

外務次官：幣原喜重郎
（T4. 10. 29～T8. 9. 11）

政務局長：**小池張造**
（T2. 10. 13～T5. 11. 30）
局長：小幡酉吉
（T5. 11. 30～T7. 10. 29）

政務局第１課
課長：小村欣一
（T3. 8. 6～T8. 12. 26）

通商局長：坂田重次郎
（M44. 9. 9～T5. 10. 13）
局長：中村巍
（T5. 10. 13～T7. 6. 29）

通商局第１課
課長：広田弘毅
（T3. 6. 26～T7. 6. 28）

在牛荘領事館
領事代理：三宅哲一郎官補
（T4. 10. 9～T7. 9. 24）

在遼陽領事館
領事：土谷久米蔵
（T3. 12. 25～T5. 8. 8）
事務代理：古谷栄一書記生
（T5. 8. 10～T6. 5. 8）

在安東領事館
領事：**吉田茂**
（T1. 9. 19～T5. 11. 14）
領事代理：**田村幸策**官補
（T5. 11. 14～T6. 6. 30）

注：ゴシックの氏名は在奉天総領事館在勤経験者（将来の在勤者も含む）

（補）館長代理制度について

在外公館長（大使館であれば大使、総領事館であれば総領事）は、離任、管外出張、休暇などにより任地を不在にする間は必ず代理を指名しなければならない。通常は、館内席次第二位の館員（次席、大使館であれば総括公使〈参事官〉、また総領事館であれば首席領事）が、館長不在時の館務を統括する館長代理に指名されるが、何らかの事情で次席も不在の場合は館内席次第三位の館員が館長代理に指名される（現在は、第三位の館長代理者までは事前に本省に登録され、何らかの事由により次席が館長代理を務められない事態が起きた場合には、自動的に第三位者が館長代理として館務を掌理する）。

現在では、任地で前任館長から後任に直接事務引き継ぎが行われることはむしろ稀であり、一般的には、館長が離任した後、次席が館長代理となって事務を引き継ぎ、後任の館長を迎えて改めて事務の引き継ぎを行うが、当時の在奉天総領事館では、新任の総領事が現地で前任者から直接事務の引き継ぎを受けることが普通に行われており、前任総領事が離任した後、次席が総領事代理となって後任総領事が着任するまで館務を掌理した例は少ない。

当時の総領事館の職階は、総領事の下に領事、副領事、領事官補、書記生、通訳生といった官職があり、外交官領事官試験合格者は領事官補から任官し、副領事、領事に、また書記生試験合格者等は通訳生ないし書記生から任官し、領事官補を経ずに副領事、領事に昇進した。さらに領事官補は奏任官（勅任官とあわせて高等官として区別される）のため、判任官の書記生や通訳生より勤務年数は短くても館内席次では上席とされた。奏任官は天皇の裁可を得て首相により任用されたが、判任官は天皇の任命大権の委任を受けて各行政大臣が任用するといった違いがあり、そのため当時は、外交経験のある書記生でも判任官のため、奏任官の領事官補が館内席次では上席とされ、館長代理に指名された（現在は書記生や通訳生という官職はない）。

制度的には明治四二年一〇月の外務省訓令「総領事ノ代理ニ関スル制」で総領事不在の際に領事、副領事および領事官補、つまり奏任官が館長代理を務める場合には「総領事代理(Acting Consul-General)」、また書記生、通訳生、つまり判任官の場合には「総領事館事務代理(In Charge of Consulate-General)」とされた。

付表の「在満領事等関係機関人員配置表」でも明らかなように、当時の在満領事館では、組織上は総領事館や領事館であっても、館長として総領事館には総領事、また領事館には領事が常に配置されていたわけではなく、総領事館の館長に領事を総領事代理として配置したり、領事館の館長に副領事を領事代理として配置したりすることは普通に行われていた。館長として配置されている場合も、館長代理の場合も、対外的な官職としては、総領事代理、あるいは領事代理と呼称された。

なお、船津総領事時代から在奉天総領事館には司法領事が配置され、総領事の配下に次席を務める領事と司法領事などの複数の領事が配置されるようになると、総領事が不在となる時に総領事代理を務める次席は、領事という同格の職階の中でも席次が最も上の領事が指名されることになる。その際、裁判所判事出身の司法領事が外務省出身者よりも官吏としての席次が上席の場合でも、司法領事が次席として館務を統括することはなかった。現在の在外公館でも、各省からの出向者の席次が外務省出身者より高い場合に、各省出向者が次席として館務を総括することはなく、館長代理を務めることは認められていない。

第六章

赤塚正助総領事

一、問題の所在

在奉天総領事赤塚正助は大正六年一月九日に奉天に着任し、矢田七太郎総領事代理より事務を引き継ぎ、大正一二年七月一七日、市川信也副領事に事務を引き継ぎ離任するまで、第五代総領事として六年七カ月にわたって奉天に在勤した。

大正四年九月一〇日、大隈重信首相兼外相が落合謙太郎総領事に在伊国大使館参事官への異動を命じた時、赤塚も明治四五年四月に在広東総領事に就任して三年を経て、転任の時期を迎えていたが、広東において袁世凱の帝政移行阻止の活動に関与していたため、直ちに奉天に異動できる見込みが立たず、大隈首相兼外相は落合の発令と同時に赤塚に奉天在勤を発令することとは見合わせ、本省政務局第一課外務書記官矢田七太郎を領事に任じ、総領事代理として赤塚が着任するまでの間、在奉天総領事館の館務を掌理させることとし、赤塚の発令時期を見定めていた。

そのため赤塚の奉天転任発令は、大正五年六月六日に袁世凱大総統が死去した後、九月二五日となり、前年大正四年九月二七日に落合が奉天を離任してから一年が経過していた。発令者は第二次大隈内閣石井菊次郎外相であった。一〇月一三日、広東を離任した赤塚は、奉天への赴任途次、東京に立ち寄り、久しく帰省していなかったこともあって、大正五年の年末を郷里で過ごすこととしたため奉天着任はさらに遅れ、大正六年の年始が過ぎてからになった。その時、赤塚は四五歳であった。

赤塚は、明治五年九月六日、鹿児島県大隅始良郡蒲生村上久徳に生まれ、明治三一年七月、東京帝国大学法科大学法律学科英法科を卒業、同年の第七回外交官領事官試験に合格、同期には本田熊太郎、田中都吉、埴原正直、小幡酉吉等がいる。外務省入省後、明治三二年五月に在厦門領事館領事官補、明治三三年五月に在釜山領事館に転任、さらに明治三四年五月に在オーストリア公使館外交官補、明治三五年一月に在独国公使館に転任、同年一〇月に三等書記官に昇進。明治三六年一二月に在米国公使館、明治三九年一月に在シャム公使館に転任、同年七月に二等書記官に昇進、同年一〇月に在マニラ領事。その後、明治四二年六月に外務書記官、通商局第一課長を拝命、次いで明治四五年四月に在広東総領事に任じられた。

当時の通商局は通商航海条約に基づく二国間の通商関係と領事関係の事務を所掌し、特に第一課は中国など対アジア諸国を所管していたから、赤塚は在奉天総領事が小池張造および落合謙太郎の時期に中国との経済関係に関する主管課長を務めていた。その時の通商局長は初代在奉天総領事萩原守一、さらに中国との政治外交関係を所掌する政務局第一課長は、加藤本四郎総領事が離任した後、在安東領事のまま在奉天総領事代理を兼務した岡部三郎であったから、赤塚は様々な機会に満州事情に接していた。加えて在広東総領事時代に中国の軍閥関係についても熟知することになったため、矢田が歳も若く張作霖から格下に扱われていたのとは異なり、石井外相は赤塚が通商局第一課長や在広東総領事を歴任してきただけに、張作霖に日本の睨みをきかせる存在になることを期待した。

明治四四年一〇月の辛亥革命の勃発とその後の展開は中国に政治的変動と混乱を引き起こし、安徽派や直隷派など中国各地に軍閥の割拠をもたらした。特に満州では瓦解した清王朝の復辟が画策され、陸軍や大陸浪人の支持を受けた宗社党の満蒙独立運動も展開され、張作霖は自ら満蒙の独立を推進するか、あくまで北京の革命政権の一翼を担うかの選択を迫られていた。しかも大正三年八月一七日に鄭家屯近郊で発生した陸軍部隊に対する現地農民、警官等による発砲事件に続いて、大正五年八月一三日には鄭家屯市内で日中両国軍が衝突する鄭家屯事件も発生、その事件処理をめぐって張作霖は抗日と親日の相反する狭間で揺れ動いていた。

赤塚が奉天に着任した大正六年の年頭は辛亥革命に起因する中国の混乱がまだ続き、前年大正五年四月末、張作霖による東三省独立を封じるためとはいえ、袁世凱は満州の覇者として擡頭してきた張作霖を奉天将軍代理に任じたように、張作霖が満州での地位を確立してきた時期であった。赤塚には満州在勤の経験はなかったが、満州の政治・経済事情は未知の世界ではなく、在奉天総領事として日本の在満権益の維持強化と日本人の保護という通商・領事関係の課題が、東三省の覇権を手中に収めてきた張作霖との最大の交渉課題であり、そのためには張作霖との個人的関係の強化が不可欠であることを十分に承知していた。

このように、満州の覇者として擡頭してきた張作霖が、安徽派と直隷派の抗争に乗じて奉天軍閥を率いて北京への政治的影響力を強めようとする中で、赤塚は奉天に着任した。

二、満州統治問題

㈠ 在奉天総領事館の館内体制の強化

赤塚が総領事の時代に赤塚を補佐し、赤塚が不在となる時には総領事代理を務める次席は空席であった。落合総領事時代の大正三年一〇月に井原真澄領事が離任して以来、次席は空席のままであったから、大正六年一月の赤塚の奉天着任後、次席の配置を得ることは赤塚の最初の課題であった。

加えて当時の在奉天総領事館在勤者の中には中国語に精通した者が少なく、館務に支障が生じかねないとみた赤塚は、大正七年八月、在鉄嶺領事館掏鹿分館主任や在斉々哈爾領事館事務代理など在満公館の勤務経験もある吉原大蔵書記生を副領事として次席に迎えることとし、吉原が大正一一年一一月に離任した後も、その後任には同年九月に着任した市川信也副領事を次席に指名した。在奉天総領事館の館務が輻輳してきていたこともあり、赤塚は領事という職階に拘って次席を空席のままとするよりは、職階が領事より低い副領事でも館務を総括できる次席の配置を得ることを優先した。

在奉天総領事館は落合総領事時代に外交官領事官試験合格の領事官補が常時二名配置される体制となり、赤塚が着任した時も領事官補としては朝岡健と栗原正の二名が在勤していた。大正六年に栗原と朝岡が離任した後は田村幸策と前田孝義が着任し、大正七年に田村が離任した後は永井清が配置された。田村は明治三九年に山口高商を卒業、翌年の高等文官試験に合格、書記生として外務省に入省後、大正三年の第二三回外交官領事官試験に合格、同期には沢田廉三等がいる。また前田は大正四年に東京帝国大学法科大学法律学科仏法科を卒業、明治四二年に同大学を卒業し、本省取調局等で勤務していた永井とともに、大正六年の第二六回外交官領事官試験に合格、同期には吉沢清次郎、若杉要等がいる。

さらに大正八年に永井と前田が離任した後は大橋忠一が配置されたのみであったが、大正九年に大橋が離任した後は尾見昭と三浦武美が配置され、大正一〇年に尾見が離任した後は中村豊一が着任した。大橋は大正七年に東京帝国大学法科大学法律学科英法科を卒業、同年の高等文官試験外交科（大正七年に外交官領事官試験から改編）に合格、同期には岡本季正、西春彦、堀内干城、守島五郎、河相達夫等がいる。尾見は大正九年に東京帝国大学文学部英文科（大正八年四月、帝国大学令改正、帝国大学分科大学は学部に改編）を卒業、前年（大正八年）の高等文官試験外交科に合格、同期には須磨弥吉郎、日高信六郎、森島守人、柳井恒夫等がいる。三浦は大正六年に東京帝国大学法科大学政治学科を卒業、大正一〇年に同大学法学部法律学科独法科を卒業する中村とともに、大正九年の高等文官試験外交科に合格、同期には内田五郎、加瀬俊一、鹿島守之助等がいる。

外務省では大正九年一〇月の第五回参事官会議で、外交官領事官試験合格者の人材養成を入省後の半年は本省研修、その後の二〜三年は海外の大学に留学、語学や海外事情の調査・研究に従事させる必要性が提起され、翌大正一〇年一月一三日、内田康哉外相が決裁し、大正一〇年の合格者から外交官補、領事官補時代は今日のような在外研修期間とされ、研修地在外公館の館務に従事することはなくなった。在奉天総領事館でも、大正一一年に三浦と中村が離任した後、領事官補の配置はなくなった。

また書記生および通訳生は、赤塚の着任時は、坂東末三、林出賢次郎、浅山龍二、今井兼続、山崎恒四郎、佐藤由己の六名の書記生が在勤していたが、その後、書記生では富田安兵衛、清野元吉、芳野五郎、服部恒雄、中野高一、川内清廉、小野田元良の七名が、通訳生では小池勇太郎が着任した。赤塚の奉天在勤が長くなったこともあり、これらの書記生、通訳生は赤塚の在任中に全員が離任した。大正一二年七月の赤塚の奉天離任時は大崎文雄、坂内彌代記、後藤祿郎、野原英麿、浜田源太、小沢元の書記生六名と木内忠雄、江口竹虎の通訳生二名の計八名が在勤しており、落合総領事時代より書記生と通訳生は一名の増員があったが、この増員は領事官補二名の減員を補うものであった。

ところで当時の在奉天総領事館の業務の相当部分は領事裁判業務であった。因みに、領事裁判業務の主なものは刑事裁判ではなく、民事訴訟を含む訴訟関係と登記事務関係であった。赤塚が着任した大正六年の調査では、在奉天総領事館管内（分館も含む）の訴訟件数は三〇一件、登記は六八八件であったが、大正一〇年には訴訟件数は九一八件、登記関係は一八四八件に急増し、領事裁判業務が在奉天総領事館の業務で大きな割合を占めていたことが窺われる。しかし、領事裁判とはいえ、手続きは国内の通常の裁判手続きと同じで、領事官が訴訟業務や登記事務に通暁しているはずもなく、在奉天総領事館だけでなく、在満公館では領事裁判業務は相当な負担になっていた。

永井、大橋、尾見の三名の領事官補は、奉天への赴任を前に東京地裁にて裁判業務の研修を受け、また大崎文雄書記生は関東都督府法務院、中野高一書記生は朝鮮総督府裁判所、さらに坂内彌代記書記生は領事警察警部からそれぞれ領事裁判関係業務に従事させるために採用された。しかし、このような人事によって領事裁判業務の円滑な遂行をはかることにも無理があり、抜本的な解決を図るには領事裁判業務を領事官ではなく正規の判事に委ねることが不可欠であった。

ことの重要性を認識した外務省条約局は、大正一〇年九月一三日の第四一回参事官会議に在華公館への司法領事配置について問題を提起、裁判所判事を領事に任官し、在華公館の領事裁判業務に従事させるため、司法省に領事裁判業務に携わる判事の派遣斡旋を依頼した。大正一二年八月二八日、七月一七日に赤塚が奉天を離任した直後、勅令により裁判所判事もしくは検事を領事に、また裁判所書記を外務書記生に任用できるようになり、定員として在華公館に司法領事四名、司法書記生八名が増員された。

なお、赤塚の着任直後の大正六年二月二七日、熱河省を管轄する在赤峰領事館が開館され、熱河省が在奉天総領事館領事管轄区域から外れたほか、同二八日に開設した在安東領事館通化分館は、大正一〇年四月一日、在奉天総領事館に移管され、同分館が管轄する吉林省通化県などが在奉天総領事館領事管轄区域に加えられた。また大正八年五月三一日、在吉林領事館が総領事館に格上げされたほか、大正一一年六月一七日、在斉々哈爾領事館領事管轄区域で在満州里領事館が、さらに同年一〇月三日、在間島総領事館百草溝分館が開館した。

㈡ 関東庁外事部長兼任問題

赤塚は、大正五年一〇月一八日、在奉天総領事への転任の発令を受けた後、前任総領事と同じく関東都督府事務官に兼任された。

大正二年一〇月、小池張造元在奉天総領事が本省政務局長に就任すると、関東都督と在奉天総領事の軋轢が本省にも十分に認識され、都督府改組の必要性が本省で討議された。大正五年一一月、小池が政務局長を退任してから二年半後、原敬内閣内田康哉外相の下で都督府は関東庁と関東軍に分離改組され、関東長官には林権助元大使（前駐華公使）が任命された。加えて都督府で在奉天総領事より上席の外事総長が、関東庁に改組された際に外事部長と改称され、在奉天総領事の兼任とされた。大正八年四月一二日、関東庁が発足した際、赤塚は関東庁事務官を兼任、外事部長に任命された。

在奉天総領事の関東庁事務官兼任は都督府時代と変わらなかったが、陸軍の将官が占めていた関東都督とは異なり、関東長官は外務省出身者などの文官であったから、在奉天総領事と関東長官の間で関東都督との間のような軋轢は生じにくくなった。因みに、特命全権大使を歴任した林の関東長官起用は、関東軍司令官立花小一郎陸軍中将に対抗するため、関東長官の格付けを高めることが目的であったことは疑いなく、林長官は翌年に関東長官を退任するが、その後任には山縣伊三郎元朝鮮総督府政務総監、駐清国公使および駐伊国大使で林長官の後任であった伊集院彦吉大使、児玉秀雄元内閣書記官長といった年次の高い文官が起用された。

関東庁外事部長は在奉天総領事が兼任したが、それだけで対満蒙政策における在奉天総領事の発言力が強くなり、日本の満州統治機構の統一が促進されたわけではなかった。関東軍部隊に対する統帥が文官である関東長官に委ねられることはなく、依然として参謀本部の下におかれていたことに示されるように、陸軍部隊が関東長官の傘下に配属されずに関東軍として独立し、満州の治安維持を担うことは、在満統治機関の統一が文官の統率の下では制度的に不可能であったことを示していた。

さらに関東軍はこの機会に司令部の旅順から奉天への移転を考えたが、これには張作霖も反発し、赤塚は、大正九年六月、関東軍司令部の奉天移転によって奉天で日中両国軍が直接対峙するのは好ましくないとの張作霖の意向を内田外相に報告した。鄭家屯事件をみるまでもなく、関東軍司令部が奉天に移れば、関東軍が張作霖配下の奉天軍と紛議を起こす可能性が高くなることは明らかであり、関東軍では司令部を旅順から奉天に移すことは関東総督府以来の宿願であったが、赤塚は容認しなかった。

他方、在奉天総領事が関東州という日本の租借地統治機関の外事部長を兼任することは、逆に言えば、租借地施政官の外事部長が在奉天総領事を兼任するともいえ、中国は、大正八年五月二日、奉天が日本の主権下にある関東州と同様に取扱われる懸念があるとして、関東庁外事部長の在奉天総領事兼務は中国の主権に抵触すると抗議してきた。八月五日、内田外相は小幡西吉駐華公使に、関東庁外事部長の権限は鉄道付属地外におよぶものではなく、事務は奉天で執るが、組織としては関東庁部内にとどまることを説明するよう命じている。

しかし、赤塚が在奉天総領事館領事管轄区域外の旅順に所在する関東庁外事部長を兼務する体制は物理的にも無理があり、大正一一年一二月一四日、伊集院彦吉関東長官は内田康哉外相に、事務処理の迅速化のため在奉天総領事の外事部長兼任をやめて外事部長には関東庁の専任者を配置したいとの要望を伝えた。内田外相も異存はなかったが、翌大正一二年五月、伊集院が外務省から関東庁に出向中の高尾亨長官秘書官を外事部長に任命することとした際、内田外相は高尾の後任も外務省出向者を起用することを条件に、高尾の外事部長起用を了承した。

高尾は明治三二年に通訳生として外務省入省、外交官領事官試験合格者ではないが、大正五年に在南京領事、同七年に在成都総領事を歴任し、伊集院彦吉の厚い信頼を得て伊集院が関東長官に就任した際に長官秘書官に起用された。高尾は、大正一四年、関東庁外事部長を退任後、後に在奉天総領事に就任する林久治郎の後任として在漢口総領事に就任する。

赤塚も外事部長兼任を免れることに異存なく、在奉天総領事の関東庁外事部長兼任という構想は成果を上げることなく廃止された。

(二)　満鉄地方事務所長兼任問題

大正二年一〇月五日、孫寶琦外交総長と山座円次郎駐華公使の間で成立した満蒙五鉄道に関する交換公文により、日本が四洮鉄道（四平街・鄭家屯・洮南間）などの敷設権を獲得し、鄭家屯を中心とする遼西地方に満鉄培養線を延伸することが可能となり、満鉄の経営基盤をより強固にする上で多大な効果が期待された。また大正四年五月二五日、「対華二一カ条要求」に基づいて南満州および東部内蒙古に関する条約が成立し、満鉄本線および安奉鉄道の租借期間が九九年間に延長され、日本は満州経営の動脈である満鉄を通じた満州経営の恒久化に踏み出したが、赤塚の奉天在勤中の満鉄の経営体制は国内の政党対立の余波を受けて大きく揺らいでいた。

大正六年一月に赤塚が奉天に着任した時、満鉄総裁には中村雄次郎男爵（貴族院議員、予備役陸軍中将）が任じられていたが、同年七月、寺内正毅内閣後藤新平内相は中村を予備役から現役復帰させて関東都督に異動させ、満鉄の職制も当初の総裁から理事長に変え、国沢新兵衛元副総裁を新理事長に任命した。さらに大正八年四月一二日、立憲政友会原敬内閣が都督府を関東庁に改組した際、満鉄の監督官庁を首相直轄の拓殖局に移管し、満鉄の職制を一般の株式会社のように理事長から社長に変え、社長には再び野村龍太郎元満鉄総裁を任命した。

一方、満州統治機構の統一という観点から、満鉄に付与されている鉄道付属地の地方行政権と在満領事の領事権限の重複を解消するため、後藤内相は在奉天総領事ほか満鉄沿線の在満領事を満鉄地方事務所長に兼任する構想を温めていた。大正六年七月二八日、勅令第八八号により満州駐在領事、副領事は関東都督府で二年以上の勤務経験がある者、あるいは満州で五年以上の業務経験のある者が採用できるようになり、五年以上の勤務経験のある満鉄職員の領事任官への途が開かれた。

後藤は大正六年末頃より内相として在満領事の満鉄地方事務所長兼任を外務省に働きかけていたが、外務省では、館員不足の折、在満領事が土木、衛生、教育など鉄道付属地の地方行政を総括することは、領事の負担増となりかねないと懸念し反対していた。しかし、翌大正七年四月二三日、本野一郎外相が胃癌のため辞任、後藤内相が外相に横滑りし、この構想を実行に移した。同年五月二日、中村雄次郎関東都督より後藤外相に在満行政事務統一の意向が示されたが、異存のないはずの後藤外相からの回答が遅滞したため、六月四日、有松英義拓殖局長官は幣原喜重郎次官に中村都督への回答を督促した。六月二八日、後藤外相は中村に外務省にも異存のないことを回答したが、外務省内に在満領事の満鉄地方事務所長兼任に強い反対のあったことが窺われる。

後藤外相は、大正七年七月一一日、在満領事会議で在満領事の満鉄地方事務所長兼任について関係領事の了承を求め、八月一日、入江正太郎満鉄奉天事務所長を在遼陽領事、また小倉鐸二満鉄安東事務所長を在鉄嶺領事に採用、入江に満鉄遼陽事務所長、小倉に満鉄鉄嶺事務所長を依嘱した。赤塚は、八月二七日、後藤外相より満鉄奉天事務所長の職責について説明を受け、赤塚の領事管轄区域内でも奉天以外の満鉄地方事務所長を兼務することはないとされ、九月五日、国沢満鉄理事長から満鉄奉天事務所長の依嘱を受けた。赤塚はすでに関東庁外事部長を兼任していたため、それに加えて満鉄奉天事務所長を兼任することに、少なからず抵抗のあったことが窺われる。

満鉄地方事務所長と在満領事の兼任は、初代満鉄総裁の後藤外相の意向による制度改革であった。赤塚のほかにも在長春山内四郎領事に満鉄長春事務所長、在安東森安三郎領事に満鉄安東事務所長が依嘱された。満鉄地方事務所長には当該地域における地方行政のみならず列車の運行責任もあり、列車の運行にかかわる業務は領事官には全く馴染みはなく、在満領事の満鉄事務所長兼任にはそもそも無理があった。

事実、満鉄奉天事務所長の職責は赤塚には相当な負担であり、大正九年三月二九日、赤塚が満鉄奉天事務所長の依嘱を受けてから一年半後、野村満鉄社長に在奉天総領事として関東庁外事部長を兼務し多忙を極めていることから、満鉄奉天事務所長の業務は同事務所島崎次長に全てを任せ、事実上、赤塚は何も関与していないとして、奉天事務所長の辞職を願い出た。赤塚は事務所長の後任には島崎次長の昇格を推薦し、在満領事と満鉄地方事務所長の兼任が困難であることを明らかにした。

このような赤塚からの辞表提出もあり、翌大正一〇年七月六日、川村竹治拓殖局長官は埴原正直次官に在満領事の満鉄地方事務所長兼任制度の取り止めを通報した。在遼陽入江領事も大正八年一二月に在安東領事兼満鉄安東事務所長に異動していたが、大正一〇年九月、原敬内閣内田康哉外相に辞表を提出、一一月一六日に安東を離任、満鉄に復帰した。後藤外相の構想は失敗に終わったが、翌大正一一年一〇月二七日、赤塚は加藤友三郎内閣内田康哉外相に、在満領事特別任用制度は人材登用の観点から積極的に活用すべきことを意見具申した。赤塚は入江のような満州事情に精通した優秀な人材を在満領事として積極的に登用する必要を痛感していた。

㈣　朝鮮総督府事務官兼任問題

明治四三年八月二二日の日韓併合条約により、満州に在住する朝鮮人は日本人と同様に在満公館による保護の対象となった。在満公館の各領事管轄区域内に在住する朝鮮人の数は、大正一一年の調査では、在間島総領事館で三二万人（日本人一二〇〇人）、在奉天総領事館で六万人（日本人三万人）、在安東領事館で六万人（日本人一万五〇〇〇人）、在吉林総領事館で二万三〇〇〇人（日本人一〇〇〇人）、在鉄嶺領事館で一万八〇〇〇人（日本人六〇〇〇人）などであった。

特に豆満江を隔てた朝鮮半島対岸の間島地方は、中国が違法とする朝鮮人入植者も多く、一九世紀末以来、清韓両国では国境画定交渉が続けられてきた地域であった。このため、日露戦争後の日韓併合により清韓間の国境問題は日清間の問題に変わり、明治四二年九月四日の間島協約で一九世紀末以来の国境問題は決着し、間島地方は清国領とされた。間島地方の人口の八割は朝鮮人ともいわれ、朝鮮人入植者の多くは水田耕作に従事していたが、その中には中国人馬賊の庇護を受けて日韓併合に反対し、韓国独立運動に加わる抗日運動家も少なくなかった。

赤塚が奉天に着任した大正六年一月頃は、まだ大規模な抗日運動が展開されていたわけではなく、大正八年三月一日の万歳事件を契機に抗日運動は激しさを増し、同一五日、在間島総領事館所在地龍井村の朝鮮人抗日デモに続いて、五月五日、同総領事館放火事件が起きた。このため外務省も在満公館の安全を確保する上で在満朝鮮人の保護、支援対策が喫緊の課題と認識し、同五月、関東庁警察小池勇太郎巡査を通訳生に採用、在奉天総領事館で朝鮮人問題対策を担当させることとした。

一方、反日朝鮮人が満州に抗日運動の拠点を作ることを警戒した朝鮮総督府では、朝鮮半島と満州の対朝鮮人施策に一体性を確保するため、大正九年四月二一日、朝鮮半島との国境に近い南満州駐在の各領事を朝鮮総督府事務官に兼任することとし、赤塚とともに、在間島総領事代理堺与三吉領事、在吉林総領事代理森田寛蔵領事、在安東入江正太郎領事に朝鮮総督府事務官兼任を発令した。あわせて小池勇太郎通訳生には、同七月、朝鮮総督府より朝鮮人問題に関する事務が委嘱された。

このように日本でも満州統治における朝鮮人問題の重要性が認識され始めたが、同年一〇月二日、琿春事件が発生、在間島総領事館琿春分館が朝鮮人抗日運動家などの襲撃を受け、領事館分館職員およびその家族が殺害されたため、外務省および朝鮮総督府は、朝鮮人は日本人とは異なる風俗習慣をもつ独自の社会を形成しており、日本人にはそれを理解することが難しく、朝鮮人の保護を職務とする領事を務めるには困難があるとして、翌大正一〇年一月一三日、勅令第五号により「朝鮮人の多数在留する地方を管轄する領事館の副領事または外務書記生は朝鮮語に熟達し朝鮮の事情に精通し且相当の学識経験ある者の中より」特別に任用することが認められ、在満公館で朝鮮人保護のために朝鮮人を副領事として採用する途が開かれた。

朝鮮人副領事特別任用の発案者は林権助前関東長官といわれているが、このような在奉天総領事館の陣容にかかわる制度的問題を、赤塚の了解なしに林が内田康哉外相に提起できるはずはなく、赤塚と林の間では朝鮮人副領事の任用制度は協議済みであって、大正九年五月に林が関東長官を退任して帰京した際、赤塚は林に本省への働きかけを依頼したのではないかと思われる。その結果、大正一〇年の勅令第五号により朝鮮人副領事の任用が可能となり、同年一〇月、楊在河が副領事に採用され、在奉天総領事館で朝鮮人の教育、衛生、産業支援を任務とする人事が発令された。

楊は、明治一六年六月、韓国慶尚北道出身、熊本の第五高等学校を経て東京帝国大学農科大学林学科を卒業。日韓併合後、日本の皇族に準じる待遇を受けていた李王家の嘱託として同王家の執事となった。朝鮮人副領事の採用は日本の中央官庁の任用制度としては極めて異例であり、楊の個人的な資質にせよ、在満朝鮮人との融和という意味では効果的であったが、在満朝鮮人問題が朝鮮人副領事を任用しなければならないほど深刻になってきたことを、外務省も認識しなければならなくなっていた。

他方、大正一一年九月には、在奉天総領事館だけでなく在安東領事館にも朝鮮人副領事が配置されたが、最も朝鮮人居住者の多い在間島総領事館には配置されていない。在間島総領事館が朝鮮人副領事の配置を稟請しなかったのは、同地方には日本人居住者が少なく大半が朝鮮人のため、在間島総領事館に朝鮮人副領事を配置することが、逆に総領事館と朝鮮人社会の関係に影響のおよぶことを警戒したためと考えられる。また在奉天総領事館でも、大正一〇年五月、朝鮮人副領事任用制度が勅令により認められた後、楊副領事が着任する四カ月前、朝鮮人問題担当の小池通訳生が突然辞職した。朝鮮人副領事の着任を急ぐ赤塚との不和が原因とも伝えられている。

しかし赤塚は、奉天は日本人と朝鮮人が共生する満州最大の都市であり、日本人と朝鮮人の融和が求められる奉天での朝鮮人問題への対応は、在満朝鮮人への支援につながるとして、朝鮮人副領事の起用といった思い切った対策を講じたことに大きな期待をもっていた。大正一四年二月、船津総領事時代になるが、楊は奉天を離任、在ホノルル総領事館に転任するが、離任に際して在奉天朝鮮人会から楊の転任に再考を求める幣原外相宛請願書が提出された。楊が奉天現地朝鮮人社会に好意的に受け入れられていたことが示されている。

三、満州政況問題

㈠ 張勲の復辟事件と安直戦争

大正五年六月六日、袁世凱大総統が亡くなった後、黎元洪副大総統が大総統に昇格、安徽派の段祺瑞が国務総理に就任する一方、直隷派の馮国璋は副総統に就任し、赤塚が奉天に着任した大正六年一月頃の安直両派連合政権は、比較的良好な状況にあった。しかし英米からの支持が直隷派に集まったことから安徽派は日本に支援を求め、大正五年一二月二四日、段祺瑞は寺内首相の支持取り付けのため来訪した西原亀三と会談するなど、徐々に安直両派の対立が鮮明になっていた。一方、辛亥革命後の中国では、満蒙独立運動にも見られるように、最後の清国皇帝溥儀の復辟を画策する動きもあり、特に張作霖は皇帝溥儀の復辟を強く支持し、大正六年二月八日、着任間もない赤塚に、中国が日本の立憲君主制を取り入れるため、寺内首相の復辟についての考え方を確認したいと意思表示していた。

同年四月、中国の第一次世界大戦への参戦をめぐって、米国を支持する黎元洪大総統と独国を支持する段祺瑞国務総理が対立し、日本は段祺瑞を、また英米両国は黎元洪や馮国璋を支持したため、政情は中国各地の軍閥を巻き込んで混乱に陥った。この混乱を収拾するため黎元洪は張勲安徽督軍に軍閥間の調停にあたらせたが、張勲も張作霖と同じ復辟論者のため、張勲はその機に復辟を実行したため、事態はさらに混迷を深めることになったが、六月七日、張作霖は赤塚に張勲の復辟に反対の意思を明らかにした。

七月一日、復辟を宣言した張勲は皇帝溥儀の下で黎元洪と段祺瑞を解任、自ら国務総理に就任したが、このような王政復古には中国軍閥の支持は得られず、張作霖も、七月二日、赤塚に日本の対応を見定めてから最終的な決定を下したいと述べ、直ちに張勲を支持しなかった。張作霖は、四日、復辟問題でも対立する両派の片方だけを支持しないとの寺内内閣の方針を確認し、五日、張勲の復辟に反対の立場を明らかにした。このため各地の軍閥の支持を得られなかった張勲は、七日、国務総理を辞任し、同日、馮国璋副総統が大総統代理として混乱を収拾することになり、八日、段祺瑞の国務総理復帰が発表され、一二日、皇帝溥儀は自ら退位を宣言した。北京市内の武力衝突も一四日には段祺瑞派に平定され、張勲による復辟は失敗に終わった。赤塚は張作霖の影響力が中国各地の軍閥にもおよび始めたことを垣間みることになった。

八月一日、馮国璋が大総統に、また段祺瑞が国務総理兼陸軍総長に就任し、安直両派の連合政権が復活し、一四日、中国は独国に宣戦布告した。しかし九月には広東に孫文らの国民党軍政府が樹立され、中国は南北に分裂、広東国民党軍政府の討伐を主張する安徽派と平和裏に吸収することを主張する直隷派の対立が再び顕著になった。このような安直両派の対立の下で、翌大正七年二月、張作霖は赤塚に軍事力の強化は馮国璋大総統への脅かしではなく、段祺瑞の指示で何時でも動かせるようにするのが目的として、安徽派段祺瑞との連携を示唆した。

張作霖は中国統一のためには孫文の広東国民党軍政府を討伐する必要があると考え、三月五日、馮国璋に国民党軍討伐をうながすため満州から関内に出兵した。一四日、赤塚は本野外相の訓令により、中国の統一を前に安直両派が対立し、政変を起こすことは好ましくないと張作霖に伝えたが、張作霖は赤塚からこのような申し入れを受けたことを意外としたため、赤塚は張作霖への対応に苦慮することになった。

その間にも安直両派の対立は深まり、日本は北京と広東の対立に介入しなかったものの、寺内内閣は西原借款が示すように北京の段祺瑞に肩入れしていると見られていた。しかし大正七年九月、原敬内閣が誕生、また翌一〇月、中国では馮国璋大総統が退任、袁世凱側近の徐世昌国務総理が新総統に就任した機会に、日本は英・米・仏・伊各国と共同して北京・広東の南北両派に妥協を勧告した。

しかし張作霖は、日本など列強による共同勧告にも依然として武力による広東国民党軍政府の併合を志向し、一二月一五日、内田康哉外相の指示を受けた赤塚が張作霖に南北間の妥協を妨害しないよう注意を喚起したのに対しても、張作霖は南北間の和解に反対するつもりはないと述べたが、国民党側の考えで和解が進められることに不満を示した。この間、張作霖は、九月七日、大総統退任直前の馮国璋からかつての東三省総督に相当する巡閲使に任命され、翌大正八年七月の寛城子事件を契機に吉林省、黒竜江省も自らの勢力範囲とし、東三省を代表する満州の覇者に成長する。

大正八年一二月に馮国璋が病死し、曹錕と呉佩孚が直隷派を率いると、翌年四月、曹錕と段祺瑞の対立を張作霖が調停するようになった。五月二四日、張作霖はこのことを赤塚に得意げに語っていたが、七月九日、張作霖は北京で調停工作に失敗、奉天に引き揚げてきた。その間、五月三一日に満州を旅行中の実兄の死去という不幸に見舞われた赤塚は、六月一二日から一時帰国していたが、七月一四日、安直戦争が始まった。

七月一六日、前日に奉天に急遽帰任した赤塚と面会した張作霖は、時局混乱の責任は段祺瑞にあり、曹錕と段祺瑞の対立は武力をもってでも調停し、北方派の結束を固めて南北統一に努めたいと決意を語った。赤塚は張作霖の決意は、実際に調停が成功するか否かにかかわらず、調停に失敗して奉天に戻った張作霖の威信失墜にもなりかねないと感じた。形勢は東三省軍の直隷派への肩入れにより一八日には安徽派の敗走が明らかとなり、一九日、段祺瑞は国務総理を辞任した。同日、張作霖は赤塚に、もはや軍事行動は終結し、近々北京に向かい、混乱を収拾して新内閣を組織し、南北和議を促進したいと述べ、二三日、曹錕とともに北京に到着、安徽派の有力幹部であった靳雲鵬を国務総理に推戴する奉直両派の連合政権を樹立した。

赤塚が奉天に着任した大正六年一月頃は奉天省の地方軍閥にすぎなかった張作霖も、安直戦争の結果、北京政府への発言力を誇示するほどに強大になった。大正九年九月三〇日、張作霖は赤塚に、以前は曹錕も呉佩孚も張作霖の親日主義を批判していたが、欧米諸国の段祺瑞支援が日中間の離間策に通じることに気がついてからは、今では曹錕も呉佩孚も張作霖の親日主義を批判することはなく、新政権要路はいずれも張作霖と近い関係にあり、張作霖自らの主義主張を北京政府に反映させるのに極めて好都合と述べ、日本の張作霖への一層の支援を要請した。

しかし、一二月三日、張作霖は赤塚に北京政府が東三省の外交問題を北京政府の直轄とするよう要求していることを明らかにし、奉直両派が決して一枚岩ではないことを露呈した。その不満は奉直両派間の乖離を明らかにし、赤塚には大正一一年四月に始まる第一次奉直戦争の勃発を予期させるものがあった。

(二) 第一次奉直戦争

奉直両派の連携により国務総理に就任したにもかかわらず、就任後、靳雲鵬が直隷派寄りに立ち位置を変えたため、北京政府が直隷派に占められることを恐れた張作霖は、大正一〇年一二月、靳雲鵬に代えて同じ安徽派でも親日家の梁士詒を国務総理に推戴した。しかし、国務総理に就任した梁士詒への直隷派の反発は強く、梁士詒内閣は翌年一月に退陣、ワシントン会議の中国代表などを務めた国際派の顔恵慶外交総長が臨時国務総理に就任した。直隷派呉佩孚の背後に英国の影を認めた小幡酉吉駐華公使は、奉直両派の対立に日本が巻き込まれることは避けたいと考えた。

奉直両派の対立はあたかも安直戦争勃発前夜のような様相を呈し、小幡公使の指示により、一月二五日、赤塚は張作霖に北京からの撤退を求め、事態の推移を見定め、時節の到来に備えるよう慫慂した。張作霖も赤塚の自重を求める発言に同意したが、中央政府が全て直隷派で固められることは容認できないとし、奉天軍の京津地方での駐留はそのまま継続するとの決意を明らかにした。赤塚は重ねて今は民心の求めに従い、国民の安寧に努めるべきことを訴え、張作霖が日本に要請した武器弾薬の供給は中国国民の安寧には役立たないので応じられないとの考えを示した。

大正一一年二月から三月にかけて情勢は静かに動いていた。内田外相としては奉直間の対立にはあくまで中立という方針に変わりなく、また京津地方に駐留する奉天軍もまた奉天に残る本隊にも何ら動きはなかったが、安直戦争以後、北京に逼塞していた段祺瑞が一月半ば突然、北京から天津日本租界に脱出し、さらに三月初めには広東国民党軍政府外交部伍朝枢次長が奉天に張作霖を訪ね、反直隷派同盟の成立を誇示するように張作霖が段祺瑞、孫文とも気脈を通じていることを露わにした。四月一九日、北京の直隷派曹錕、呉佩孚を南北から挟撃する体制を構築した張作霖は赤塚に、直隷派内では曹錕等の和平派はすでに一掃され、呉佩孚が軟化しないかぎり、奉直間の戦闘は避けられないと述べ、奉天軍を山海関から関内に移動させることを明らかにした。

内田外相は、四月二二日、奉直間の対立にはあくまで中立の立場を崩さず、内政不干渉を確認した。特に英米両国には張作霖の背後には日本がいると思われがちのため、誤解を招くことがないように張作霖に武器の援助はしないことを決定した。四月二八日、張作霖は自らが総司令となり、奉天軍一〇万人を率いて山海関を越えて関内に進撃し、呉佩孚は満州から攻め込む張作霖と南方から進撃する広東軍に挟撃されることになった。翌二九日から戦闘は激化したが、五月四日、直隷軍が北京西郊外の長辛店、北京・天津間の永清、天津の西側の静海を占領したため、張作霖は山海関まで退却を余儀なくされ、また孫文は広東軍を広州まで引き揚げさせたため、第一次奉直戦争での直隷派の勝利が明らかとなった。

張作霖の敗退は必ずしも赤塚にとって予想外ではなく、張作霖の敗退を想定して、五月一日、奉天軍が出動して手薄となった満州北部のソ満国境地帯では赤系露国人が出没しており、満州で張作霖に反感を持つ一派が張作霖敗走の事態になれば蜂起しかねない懸念もあるとして、内田外相に満州在留邦人保護のために陸軍部隊の派遣を稟請したが、内田外相は在留邦人保護が目的でも、日本の陸軍部隊の満州派遣は中国の政争には中立という日本の立場を変更したように誤解されかねないとして、陸軍部隊の派遣には応じなかった。赤塚は、四日以降、張作霖が山海関から満州に撤退し始めると、奉天軍を満州に追撃する直隷軍との間で戦闘が起こることを警戒していた。

五月一一日、張作霖の外交顧問ともいうべき于沖漢が張作霖の指示により赤塚を訪ね、張作霖は山海関と天津の間の灤州付近で六万人の奉天軍を率いて持久戦の構えに入っており、決して戦意は衰えていないとの現況を伝えた。その後、一七日には、奉天軍が灤州から山海関を越えて満州に帰還し始めたことが確認され、赤塚はそのような戦況下で直隷軍が奉天軍を追撃する事態が起これば、満州在留邦人への影響も少なくなく、内田外相に、北京政府には呉佩孚等による追撃を見合わせるか、満鉄付属地を中立地帯として付属地内での戦闘行動は行わないように申し入れることを要請した。

徐世昌大総統は、五月一〇日、呉佩孚の圧力を受けて張作霖を東三省巡閲使から罷免したが、于沖漢は赤塚に曹錕や呉佩孚も安直戦争の際には公職から追放されたが、最終的に戦争に勝利した後は何の影響も受けなかったとし、張作霖も巡閲使の罷免に何の痛痒も感じておらず、東三省の独立を模索するだけとの見通しを述べた。二〇日、東三省各省議会は自治を宣言するとともに省長を選出し、巡閲使を廃止した上で奉天省長に選出された張作霖を東三省保安司令に任じることを決議した。

赤塚は張作霖が満州の自立化を推進すればするほど、直隷派の奉天軍攻撃が避けられなくなることを憂慮し、在留邦人の安全確保に苦慮していた。二〇日、赤塚は内田外相に再び陸軍部隊の出動を要請したが、内田外相は赤塚に英米両国が日本の中国政策に疑念を招きかねないとして、在留邦人は満鉄付属地内で保護するよう指示した。陸軍も日本の中立主義の立場から関東軍には満鉄の警備を強化し、警戒を強めるよう命じる一方、奉直両軍との間で関東軍がいかなる戦闘行動にも入らないよう注意を喚起した。

大正一一年六月一一日、膠着状態にある奉直間の対立の中で安徽派と奉天派が支持した徐世昌大総統が直隷派呉佩孚により辞任させられ、再び黎元洪元大総統に交代した。一七日、干沖漢は赤塚に黎元洪大総統の命により奉直両派に停戦が命じられ、同日、奉天軍を代表して孫烈臣司令、また直隷軍を代表して王承斌司令が秦皇島沖合に停泊する英国軍艦に会同し、二一日より奉天軍は山海関、また直隷軍は秦皇島までそれぞれ撤退することに合意したとの通報を受けた。翌一八日、張作霖は赤塚に調停者の中に日本人はおらず、英国軍艦の横に停泊する日本の軍艦を眺めながら停戦合意について協議したのは極めて心細かったと皮肉を述べた。

赤塚は、停戦協議の場が英国軍艦になったのは、奉直間の戦闘から京奉鉄道を保護するため英国が奉直両派に停戦を呼び掛けたためと推測した。他方、六月九日、赤塚は奉天在住英国人医師が奉直両派の停戦のため奉天軍を錦州まで撤退させ、撤退完了まで直隷軍は奉天軍への武力攻撃を控えるとの仲裁案をもって秦皇島に向かったとの情報に接していた。奉天駐在英国総領事は赤塚にこれを同医師の個人的な活動と説明したが、実際に同医師は英国軍艦での停戦協議にも立ち会っており、停戦協議が黎元洪大総統の呼びかけというのは表向きで、実際は英国が奉直両派に和平工作を仕掛けた結果と理解した。赤塚は張作霖が述べた皮肉は、英国主導で直隷派に有利な停戦合意が図られながら、日本は厳正中立というのみで張作霖に何の支援もしてこなかったことを指したと感じた。

第一次奉直戦争は張作霖の敗北で終了したが、黎元洪大総統の指導力は非常に弱く、黎元洪は、武昌蜂起後の中華民国臨時政府孫文臨時大総統の下で副大総統を務めた関係から、孫文の率いる広東国民党軍政府の支持を期待したが、それも叶わず、また直隷派内でも曹錕と呉佩孚の対立が深まり、翌大正一二年六月、直隷派により大総統職から追われる。中国の政情は不安定なまま推移し、赤塚は張作霖が一敗地に塗れたものの、奉天から北京への再起の機会を狙っていると見ていた。

四、満州懸案問題

㈠ 寛城子事件

大正八年七月、吉林省で権勢を伸ばしてきた孟恩遠吉林省督軍が、北京政府が東三省巡閲使に任じた張作霖に対抗し、吉林省の独立も辞さずと宣言したため、張作霖は北京政府の命を受けて孟恩遠討伐を明らかにした。吉林軍は長春郊外で満鉄と東支鉄道の分割地点寛城子に集結し、北上する奉天軍への警戒を強めており、赤塚は在満邦人が張作霖とこれに反発する満州地方軍閥の抗争に巻き込まれることを憂慮した。

特に吉林軍は軍用物資運搬のため邦人所有の車馬等を徴用し、商業活動に不便を受けた在留邦人の間には吉林軍への不満が鬱積していた。七月一七日、在長春村上義温領事は吉林軍に徴用を止めるよう抗議するとともに、吉林・奉天両軍の衝突が在留邦人に被害をおよぼすことを恐れ、両軍に満鉄付属地内では戦闘しないよう注意を喚起した。一八日、在長春領事館領事警察官が吉林軍兵士に車馬等の徴用を注意したところ、逆に同兵士から暴行を受ける事件が発生し、現地には不穏な空気が流れていた。

翌七月一九日午前、満鉄長春駅員が寛城子の東支鉄道付属地で数日前に哈爾濱から長春に到着した吉林軍兵士の暴行を受け、これを目撃した邦人が関東軍駐留部隊（歩兵第五三連隊第一大隊）に通報したため、同駐留部隊住田米次郎中尉が事実関係の調査を求めて吉林軍宿営地に赴いた。最初は吉林軍もその求めに応じていたが、その談判の最中に、突然、吉林軍が関東軍部隊に銃撃を開始した。関東軍部隊五〇名に対して吉林軍は一五〇〇名以上もおり、突然の攻撃に関東軍部隊は防御できずに死傷者が続出、住田中尉以下将兵一七名が戦死、一七名が重軽傷を負ったほか、在長春領事館領事警察官一名が死亡、また在留邦人一名が負傷した。

この日中両軍の武力衝突は、同日中に吉林軍が寛城子から撤退し、収拾が図られたが、七月二一日、林権助関東長官は、関東庁外事部長でもある赤塚を浜面又助関東軍参謀長に同行させ、実情調査のため現地に急派した。林長官は大正六年一月に駐華公使として自ら解決交渉を取りまとめた鄭家屯事件を想起し、寛城子でも鄭家屯事件と同様のことが繰り返されたと理解した。

内田外相は、二二日、在吉林総領事代理森田寛蔵領事に日中両軍の衝突原因の経緯を詳細に調査し、在留邦人の傷害事件は領事警察が処理すべき事項にもかかわらず、住田中尉が吉林軍当局と直接交渉した理由の調査を命じた。加えて内田外相は、事件の発端で領事警察官に非がなければ、日本の吉林軍への反感を醸成するため、張作霖が吉林軍を使嗾してこの事件を仕組んだ疑いもあるとして、あわせて調査を命じた。

同日、徐世昌大総統は孟恩遠吉林省督軍を軍紀が維持できなかったとして更迭し、後任に鮑貴卿黒竜江省長兼督軍を任じ、張作霖に東三省巡閲使として鮑貴卿督軍とともに吉林軍関係者に事件の原因を厳しく追及するよう命じた。鮑貴卿は、その後、大正一〇年一二月に張作霖の支持する梁士詒内閣で陸軍総長に任命される張作霖派の軍人であり、この事件の結果、張作霖が吉林省を手中に収めたことに鑑みれば、内田外相の疑惑は必ずしも的外れであったわけではなかった。

七月二五日、赤塚は関東庁外事部長として林長官に調査報告書を提出し、寛城子の関東軍宿営地から僅か一〇〇メートルほどの至近距離に吉林軍が宿営したことが、日中両軍衝突の基本的な原因で、両軍の間には友好的な往来もあったが、在長春領事の邦人所有車馬徴用の差し止めへの吉林軍の反発が、一八日の領事警察官および事件の発端となる翌日の満鉄長春駅員への暴行事件を起こしたこと、また住田中尉が交渉のため吉林省軍幕営に赴いた際、警護のためとはいえ関東軍兵士を幕営付近にまで近づけたことも、吉林軍の反発を招いた原因と指摘したが、事件の発生が張作霖の仕組んだことを示す証拠は見つからなかったと報告した。

八月一五日、内田外相は小幡駐華公使と赤塚に、日本側にも本来は領事警察が処理すべき事案を、関東軍が直接交渉に乗り出したことが事態を重大化させた原因と認識し、寛城子事件の解決交渉ではこれを機に過大な要求をせず、あくまで公正な交渉態度を示す必要があるとして、事件発生直後の七月二二日の大総統令を謝罪として日本に正式に通報すること、張作霖等の吉林軍関係者への査明結果を赤塚に報告し、暴行に加担した者への厳重処分と再発防止を求めるよう命じた。

しかし、解決交渉は中々始まらなかった。その原因は解決条件ではなく交渉地の問題で、日本も全体交渉は北京、個別交渉は満州現地と決めたものの、満州現地でも奉天の赤塚・張作霖間か、吉林の森田・鮑貴卿間とするかは決まっていなかった。特に在長春村上領事と在吉林森田総領事代理は、東三省巡閲使とはいえ交渉相手を張作霖とすることは、日本が張作霖を満州の代表者と認めたとの誤解を与えかねない懸念があると反対したが、内田外相は、九月一日、吉林省、黒竜江省のあらゆる決定には張作霖の同意が必要な現状では、交渉相手は張作霖とせざるをえないとした。

九月九日、張作霖は自らが解決交渉を担うことは、北京政府が東三省に外交権を認めることにもなりかねず、北京政府は交渉地を奉天とすることには同意しないとの見通しを赤塚に述べたため、交渉開始の見通しはさらに不確実となった。

九月一二日、陳籙外交総長代理は小幡公使に七月二二日付けの徐世昌大総統令を届け、中国の日本への謝罪の意を表し、張作霖に日本との交渉を進めるよう命じたことを通報した。しかし、張作霖は日本との交渉に応じる気配は示さず、奉天省外の吉林省の問題の解決交渉を任すのであれば、東三省巡閲使を単なる名称とせず、官制として公布するよう北京政府に要求していた。また張作霖と接触していた吉原大蔵副領事も、解決条件の中に謝罪という項目が入っているため張作霖は交渉に応じないと報告し、張作霖が解決交渉の開始にあたって北京政府と何らかの取引きをしていると窺われ、赤塚にも交渉開始の切っ掛けは依然としてつかめなかった。

一〇月一日、小幡公使は事態を打開するため陳籙外交総長代理に面会し、張作霖の対応に不満を述べたところ、陳は日本の提示した解決案は北京政府では概ね穏当と認め、張作霖の主張は必ずしも北京政府と同じではないと述べた。八日、張作霖は赤塚に日本の要求する解決案に同意すると伝えたが、すでに陳が謝罪しており、その上で張作霖が在奉天総領事館に赴き重ねて謝罪することに強い抵抗があり、赤塚は張作霖が書面で謝罪の意を表すことに同意した。鄭家屯事件の解決に際して張作霖は関東都督府に赴いて謝罪することとされたが、実際に謝罪は有耶無耶にされたことがあり、赤塚は張作霖が自ら在奉天総領事館に謝罪に赴くことは拒否するものと予想していた。

一方、事件再発防止のためとはいえ、領事館ではなく日中両軍の間で直接交渉が行われるのは好ましくなく、張作霖は、今後、日中両軍間で直接交渉は行わないように両国政府が注意することを希望した。また張作霖が東三省軍には日本人官民には特別な優待保護を命じたが、内田外相は、一〇月二〇日、事件の再発防止のため日本は東三省軍の規律の厳格化を求めており、日本人居留民に対する特別な保護を求めていないとして、赤塚にこの点を張作霖に申し入れるよう命じた。

赤塚は、二七日、張作霖は東三省軍の規律を厳しくすれば東三省軍の在留邦人への保護になると考えており、日本が東三省軍の軍規厳格化を求めるのは、張作霖の自尊心から納得しないため、張作霖には再び日本の陸軍部隊、在留邦人への暴行事件を起こさないように注意喚起することに留めたいと意見具申した。一一月一〇日、内田外相はこれを了承し、一九日、赤塚はこれを書簡により張作霖に通知した。

奉天での交渉は一一月二三日に妥結し、満鉄長春駅員他邦人被害者への賠償問題は、別途、長春で村上義温領事と吉林省陶彬交渉委員の間で妥結し、寛城子事件解決交渉は終了する。

㈡　満州産米輸入問題

大正三年七月に第一次世界大戦が始まった時に急落した米価も、大正七年には米不足のために急騰した。米不足を解消するため寺内正毅内閣後藤新平外相は中国米の輸入増を図ったが、中国は穀類の輸出に大幅な制限を加え、日中間で価格に関する合意は成立しなかった。他方、日本国内では、七月八日に富山県で米騒動が起こり、八月にはこれが日本全国の主要都市に波及したため、九月二九日、寺内内閣は総辞職し、原敬内閣が成立、外相には内田康哉が復帰した。内田外相も引き続き中国米の輸入を図ろうとしたが、安徽派と直隷派間の緊張が高まり、米の輸出の代償として武器の供給が求められるなど、中国米の対日輸出は極めて厳しい状況にあった。

大正八年六月に調印されるヴェルサイユ条約で、日本が山東半島の独国権益を継承することが明らかになると、五月四日、天安門前広場に北京大学学生など三〇〇〇名がこれに強く反対するデモを行い、中国はヴェルサイユ条約への調印を拒否した。加えて同年三月一日の朝鮮半島三・一事件に触発された中国市民の日貨排斥運動が中国全土に広がり、日本商社の中国各地での中国産米の買い付けは頓挫した。

中国本土の日貨排斥運動は満州には波及しなかったが、張作霖は天津地方から満州各地への反日の呼びかけにも応じず、五月九日の「国恥記念日」の開催を禁じ、不穏な動きには学生といえども厳罰に処すなど、反日運動には強権をもって抑え込んでいた。前年大正七年九月に東三省巡閲使に任じられた張作霖は、黒竜江省、吉林省にも勢力を伸ばし、満州の覇者としての地歩を築いてきており、五月二六日、北京商務総会が奉天商務総会に日貨排斥運動を求めた時も、奉天商務総会幹部に日貨排斥について強く注意を促し、さらに翌二七日、関係警察署長に強い取締りを指示していたため、赤塚は奉天の日中間の商取引に影響はおよばないと見ていた。

大正八年七月一〇日、赤塚は満州産余剰米の対日輸出解禁に張作霖の内諾を得た。在満朝鮮人農民の多くが水田耕作に従事しており、満州産米の対日輸出が解禁されれば、日本への満州産米の安定供給が可能になり、朝鮮人農民の安定収入の確保にもなると考えられた。八月六日、内田外相は赤塚に、中国が中国産米の輸出を禁止している状況では満州産米の対日輸出解禁には困難が懸念され、張作霖から中国政府に中国産米の対日輸出解禁を働きかけるよう指示した。内田外相も中国や東南アジア産米の輸入が見込まれない現状では、満州産米の対日輸出に強い期待を持っていた。

八月二五日、張作霖は赤塚に満州産米の対日輸出について徐世昌大総統に許可を求めているが、満州産米の対日輸出が解禁となれば、満州以外の中国産米も満州産米と偽称されて日本に輸出される恐れがあるため、張叙五陸軍中将を北京に派遣して許可を得るよう中央政府を説得しており、日本への輸出は必ず解禁されると述べた。一〇月末、赤塚は張作霖より条件は未定ながら満州産米の対日輸出解禁が決まったとの内報を受けた。赤塚は、輸出のための条件については正式に満州産米の対日輸出が解禁されたところで、別途、張作霖と折衝する必要があると考えていた。

一一月一一日、張作霖は赤塚に本年の余剰満州産米五〇〇〇石の対日輸出は特例として許可を受けたので、北京政府財務部より輸出許可書を入手し、米百斤に対して銀一元を手数料として支払うよう求めた。このため赤塚は張作霖に対日輸出量に制限を加えないこと、また許可書は奉天で発行すること、許可証発給の手数料は廃止することを要求した。一一月二五日、張作霖は赤塚に輸出量に制限を加える意図はなく、余剰米が五〇〇〇石を超えても輸出には問題がないと回答したが、一二月二日、許可証の発給地および手数料免除を改めて国務会議で決議を得ることは困難と述べた。赤塚はこの回答には納得できなかったが、満州産米の対日輸出は解禁された。

満州産米の対日輸出解禁を契機に日本は日中合弁事業として満州の米作農業を支援する。満州では間島地方の朝鮮人農民が水田耕作を行っていたが、入植者の増加により水田耕作は間島地方外にも広がっていた。満州産米の対日輸出解禁は朝鮮人農民の生活を安定させることを目的としたが、朝鮮人農民が水田耕作のために取得した土地は日本の行政権下にある満鉄付属地ではなく中国の行政権下にあり、中国人農民との水利権をめぐる争いのように中国人農民との軋轢も増加した。ここに水田耕作に従事する朝鮮人農民と中国人農民の間の水利権をめぐる争いが、朝鮮人を保護する在満領事館領事警察と中国人農民の後ろ盾となる東三省各省警察との衝突を引き起こす遠因が生まれた。

(三) 間島出兵問題

明治四二年九月四日の間島協約により、日本は清国が主張する豆満江を清韓国境とすることに同意し、他方、間島地方在住朝鮮人の裁判管轄権は日本が獲得し、韓国統監府の所掌になった。同年一一月に間島地方を領事管轄区域とする在間島総領事館が開設されたため、翌明治四三年四月、「間島に於ける領事官の裁判に関する法律」（法律第四〇号）が公布施行され、間島地方在住朝鮮人の裁判管轄権は在間島総領事館の管轄とされた。同年一〇月一日、日韓併合により韓国統監府が朝鮮総督府に改組されてから、翌明治四四年五月九日、同総領事館放火事件等が発生するなど反日朝鮮人による治安不安が高まったため、大正五年一月、朝鮮総督府裁判所令が改正され、在間島総領事館管轄の朝鮮人在住者の領事裁判権は朝鮮総督府に移管された。

在間島総領事代理鈴木要太郎領事は、日本の主権のおよばない間島地方に、日本の国内官庁である朝鮮総督府の裁判管轄権がおよぶことに強い違和感をもったが、他方、現実に在間島総領事館および同総領事館分館の館員およびその家族、また間島地方在留邦人の安全を確保するためには、緊急時の朝鮮派遣軍の満州への越境もやむをえないとの事情もあった。間島地方で検挙された大正八年の三・一運動の反日朝鮮人独立運動首謀者の身柄は朝鮮総督府に送還され、同年五月に在間島総領事館事務所の一部が焼失する放火事件では、鈴木総領事代理は朝鮮派遣軍の出動を要請した。

日本は、間島地方で独立回復を目指す反日朝鮮人武装組織の取締りは、あくまで中国国内の治安問題として中国政府の取締りを求めてきたが、反日という共通性から中国が逆に朝鮮人武装集団を支援することもあり、中国の取締りには効果が見られなかった。加えて大正九年九月一二日と一〇月二日の二度にわたって、反日朝鮮人も加わった馬賊による在間島総領事館琿春分館襲撃事件（琿春事件）が発生、同分館駐在領事警察警部およびその家族、また朝鮮人を含む二〇名が殺害されたため、同七日、原敬内閣は居留民保護のため間島出兵を閣議決定し、朝鮮派遣軍やウラジオ派遣軍などから一万二〇〇〇名を間島地方に派兵した。

一〇月一一日、赤塚は張作霖に間島出兵を通告した。張作霖はすでに日本軍が龍井村、百草溝、局子街等に展開した以上、間島出兵に反対もできないが、承認もできないと述べ、日中両軍の共同掃討の実行前に、両国軍間の誤解による軍事衝突の防止策を協議したいと提起し、同一六日、奉天で貴志彌次郎陸軍奉天特務機関長と鮑貴卿吉林督軍との間で「日支協同討伐に関する協定」が成立し、朝鮮派遣軍部隊は東支鉄道以南の東寧県、琿春県、延吉県、汪清県、和龍県の五県（特に、在満朝鮮人の多くが居住する地域）を、またそれ以外の地域は吉林軍が掃討にあたることが合意された。

これにより反日武装集団の掃討は成果をあげ、同年一一月六日、原敬内閣は間島出兵の善後策を外交交渉に委ねることを閣議決定し、日本軍の掃討は一一月末までに終了し、朝鮮派遣軍司令部は同年一二月二〇日までに全部隊の撤兵を完了することとした。翌大正一〇年一月七日、在間島総領事館や同琿春分館の警備および治安維持のため二個大隊を残して撤兵は完了したが、二月一日、領事警察の拡充を模索する在間島総領事代理堺与三吉領事は中国に安全確保の保証を求め、あわせて事件再発の際には再度の出兵もあり得るとの日本の方針を明らかにするよう求めた。

在間島総領事館と同分館在勤者等の安全確保のため朝鮮派遣軍二個大隊の撤収の目処はつかなかったが、大正一〇年二月七日、赤塚は奉天に来訪した大庭二郎朝鮮派遣軍司令官を帯同して張作霖と会談し、朝鮮派遣軍撤兵後の間島地方の治安維持について張作霖に確認を求めたところ、張作霖は同地方への増派を約束し、呉俊陞、張作相両師団長の派遣を明らかにしたため、大庭司令官は両師団長の間島地方到着を待って二個大隊を引き揚げることにつき張作霖の同意を得た。北京での琿春事件解決交渉は進捗していなかったが、同二個大隊は五月に最終的に撤退した。

赤塚も堺総領事代理が主張するように緊急時の朝鮮派遣軍の越境は不可欠と認識していたが、朝鮮派遣軍の越境を認めるには間島出兵のような閣議決定が必要となれば緊急時には間に合わない可能性もあり、朝鮮派遣軍司令官の裁量権に委ねる必要があったが、日本の派兵は東三省政府の警察権を侵害しかねなかった。大正一〇年五月一六日、原首相が主催した第一次東方会議に出席した赤塚は「在満鮮人問題」と題する意見書を提出し、国境付近の治安維持のため日中両軍が相互に越境、掃討できる協定の締結を提案したが、議論されるにはいたらなかった。

しかし、朝鮮派遣軍の撤退後も反日朝鮮人武装集団による活動は収まることなく、撤退直後の大正一一年六月二八日、朝鮮人独立運動家が在間島総領事館頭道溝分館を襲撃（頭道溝事件）、同館に拘引中の独立運動家を脱走させ、職員二名を殺害した。朝鮮総督府は警官三〇〇名を増派し、間島地方の治安維持に努めさせたが、中国は間島地方の日本の警察力の強化に強く反発した。同年一一月には在間島総領事館本館で火災が発生し、日中間の緊張状態は高まる一方で、赤塚の離任後も、反日朝鮮人の取締りをめぐって日中間の協議は続けられなければならなかった。

五、むすび

大正一二年四月一二日、内田康哉外相は赤塚の奉天在勤が六年を超えたことから帰朝を命じ、在上海総領事船津辰一郎に奉天転任を命じた。赤塚は帰朝発令を受けてからも奉直関係の鎮静化を見とどけたいとして、また後任の船津が直ぐにも奉天に着任する見込みもなかったため、帰朝を先に延ばしていたが、七月一七日、船津の着任を待たずに離任した。

大正七年七月、朝鮮総督府で開催された満州領事官会議は、在満領事体制強化の方途として、在奉天総領事に在満領事への指揮権付与、在奉天総領事の下に領事の常置、在奉天総領事の関東都督府外事総長兼任などについて討議し、抬頭する張作霖に対峙する在奉天総領事に十分な権限を付与する在奉天総領事館の体制強化を模索した。しかし、在満領事への指揮権付与は制度的に外相と駐華公使のみに許された権限を越えており、在奉天総領事と同格の在哈爾濱総領事、在間島総領事に在奉天総領事の指揮権を認めることは困難として見送られたが、赤塚は在満領事への越権ともいうべき指揮権を希求していたわけではなかった。

また大正八年四月、関東都督府が関東庁に改組され、関東庁外事部長が在奉天総領事兼任となり、満州領事官会議での在満領事の要望が実現したが、在奉天総領事としては負担増になっただけであった。加えて大正七年九月、赤塚は満鉄奉天事務所長、さらに翌大正九年四月には朝鮮総督府事務官にも兼任され、兼任による責任の加重は満鉄奉天事務所長も、関東庁外事部長も辞任する結果になった。満州統治における在奉天総領事館、満鉄、関東庁の三者鼎立による弊害は、このような制度的な人事の兼任によって解決できるものでないことを示すことになった。

むしろ赤塚が求めていたことは館内体制の強化であった。館務の要となる次席は落合総領事時代に井原領事が離任してから空席になっており、赤塚はこれを空席のままとするよりは副領事でも館務を総括できる館員が必要と考え、満州勤務の経験の長い吉原大蔵副領事を次席とし、さらにその体制は吉原の後任の市川信也副領事にも引き継がれた。このような状況のため、大正七年の領事官会議が在奉天総領事館に領事の常置を要望したことは当然であったが、次席に領事を配置することは赤塚の在勤時には実現せず、後任の船津総領事時代まで待たなければならなかった。

また総領事館にとって大きな業務負担であった朝鮮人保護問題および領事裁判問題について、赤塚は朝鮮人副領事の採用や司法領事の配置を実現した。朝鮮人副領事の採用や司法領事制度の導入など、赤塚は館内体制強化のために取組み、満州事変前の在奉天総領事館の館内体制および在満領事館体制は赤塚総領事時代に確立された。館員の増員は在奉天総領事館の館内体制の強化のためには不可欠であり、赤塚は関東庁外事部長や満鉄奉天事務所長の兼任ではなく、館内体制の強化こそが満州統治にとって不可避であることを示した。

赤塚の奉天在勤中は張作霖が奉天軍閥から東三省を統率し、さらに奉天から北京に影響力を行使するまでに成長する時期であった。大正六年の張勲の復辟事件で赤塚は復辟に反対する張作霖が中国各地の軍閥を復辟反対でまとめた影響力、また大正九年の安直戦争では張作霖の動きが勝敗の帰趨を決めた経過を見守った。大正八年の寛城子事件では張作霖が東三省の覇者であることが明らかになり、また大正一一年の第一次奉直戦争では、張作霖は一敗地に塗れたとはいえ、その北京への影響力の強さを如実に示した。この間の赤塚と張作霖の関係はかなり密接で、赤塚は本省からの訓令の執行では時として張作霖と意見が対立しながらも、張作霖を通じて日本が安直戦争、第一次奉直戦争などに与えた影響が窺われる。特に奉直戦争勃発を避けるため赤塚が張作霖に自重を促したことも、張作霖には赤塚は信頼できる間柄であったことを示している。

このような赤塚と張作霖の信頼関係は、赤塚を在奉天総領事に発令した石井外相の期待に十分応え、赤塚の奉天在勤期間が二年から三年で交代する歴代総領事の任期の二倍もの期間におよんだ。赤塚が張作霖との間に築きあげた信頼関係が、六年以上もの間、赤塚に総領事として奉天に在勤させることになった。

さらに赤塚には在満朝鮮人支援は大きな課題であった。大正九年の在間島総領事館琿春分館襲撃事件は、在奉天総領事館領事管轄区域外の事件とはいえ、その後に続く間島出兵は反日朝鮮人武装集団の掃討に効果はあったが、赤塚に朝鮮人農民への保護や支援がますます重要と認識させた。在満朝鮮人保護は在満領事館の業務の一環であり、中国警察の取締りからの保護はもとより、朝鮮人農民が反日朝鮮人武装集団に依存することなく自立を促すため、満州産米の対日輸出解禁によって朝鮮人農民の生活を安定させようとした。在奉天総領事館の在満朝鮮人保護担当官として朝鮮人副領事を採用した背景には、在満朝鮮人への支援という強い問題意識があった。

赤塚にこのような問題意識を与えたのは、赤塚が通商局第一課長時代の通商局長であった初代萩原守一総領事である。萩原は、明治三九年七月一日、軍政から民政に転換した機会に、在留邦人に対して満州における日本人の発展には日清両国民の融和が必要と告示したが、その背景には、間島地方在住朝鮮人の法的地位の問題が清国人との融和を阻害しかねない問題になるとの懸念があった。このような認識を萩原から受け継いだ赤塚には朝鮮人農民への支援は大きな課題であった。

赤塚は、帰国後、大正一二年九月一〇日、駐オーストリア特命全権公使（兼ハンガリー）に任命され、翌年三月に本邦を出発、四月にウィーンに着任し、およそ二年間の勤務の後、大正一五年一一月に帰朝、外務省を退官した。その後、赤塚は、昭和三年二月の第一六回衆議院議員総選挙に郷里の鹿児島県第二区で立憲民政党から立候補して当選したが、衆議院議員一期を務めただけで政界から引退し、昭和一七年五月六日に死去した。享年七〇歳であった。

付表　在満領事等関係機関人員配置表(6)

赤塚正助総領事時代

（大正6年1月～大正12年7月）

朝鮮総督府
総督：長谷川好道
（T5. 10. 16～T8. 8. 12）
総督：齋藤実
（T8. 8. 12～S2. 4. 15）

関東都督府
都督：中村覚
（T3. 9. 15～T6. 7. 31）
都督：中村雄次郎
（T6. 7. 31～T8. 4. 12）
【T8. 4. 12、関東庁と関東軍に分離、改組】

関東庁
長官：林権助
（T8. 4. 12～T9. 5. 24）
長官：山縣伊三郎
（T9. 5. 24～T11. 9. 8）
長官：伊集院彦吉
（T11. 9. 8～T12. 9. 26）

関東軍
司令官：立花小一郎中将
（T8. 4. 12～T10. 1. 6）
司令官：河合操中将
（T10. 1. 6～T11. 5. 10）
司令官：尾野実信大将
（T11. 5. 10～T 1 2. 10. 10）

南満州鉄道株式会社
総裁：中村雄次郎
（T3. 7. 15～T6. 7. 31）
理事長：国沢新兵衛
（T6. 7. 31～T8. 4. 12）
社長：野村龍太郎
（T8. 4. 12～T10. 5. 31）

在中国公使館
公使：林権助大使
（T5. 8. 14～T7. 12. 5）
臨時代理公使：芳沢謙吉
（T7. 12. 5～同12. 22）
公使：小幡酉吉
（T7. 12. 22～T12. 4. 26）
臨時代理公使：吉田伊三郎
（T12. 4. 26～同7. 16）
公使：芳沢謙吉
（T12. 7. 16～S4. 8. 20）

在天津総領事館
領事：松平恒雄
（T3. 8. 22～T7. 5. 13）
総領事：沼野安太郎
（T7. 5. 13～T8. 2. 11）
総領事代理：亀井貫一郎官補
（T8. 2. 11～T8. 6. 13）
総領事：**舩津辰一郎**
（T8. 6. 13～T10. 12. 6）
総領事代理：**八木元八**領事
（T10. 12. 6～T11. 4. 7）
総領事：**吉田茂**
（T11. 5. 4～T14. 5. 30）

在英国大使館
大使：珍田捨巳
（T5. 7. 20～T9. 8. 21）
大使：林権助
（T9. 9. 4～T14. 8. 1）

在米国大使館
大使：佐藤愛麿
（T5. 10. 9～T7. 1. 11）
臨時代理大使：田中都吉
（T7. 1. 11～同4. 26）

在斉々哈爾領事館
領事：二瓶兵二
（T5. 2. 17～T7. 3. 10）
事務代理：小柳雪生通訳生
（T7. 3. 10～同6. 21）
領事代理：古沢幸吉副領事
（T7. 6. 21～同12. 22）
事務代理：田中作通訳生
（T7. 12. 22～T8. 3. 13）
事務代理：山崎誠一郎書記生
（T8. 3. 13～T12. 10. 29）

在満州里領事館
領事代理：田中文一郎副領事
（T11. 6. 17～T14. 4. 4）

在哈爾濱総領事館
総領事：佐藤尚武
（T3. 12. 7～T8. 9. 16）
総領事代理：佐々木静吾領事
（T8. 9. 16～T9. 1. 22）
総領事：松島肇
（T9. 1. 22～T10. 6. 14）
総領事：山内四郎
（T10. 6. 14～T14. 2. 14）

在長春領事館
領事：山内四郎
（T3. 10. 21～T8. 1. 8）
領事：森田寛蔵（吉林兼任）
（T8. 2. 2～同8. 1）
領事：村上義温
（T8. 8. 1～T10. 2. 6）
領事：**山崎平吉**
（T10. 2. 6～同5. 6）
領事代理：**糟谷廉二**副領事
（T10. 5. 6～T12. 3. 6）

農安分館
主任：**坂東末三**副領事
（T7. 6. 30～同10. 21）
主任：田中正一書記生
（T7. 10. 21～T8. 11. 8）
主任：肥田好孝書記生
（T9. 2. 14～T10. 7. 14）
主任：**中野高一**書記生
（T10. 7. 14～T12. 1. 9）

在間島総領事館
総領事代理：鈴木要太郎領事
（T3. 8. 15～T8. 9. 12）
総領事代理：**堺与三吉**領事
（T8. 9. 30～T10. 12. 26）
総領事：**堺与三吉**
（T10. 12. 26～T11. 8. 20）
総領事：鈴木要太郎
（T11. 8. 20～S4. 4. 19）

局子街分館
主任：川南省一書記生
（T8. 2. 23～T10. 9. 22）

頭道溝分館
主任：諏訪光瓊副領事
（T8. 6. 30～T11. 12. 23）
主任：毛利此吉書記生
（T11. 12. 23～S5. 6. 30）

琿春分館
主任：岩越美高書記生
（T6. 5. 11～同12. 1）
主任：杉野鋒太郎副領事
（T6. 12. 1～T7. 6. 7）
主任：**秋洲郁三郎**副領事
（T7. 6. 7～T10. 10. 20）
主任：佐藤今朝蔵副領事
（T10. 10. 20～T13. 5. 11）

百草溝分館
主任：吉井秀男通訳生
（T11. 10. 3～T12. 2. 3）

在吉林領事館
領事代理：**深沢暹**副領事
（T5. 11. 15～T6. 12. 24）
領事：**深沢暹**

内　閣
首相：寺内正毅
（T5. 10. 9～T7. 9. 29）
首相：原敬
（T7. 9. 29～T10. 11. 4）
首相兼任：内田外相
（T10. 11. 4～同11. 13）
首相：高橋是清
（T10. 11. 13～T11. 6. 12）
首相：加藤友三郎
（T11. 6. 12～T12. 9. 2）

外　務　省
外相：本野一郎
（T5. 11. 21～T7. 4. 23）
外相：後藤新平
（T7. 4. 23～同9. 29）
外相：内田康哉
（T7. 9. 29～T12. 9. 2）

外務次官：幣原喜重郎
（T4. 10. 29～T8. 9. 11）
次官：埴原正直
（T8. 9. 11～T11. 12. 23）
次官：田中都吉
（T11. 12. 23～T 1 2. 9. 26）

政務局長：小幡酉吉
（T5. 11. 30～T7. 10. 29）
局長：埴原正直
（T7. 10. 29～T8. 9. 11）
局長：芳沢謙吉
（T8. 9. 11～T9. 10. 23）
【T9. 10. 22、政務局を亜細亜局と欧米局に分離】

政務局第１課
課長：小村欣一
（T3. 8. 6～T8. 12. 26）

社長：早川千吉郎
(T10. 5. 31～T11. 10. 24)
社長：川村竹治
(T11. 10. 24～T13. 6. 22)

大使：石井菊次郎
(T7. 4. 26～T8. 6. 12)
大使：幣原喜重郎
(T8. 11. 1～T11. 3. 27)
臨時代理大使：佐分利貞男
(T11. 3. 27～T12. 2. 18)
大使：埴原正直
(T12. 2. 18～T13. 7. 11)

在露国大使館
大使：丸尾直利
(T5. 2. 7～T6. 2. 11)
大使：内田康哉
(T6. 2. 11～T7. 2. 27)
【露国革命のため引揚】
(T7. 2. 27～T14. 3. 23)

在鄭家屯領事館
領事：岩村成允
(T7. 6. 14～T8. 7. 1)
領事代理：池部政次副領事
(T8. 7. 1～T9. 5. 31)
領事：池部政次
(T9. 5. 31～T11. 6. 21)
事務代理：月川左門書記生
(T11. 6. 21～同11. 21)
領事：**吉原大蔵**
(T11. 11. 17～T14. 2. 1)

鄭家屯分館
主任：岩村成允領事
(T5. 7. 15～T7. 6. 14)
【T7. 6. 14、領事館昇格】

在鉄嶺領事館
領事：酒匂秀一
(T5. 12. 26～T7. 9. 23)
領事：小倉鐸二
(T7. 9. 23～T9. 12. 28)
事務代理：根津芳造書記生
(T9. 12. 28～T10. 10. 3)
領事代理：岩村成允副領事
(T10. 10. 3～T13. 9. 17)

海龍分館
主任：芝崎路可書記生
(T7. 8. 25～T9. 2. 28)
主任：高井末彦書記生
(T9. 2. 28～同11. 4)
主任：**浅山龍二**書記生
(T9. 11. 4～T10. 9. 22)
主任：**浅山龍二**副領事
(T10. 9. 22～T12. 2. 28)

掏鹿分館
主任：**富田安兵衛**書記生
(T7. 8. 21～T8. 7. 11)
主任：近藤信一書記生
(T8. 7. 11～T9. 11. 29)
主任：松村雄蔵副領事
(T9. 12. 3～T10. 2. 17)
主任：遠山峻書記生
(T10. 2. 17～T11. 4. 18)
主任：望月純一郎書記生
(T11. 7. 23～S2. 1. 12)

(T6. 12. 24～T7. 10. 18)
領事：森田寛蔵
(T7. 10. 18～T8. 5. 31)
【T8. 5. 31、総領事館昇格】

在吉林総領事館
総領事代理：森田寛蔵領事
(T8. 5. 31～T11. 10. 12)
総領事：**堺与三吉**
(T11. 10. 12～T12. 3. 1)
総領事代理：**深沢暹**領事
(T12. 3. 1～T14. 2. 27)

通化分館
【T10. 4. 1、安東より移管】
主任：本田選書記生
(T10. 4. 1～T11. 11. 14)
主任：猪股富士雄書記生
(T11. 11. 14～T12. 6. 22)

在奉天総領事：赤塚正助 (T6. 1. 9～T12. 7. 17)
総領事代理：市川信也副領事 (T12. 7. 17～T12. 8. 15)

新民屯分館
主任：**竹内広彰**書記生

課長：木村鋭市
(T8. 10. 23～T9. 10. 22)

亜細亜局長：芳沢謙吉
(T9. 10. 22～T12. 5. 31)
局長：出淵勝次
(T12. 5. 31～T13. 12. 18)

亜細亜局第1課
課長：木村鋭市
(T9. 10. 22～T12. 4. 11)
課長：栗野昇太郎
(T12. 4. 11～T13. 5. 7)

亜細亜局第2課
課長：岡部長景
(T9. 10. 22～T12. 6. 11)
課長：栗野昇太郎（兼）
(T12. 6. 11～T13. 5. 7)

亜細亜局第3課
課長：木村鋭市
(T9. 10. 22～T10. 10. 11)
課長：川越茂
(T10. 10. 11～T12. 4. 27)
課長：坪上貞二
(T12. 4. 27～T13. 12. 23)

通商局長：中村巍
(T5. 10. 13～T7. 6. 29)
局長：埴原正直
(T7. 6. 29～同10. 29)
局長：田中都吉
(T7. 10. 29～T10. 10. 12)
局長：古谷重綱
(T10. 10. 12～T11. 7. 1)
局長：永井松三
(T11. 7. 1～T13. 5. 7)

(T3. 8. 1～T9. 4. 17)
主任：**竹内広彰**副領事
(T9. 7. 18～T12. 1. 6)
主任：遠山峻書記生
(T12. 1. 6～T14. 12. 26)

在牛荘領事館
領事代理：三宅哲一郎官補
(T4. 10. 9～T7. 9. 24)
領事：酒匂秀一
(T7. 9. 24～T9. 9. 13)
領事：清水八百一
(T9. 11. 9～T12. 11. 25)

在赤峰領事館
領事代理：北条太洋副領事
(T6. 2. 27～同12. 24)
領事：北条太洋
(T6. 12. 24～T11. 12. 14)
事務代理：北村国太郎書記生
(T11. 12. 14～T12. 5. 26)
領事：平塚晴俊
(T12. 5. 26～T14. 4. 19)

在遼陽領事館
事務代理：古谷栄一書記生
(T5. 8. 10～T6. 5. 8)
領事：入江正太郎
(T7. 9. 14～T8. 12. 27)
領事代理：木島仙蔵副領事
(T9. 1. 16～T12. 1. 22)
事務代理：**八ヶ代義則**書記生
(T12. 1. 22～同3. 1)

在安東領事館
領事代理：**田村幸策**官補
(T5. 11. 14～T6. 6. 30)
領事：森安三郎
(T6. 6. 30～T8. 7. 16)
領事代理：**永井清**官補
(T8. 7. 16～同12. 27)
領事：入江正太郎
(T8. 12. 27～T10. 11. 16)
領事：富田義詮
(T10. 11. 16～T12. 10. 8)

通化分館
主任：市川季作書記生
(T6. 2. 28～T7. 6. 28)
主任：市川季作副領事
(T7. 6. 28～T8. 7. 18)
主任：山瀬悟一書記生
(T8. 7. 18～T9. 9. 21)
主任：本田選書記生
(T9. 9. 21～T10. 4. 1)
【T10. 4. 1、奉天に移管】

通商局第1課
課長：広田弘毅
(T3. 6. 26～T7. 6. 28)
課長：松島肇
(T7. 6. 28～同12. 6)
課長：齋藤良衛
(T7. 12. 6～T9. 9. 20)
課長：酒匂秀一
(T9. 9. 20～T10. 7. 1)
【T10. 7. 1、通商局再編、満洲経済は亜細亜局へ移管】

【T8. 7. 2、条約局設置】
条約局長：松田道一
(T8. 7. 2～T9. 9. 25)
局長：山川端夫
(T9. 9. 25～T14. 8. 20)

注：ゴシックの氏名は在奉天総領事館在勤経験者（将来の在勤者も含む）

第七章　船津辰一郎総領事

一、問題の所在

在奉天総領事船津辰一郎は大正一二年八月一五日に奉天に着任し、市川信也総領事代理より事務の引き継ぎを受け、大正一四年九月二五日、内山清領事に事務を引き継ぎ離任するまで、第六代総領事として二年一カ月にわたって奉天に在勤した。

船津は前任総領事がいずれも東京帝国大学法科大学卒業の外交官領事官試験合格者であったのとは異なり、外務省留学生試験合格の中国語専門官として高い中国語能力を駆使して在華公館に在勤、香港、南京、天津および上海の各公館長を歴任し、加藤友三郎内閣内田康哉外相により在奉天総領事に抜擢された。

日露戦争開戦後、大石橋の戦いで露国軍を打ち破った満州派遣軍第二軍奥保鞏司令官は、営口（牛荘港）を占領した後、明治三七年七月二五日、軍政委員与倉喜平陸軍少佐に軍政の施行を命じた。日露戦争開戦により在牛荘瀬川浅之進領事が日本に退避し、在牛荘領事館は閉鎖されており、外務省は軍政の開始にともなってこれを早急に再開するため、とりあえず在天津伊集院彦吉総領事を八月二日から六日まで在牛荘領事に兼任、営口に出張駐在させた。第一次桂太郎内閣小村寿太郎外相は、それに先立って、七月二八日、船津を書記生に任じ、在牛荘領事館在勤を命じた。翌日、船津は牛荘に赴任し、また八月六日には瀬川領事も牛荘に帰任して伊集院総領事と交代した。

船津は瀬川領事の下で翌明治三八年九月まで牛荘に在勤したが、船津の中国語能力を高く評価した瀬川は、船津の副領事への昇進を小村外相に進言したこともあり、明治三八年一一月、船津は小村外相の清国出張に通訳として同行し、日清満州善後条約締結交渉に携わる機会を得て、日露戦争後の日本の満州権益について熟知することになった。

また日露戦争後の南満州各地の占領行政は関東総督府軍政署が担っており、萩原守一が、明治三九年五月、奉天への出張途次、営口では軍政官が邦人の居住や営業に対する許諾の権限をもち、邦人取締りのための罰則を設けるなど軍政官の権限が必要以上に拡大されていると本省に報告したように、牛荘で領事よりも強大な権限を行使する軍政を間近に見ていた船津は、同年六月、満州の占領行政を民政に移管する陸軍現地当局者との協議のため、山座円次郎政務局長の奉天出張に同行を命じられ、総領事館開館直後の奉天で軍政署を廃止する作業に加わったのも、牛荘在勤の経験があったからであった。

大正一二年四月一二日、舩津は上海で奉天への転任を命じられたが、上海では日貨排斥運動が高揚し、舩津は奉天への転任発令後も、五月一一日から二八日まで東京に用務帰国したため奉天への赴任は遅れ、八月七日に上海を離任、奉天に赴任した。その時、舩津は五〇歳であった。

舩津は、明治六年九月九日、佐賀県杵島郡須古村に生まれ、明治二一年一二月に佐賀漢学塾鶴陰舎を卒業後、翌明治二二年二月に長崎市西濵町松延商店の徒弟となったが、同年一〇月、中国語習得のため北京に渡り、明治二三年一一月、在清国公使館写字生（今日のような複写機のない時代に毛筆で文書の複製を作成する係員、公使館現地職員ではあるが、外交官ではない）に採用された。しかし、大鳥圭介駐清国公使に能力を認められた舩津は、明治二六年五月に同公使が帰朝した際、また同年九月に同公使が駐韓国公使として京城に赴任した際に、従者（私的使用人）として同公使に随行した。

舩津は、京城に滞在中の明治二七年三月、第一回外務省留学生試験に合格、六月より外務省留学生として北京に滞在していたが、七月に日清戦争が勃発したため、一〇月に帰朝した。日清戦争中、同年一二月から船津は大本営付き通訳官として旅順民政署に勤務、日清戦争終了後、明治二八年七月に外務省に復帰、明治二九年二月に在芝罘領事館書記生、明治三〇年五月に在上海総領事館に転任、外交官生活の大半を中国で勤務することになるが、明治三二年九月に在シカゴ領事館、明治三四年一月に在ニュー・ヨーク総領事館に転任、明治三六年一二月に帰国するまでの計四年三カ月にわたって米国在勤も経験した。

船津は、米国より帰国後、明治三七年七月に在牛荘領事館書記生、明治三八年九月に帰国後、翌明治三九年五月に副領事に昇進、同年一二月に在上海総領事館南京分館主任を拝命、明治四〇年九月に同分館が在南京領事館に格上げされた後は領事代理、明治四一年六月に在香港領事館に転任、着任直後に領事に昇進した。明治四二年一〇月、同領事館が総領事館に格上げされた後、明治四五年二月まで総領事代理、明治四五年五月に再び在南京領事館に在勤、南京で辛亥革命を経験した。その後、大正三年八月に在華公使館三等書記官、翌大正四年一二月に二等書記官、さらに大正七年六月に一等書記官に昇進した。

船津は、大正八年六月に北京で在天津総領事を拝命し、在天津総領事時代に安直戦争、さらに大正一〇年一二月に在上海総領事に転任し、在上海総領事時代に第一次奉直戦争とその後の中国の軍閥間の対立抗争を目のあたりにした。辛亥革命以後、北京の直隷派政権と広東の国民党政権との間の南北間対立と安直戦争、第一次奉直戦争およびその後の中国各地の軍閥間の抗争を、船津は一〇年以上にわたって南京、北京、天津および上海の中国現地で見守っていた。

一方、大正一一年二月、ワシントン会議において列強諸国が中国の門戸開放三原則に合意し、東アジアおよび太平洋における新たな国際協調体制を構築し、中国の関税に関する条約が成立したが、中国では軍閥間の抗争による混乱が続き、中国の政治的経済的自立を目指した関税自主権や治外法権については何ら改善されずにいた。加えて大正六年の露国革命で新たに共産主義ソ連が誕生し、共産主義の脅威が日ソ間に新たな緊張関係を生み出し、日露協約による日露戦争後の満州をめぐる均衡は崩れ、満州北部にはこれまでにない緊張が生まれていた。

このため日本は満州経営の強化に迫られたが、そのために不可欠な満鉄培養線の建設は、大正二年一〇月の満蒙五鉄道協約によって敷設権を獲得した四洮鉄道（四平街・鄭家屯・洮南間および鄭家屯・通遼間）を除いて全く進展せず、四洮鉄道も大正七年一月に四平街・鄭家屯間（四鄭線）が開通したのに続いて、大正一一年一月に鄭家屯・通遼間（鄭通線）も開通したが、鄭家屯・洮南間（鄭洮線）はようやく大正一一年五月に着工、翌年七月、船津の奉天着任直前に開通したばかりであった。四洮鉄道は完成したものの、満蒙五鉄道協約によって獲得した開原・海龍間、海龍・吉林間などの満鉄培養線は、大正七年の満蒙四鉄道協約によって日本の敷設権が再確認されたものの、建設の見込みは全くたっていなかった。

このように中国の軍閥間の対立抗争が続く一方、第一次世界大戦後のワシントン体制下で欧米諸国との対中国協調政策が進展し、ソ連誕生に起因する満州北部の緊張が高まる中で、船津は奉天に着任した。

二、在満統治問題（在奉天総領事館の館内体制の強化）

船津が総領事の時代に船津を補佐し、船津が不在となる時には総領事代理を務める次席は、船津の着任時は市川信也副領事であったが、船津の着任直後、大正一二年九月に内山清領事が着任し、内山が館務総括を担う次席に指名された。

内山は、明治四〇年九月、在上海総領事館南京分館が在南京領事館に昇格した際、領事代理として館長を務めていた船津の下に書記生として配置された旧知の関係があった。船津が在奉天総領事に内定した際、船津は本省人事課に在奉天総領事館の次席として内山の配置を要請し、人事課もそれに応えたのであろう。内山の着任により在奉天総領事館の次席には、落合謙太郎総領事時代以来、再び領事を得た。内山は、大正一四年九月二五日の船津離任後、同一〇月二二日に吉田茂総領事が着任するまで総領事代理を務めた。

一方、書記生および通訳生では、船津の着任時には赤塚総領事時代から勤務していた大崎文雄、坂内彌代記、後藤祿郎、野原英麿、浜田源太、小沢元の書記生六名と木内忠雄、江口竹虎の通訳生二名の計八名が在勤していた。船津の着任後、渡辺新一、阿南正生、安藤菊太郎各書記生と折笠義光通訳生が着任し、一方で大崎、野原、浜田各書記生と江口通訳生が離任した。大正一四年九月の船津の離任時には、坂内、後藤、安藤、阿南、小沢、渡辺各書記生六名と木内、折笠各通訳生二名の計八名が在勤していた。

船津総領事時代の書記生、通訳生の数は赤塚総領事時代から増えていないが、次席に領事が配置され、在奉天総領事館の館内体制は赤塚時代より強化されたほか、新たに司法領事と司法事務担当書記生各一名が増員される。

船津の奉天着任直前の大正一二年八月八日、勅令第三八六号により裁判所判事もしくは検事の司法領事への任用が認められ、奉天、上海、青島、天津の各総領事館に司法領事四名が配置されることとなり、大正一三年一月、在奉天総領事館には大阪地裁から三田勝判事が着任した。三田は大正五年、東京帝国大学法科大学法律学科独法科を卒業後、判事検事登用試験に合格、大正七年から大阪地裁判事を務めていた。内山と三田の職階は同じ領事であったが、官吏としての席次は三田の方が内山より上席であった。通常、次席は公館長に次いで館内席次の上位者が指名されるが、裁判官出身の三田が次席の職責を担うことはなく、内山が次席に指名された。三田は大正一五年一〇月まで奉天に在勤する。

また同日付け勅令第三八七号により、裁判所書記の中から在外公館の司法事務を担当する書記生八名の任用が認められた。同八名は司法領事が配置された四総領事館の他、漢口、間島の各総領事館および安東、厦門の各領事館に配置された。在奉天総領事館には三田が着任する前年大正一二年一二月に大阪地裁小林舜二書記が着任、昭和七年一〇月に在上海総領事館に異動するまで一〇年以上にわたって奉天に在勤する。

このように司法領事および司法書記生の増員により、在奉天総領事館の領事裁判業務の負担は軽減されたが、それでも司法事務の煩雑さに船津は悩ませられ、大正一四年二月二六日、幣原外相に検察事務取扱い簡便化のため検察事務担当官の増員を稟請したが、本省の承認は得られず、領事警察警部を検事代理とするよう指示を受けるに留まった。

また奉天以外の在満公館には司法領事が配置されなかったため、奉天以外の各領事館の領事裁判支援は在奉天総領事館の課題とされた。各館の司法事務の負担軽減を図るため、本省では満州の領事裁判を奉天に一元化することも検討したが、経費の削減には繋がらず、裁判のためには奉天まで出向かなければならない在留邦人にはかえって不便になりかねず、満州の領事裁判を奉天に一元化することにはならなかった。在満公館の中で唯一司法領事の配置を受けた在奉天総領事館としては、在満公館の領事裁判をどのように支援するのか、引き続き課題として抱えることになった。

ところで朝鮮人副領事楊在河は、大正一四年三月、米国ハワイ州の在米朝鮮人の把握と支援のため、在ホノルル総領事館に異動した。船津は、将来的な朝鮮人領事の育成に鑑みれば、朝鮮人副領事をただ在満公館に配置するだけでなく、広く世界を見聞させることも必要と考え、楊に北米への転勤を慫慂した。しかし、楊は在ホノルル総領事館在勤後に外務省を退職し、船津が期待したような将来的な朝鮮人領事の育成には繋がらなかった。他方、在奉天総領事館の朝鮮人副領事の定員は一名であったため、船津の在任中に楊の後任の朝鮮人副領事が奉天に配置されることはなかった。

しかし、大正一三年一月一一日、在長春西春彦領事が意見具申したように、朝鮮人による水田耕作が増え、中国人農民の圧迫を受ける朝鮮人農民の中には、反日朝鮮人武装団に保護を求める者もおり、これをこのまま放置すれば、在満朝鮮人農民の間に朝鮮独立支持者が増えることも懸念され、朝鮮人保護が急務との認識が在満公館の中に浸透した。特に大正一二年に司法領事制度が導入された背景には、在満邦人および朝鮮人の増加と日満経済の緊密化に加え、大正四年五月の南満州および東部内蒙古に関する条約が成立して以来、在満朝鮮人の法的地位が曖昧になり、朝鮮人の条約上の権利を守り、特に領事館から遠隔地に居住する朝鮮人保護のために領事館の増設が必要と考えられたが、未開放地における領事館の新設には中国側の反対も強く、船津は朝鮮人の保護、支援に苦慮していた。

船津の奉天在勤中に満州で新たに開設された領事館はなかったが、大正一三年一二月、船津は、在満朝鮮人保護のため、鴨緑江上流の朝鮮半島との国境臨江に在奉天総領事館分館の開設を稟請した。翌大正一四年二月、本省は臨江分館の開設を承認するが、臨江分館は吉田茂総領事時代に在安東領事館帽児山分館開設問題として日中間の紛議となる。

三、満州政況問題

(一) 第二次奉直戦争

第一次奉直戦争で直隷派に敗北した張作霖は奉天で再起の機会をうかがっていたが、北京では直隷派内の曹錕と呉佩孚の対立が深まり、大正一二年六月一三日、曹錕と呉佩孚のいずれとも組することができなかった黎元洪大総統は大総統職を追われた。上海を離任する直前に同大総統辞任の知らせを聞いた船津は、後任の大総統選挙への張作霖の対応に関心をもって奉天に赴任した。一〇月一日、張作霖は船津に大総統選挙の実施に反対の意見を述べたが、五日、大総統には曹錕が選出された。

第二次山本権兵衛内閣伊集院彦吉外相は、再起を目指す張作霖の心情を慮れば、曹錕の大総統就任に反対の張作霖が、直隷派に対して何らかの軍事行動を起こすことを警戒し、五日、船津に第二次奉直戦争の勃発は日本として傍観できず、直隷派への軍事行動は張作霖のためにもならないことを申し入れるよう命じた。船津は、翌六日、張作霖を訪ね、伊集院外相の勧告を伝えたところ、張作霖は大総統選挙は多額の買収工作の結果であって、曹錕の失脚は時間の問題として、張作霖には軍事行動を起こす意思のないことを強調したが、これからは曹錕による張作霖への圧迫が強まる可能性も高く、それに備えて戦闘準備は怠れず、安徽派浙江督軍盧永祥が直隷派江蘇都督斉燮元から攻撃されるような場合には、盧永祥を支援せざるを得ない立場を明らかにした。

翌大正一三年八月二二日、張作霖は船津に斉燮元の盧永祥への圧力が強まっており、奉天軍では斉燮元への対応策を協議しているが、曹錕大総統に直隷派が盧永祥を攻撃する場合には張作霖は軍事行動にでざるを得ないと通報したため、曹錕は斉燮元に盧永祥との軍事衝突を引き起こすことがないよう注意を喚起し、また張作霖も盧永祥に衝突回避を促しており、今後、直隷派からの圧迫がさらに強まらない限り、衝突は起こらないとの見通しを述べたが、九月一日、盧永祥と斉燮元との間で江浙戦争が勃発した。

九月四日、船津は幣原外相に、張作霖が盧永祥に呼応して第二次奉直戦争を起こすことは避けられないが、日本は張作霖の参戦を抑止するよりは、安直戦争により政治の表舞台から消えた安徽派段祺瑞の再起を促し、第二次奉直戦争に張作霖が勝利しても、直隷派が壊滅することがないように日本が奉直両派の調停役になることを献策した。船津は、関東軍だけでは在留邦人の保護が困難な状況の中で張作霖が敗北し、直隷軍が奉天軍を追撃して満州に進攻することは何としても防がなければならず、他方、奉天軍の一方的な勝利は張作霖の満州での政治的影響力の拡大にも繋がりかねないことを懸念し、奉天派と直隷派との政治的均衡の維持を図ることの必要性を強調した。

段祺瑞は西原借款を受けた際の国務総理として日本の支持を得ていたが、安直戦争に敗れて天津日本租界に隠遁した時の在天津総領事は船津であった。船津が旧知の段祺瑞を再び政治の表舞台に押し出そうとしたのは、直隷派と奉天派の間に立つ安徽派の役割に期待したからである。このため段祺瑞は、第二次奉直戦争後、張作霖および馮玉祥など奉直両派の支持を得て臨時大総統に就任する。

九月七日、張作霖は奉天駐在の日・英・米・独各国総領事を招き、直隷派は、安徽派盧永祥だけでなく、山海関方面にも出兵して張作霖への圧力を強めており、張作霖としては自衛のため直隷派との開戦は避けられないと述べた。張作霖は国民党孫文とも連絡し、九月一五日、朝暘において直隷軍四個大隊と衝突、これを打ち破って山海関に向けて進撃したが、山海関をめぐる攻防は一進一退と化した。奉天市民には第一次奉直戦争で張作霖が敗北した記憶が新しく、第二次奉直戦争勃発に際して張作霖の敗退を予想する向きも少なくなく、戦況が硬直化すればするほど奉天軍敗北の悲観論が大勢を占めた。

九月二三日、船津は幣原外相に張作霖の敗北を想定し、改めて奉直両派に日本から和平を勧告するよう意見具申した。船津にも戦局の予見は困難であったが、他の列強に比べて大きな在満権益を維持する日本の勧告が、自らの権益維持のためと受け止められないように、朝暘において奉天軍が勝利したような機会を捉えて、形勢が奉天軍に少しでも有利な状況の間にこの勧告を発出することが必要と述べ、奉天軍の敗退によって在満権益が直隷軍の攻撃にさらされる事態が出来することを強く警戒した。同日、張作霖は船津に山海関より赤峰や熱河をまず攻略し、背後より山海関を攻撃する戦術を明らかにし、赤峰や熱河を占領した後はあえて関内には進攻せず、持久戦に持ち込みたいとも述べた。一〇月九日、奉天軍は赤峰を占領したが、山海関をめぐる戦況は熾烈を極めていた。

山海関をめぐる攻防は奉天軍、直隷軍のいずれがこれを占領するかの見通しも立たず、一〇月一一日、幣原外相は船津からの意見具申に応え、船津には張作霖、また芳沢謙吉駐華公使には直隷派に日本の在満権益の保全を強く申し入れるよう命じた。一三日、船津が張作霖にこれを伝えた際、張作霖は奉天軍第二軍李景林司令官を馮玉祥に接触させており、馮が近く直隷軍から離反するため、同日、張作霖から馮玉祥に軍費を送金したことを明らかにした。馮玉祥の直隷軍離反の噂は、船津はすでに九月二九日にも奉天駐在英国総領事から耳にしており、また一〇月初めにも大倉組筋より内報を受けていたが、馮玉祥の直隷軍離反に関する張作霖の工作がここに明らかにされた。

一方、直隷軍では、一〇月九日、呉佩孚が曹錕大総統から討逆軍総司令に任命され、一一日には呉佩孚が山海関まで出向いて作戦を指揮したが、戦況を好転させることはできず、また二三日、直隷軍内部で呉佩孚と対立関係にあった馮玉祥が北京でクーデターを起こし、曹錕大総統を軟禁したため直隷派は総崩れとなり、第二次奉直戦争は張作霖の勝利に終わった。第二次奉直戦争の結果、船津が懸念したような在留邦人への惨禍が起こることはなかったが、船津は中国政情での張作霖の発言力が増し、日本の満州権益に対する張作霖の圧力が強まることを警戒しなければならなくなった。

一〇月二三日、張作霖は船津に中国の新たな中央政府を連邦制とするか、中央集権制とするかを研究中と述べたが、船津は、事実上、北京政府から独立している東三省が改めて中央政府の隷下に入ることは財政的不利益を被りかねず、張作霖は新体制における東三省のあるべき姿を熟慮していると幣原外相に報告した。しかし一〇月三〇日、楊宇霆奉天軍総参謀長は船津に大勢は段祺瑞に臨時大総統を推戴する方向であり、近々、張作霖は盧永祥とともに北京に向かうと述べた。一一月二四日、段祺瑞は張作霖と馮玉祥の支持を受けて大総統に代わる臨時執政に就任したが、政治および軍事の実権は張作霖と馮玉祥が握っており、段祺瑞の危うい立場には変わりなく、船津にも段祺瑞が張作霖や馮玉祥などの軍閥を抑えて政情を安定させることは不可能のように見えた。

大正一四年一月、楊宇霆総参謀長筋は内山総領事代理に、北京では奉天軍李景林と直隷軍孫岳との間の対立も収まって、当面の危機は回避され、盧永祥も南京に帰ったため張作霖も北京から奉天に帰還、二月に段祺瑞が招集する善後会議に張作霖は出席せず、代理を出席させる模様と述べた。内山は幣原外相に、張作霖は段祺瑞政権が安徽派安福倶楽部の傀儡となって期待したような政権ではなくなったことを悲観し、今後、北京で政変が起こることを警戒し、奉天に帰って兵員の補充、武器弾薬の補給など奉天軍の陣容立て直しが急務と考えたと報告した。

善後会議は同年二月一日から段祺瑞が臨時大総統として主宰したが、政権の実権は張作霖と馮玉祥が握っていた。三月一二日に孫文が療養中の北京で病没した後、国民党では上海で発生した五・三〇事件を契機に汪兆銘が広東国民政府を樹立し、翌大正一五年七月には蔣介石が国民革命軍を組織し、汪兆銘と蔣介石との対立が顕著になる。また張作霖と馮玉祥との間にも対立が生まれ、馮玉祥は奉天軍閥内で張作霖に不満を持つ郭松齢と連携する。舩津は同年九月に奉天を離任するが、第二次奉直戦争によっても中国の内乱は収まらず、舩津は引き続き政治的変動の気配を感じていた。

(二) 奉ソ協定と東支鉄道問題

大正八年七月二五日、日・米・英・仏四国によるシベリア鉄道、東支鉄道の国際管理が始まった後、カラハン外務人民委員代理が第一次宣言で、帝政露国が清国と締結した北京条約などの不平等条約の無条件撤廃を表明、東支鉄道の権益放棄の意思を示したが、翌大正九年九月二七日の第二次宣言ではこれに言及しなかったため方針の転換が窺われた。

張作霖は、大正一二年八月二一日、船津の奉天着任表敬の答礼として総領事館に船津を訪ねた際、北京の直隷派政権がカラハン公使の早期着任を求め、カラハン公使とソ連に東支鉄道の経営を認める協定を締結するのではないかとの警戒心を示し、張作霖は北京政府の機先を制してカラハンと何らかの協定を締結したいと述べた。船津は、張作霖が奉天着任後の最初の船津との会談で東支鉄道利権の回収に並々ならぬ意欲を示し、さらに東支鉄道利権問題について日本の考え方を求めたことに注目した。

翌大正一三年五月三一日、北京政府顧維鈞外交総長とカラハン公使の間で中ソ協定が成立、中ソ国交樹立が実現した。同協定はソ連が帝政露国時代の不平等条約撤廃に同意しつつも、ソ連の東支鉄道管理運営権の継承を再確認した。これは同鉄道の回収を目論む張作霖には同鉄道が露国時代の旧状に復帰したことを確認したに過ぎず、全く不満であった。六月三日、張作霖は船津に中ソ協定の詳細はまだ北京から何も伝えられていないが、張作霖が承認しない限り同協定が実際に効力を発することはなく、東支鉄道の現状は何も変わらないと述べた。六月一七日、奉天省議会は、大正一一年五月一日以来、東三省は独立した自治政府であり、東三省は北京政府の締結した同協定を承認しないと宣言した。

六月八日、清浦圭吾内閣松井慶四郎外相は船津に、東支鉄道回収の影響は満鉄にとっても同じであるが、中ソ協定が日本の満州権益におよぼす影響は少ないと伝えた。松井外相は船津に実際に東支鉄道は張作霖の勢力圏にあり、張作霖が承認しない限り同鉄道に何らかの変更を加えることは困難であるが、張作霖がいたずらに北京政府と対立することはソ連に漁夫の利を与えかねず、北京政府との妥協を促すことを求めるよう指示した。

しかし、張作霖の中ソ協定への反発は強く、張作霖を説得するため六月一九日には顧維鈞外交総長が王廷璋交際司長を奉天に派遣したほか、カラハン公使も使者を奉天に派遣して中ソ協定の細目協定の締結を促したが、張作霖は納得しなかった。船津には張作霖は中ソ協定の成立を妨害するつもりはないものの、東三省に関する問題は東三省政府とソ連の交渉で決すべきものと考え、張作霖に何らかの具体的な要求があるわけではなく、張作霖の了解なく、北京政府とソ連の間で東支鉄道の取扱いを決定したことが、張作霖の面子を損ねたにすぎないことも見抜いていた。

船津は張作霖が中ソ協定に同意しない姿勢を強く貫くことにより、ソ連から有利な条件を引き出せると考えていると見て、東三省政府とソ連政府の間で張作霖の面子が保てるような合意が成立すれば、交渉は短期間に決着する可能性もあると考えた。両者の交渉は密かに進捗し、船津もその詳細を捕まえられなかったが、九月二二日、張作霖は奉天特務機関菊地武夫少将に奉ソ協定の成立を明らかにし、翌二三日、船津にも同協定の調印を通報した。張作霖は奉ソ協定と中ソ協定は内容的に大差なく、一般行政権、東支鉄道問題、松花江航行権問題では中ソ協定よりも有利な条件を獲得したが、同協定は大綱にすぎず、今後、細目交渉が開始されることも明らかにした。

翌大正一四年一月二〇日、北京においてカラハン公使と芳沢公使の間で日ソ基本条約が調印され、日ソ間の国交が樹立された。内山総領事代理は張作霖が満鉄を引き合いに東支鉄道の権益を有利に引き出そうとしているとの見通しを幣原外相に報告したが、細目交渉は中々始まらなかった。その理由は北京政府において奉ソ協定と中ソ協定の整理ができなかったためで、大正一四年三月になって北京政府が奉ソ協定を追認し、中ソ協定の付属取極めと位置づけ、細目として松花江航行権問題と東支鉄道問題を奉天で交渉することを容認した。三月二四日、奉天に来訪した王正廷前外交総長は、船津に奉ソ細目協定交渉の打ち合わせのために来訪したことを明らかにし、国境問題、東支鉄道問題など東三省に関係の深い問題が少なくなく、今後、奉天、哈爾濱において交渉が行われると述べた。

四月五日、高尚文東三省政府交渉署第二科長は、船津に松花江航行権問題、東支鉄道問題に

関わる細目交渉は、クラコヴェツキー奉天駐在ソ連総領事と東三省政府の間で協議されることを明らかにしたが、九日、イワノフ東支鉄道管理局長がいわゆる同局長示達第九四号を発令、東支鉄道会社従業員から白系露国人および中国人を排斥し、白系露国人には五月三一日までにソ連か中国の国籍を取得するよう求め、国籍が取得できなかった者は解雇する方針を明らかにしたため、東支鉄道経営理事会はソ連側理事と中国側理事が対立、奉ソ間の緊張が高まっていた。このため五月一〇日より開始されるはずの細目交渉も開始されず、船津の在任中に細目交渉は始まらなかった。

四、満州懸案問題（「三矢協定」問題）

船津の奉天着任前、大正一一年六月二八日、在間島総領事館頭道溝分館が焼き討ちされ（頭道溝事件）、さらに一一月には在間島総領事館本館が放火されるなど、反日朝鮮人武力集団による活動が活発化し、反日朝鮮人の取締りは船津にとっても大きな課題であった。特に間島地方を根拠地にしていた反日朝鮮人武力集団は、間島出兵により壊滅的打撃を受けたものの、豆満江上流から鴨緑江上流地方（東辺道）に活動拠点を移し、鴨緑江を越えて朝鮮半島側にも侵攻するようになったため、満州の反日朝鮮人の取締りは朝鮮総督府にとっても悩ましい問題であった。

船津も朝鮮総督府事務官を兼任（発令日不明）し、在満朝鮮人問題では朝鮮総督の指揮命令を受け、反日朝鮮人取締りには朝鮮派遣軍による掃討活動が必要と認識していたが、朝鮮派遣軍の鴨緑江を越えた満州での掃討活動には張作霖の反発も予想され、在奉天総領事としては朝鮮派遣軍の越境掃討には赤塚と同じように反対せざるを得なかった。大正一二年一一月、船津は京城で朝鮮総督府が開催した在満朝鮮関係領事官会議に出席、同会議には西澤義徴在安東領事など朝鮮総督府事務官に兼任の在満領事のほか、本省亜細亜局坪上貞二第三課長が出席した。坪上課長は朝鮮派遣軍の鴨緑江越境掃討活動の有用性は認めたが、法的観点から朝鮮総督府の要求には同意しなかった。

船津は翌大正一三年一月二五日に用務帰国を命じられ、二月二日に奉天を出発、同四日から一六日まで滞京、二二日に奉天に帰任した。一時帰国の目的は朝鮮総督府による越境掃討活動の法的問題で対立する外務省と朝鮮総督府に、直接、満州現地の実情を説明するためで、帰路の旅程が往路に比べて長いのは、帰路は京城に立ち寄り、朝鮮総督府に外務省の考え方を説明し、今後の対策について協議したためと考えられる。

船津が奉天に帰任した後、三月二九日、朝鮮総督府国友尚兼警務課長が奉天に来訪した。国友課長の奉天出張は、船津が用務帰国の帰路、朝鮮総督府で協議した際に決めたことであろう。

舩津は国友課長とともに王永江奉天省長を訪ね、国境地方の治安維持対策について協議したが、朝鮮派遣軍の越境に反対の奉天省政府が朝鮮総督府の要望に同意するはずもなく、結局、奉天省に居住する朝鮮人の武器所有を厳格に取締ることを合意したのみであった。しかし、このような取締りの強化は在満朝鮮人の実態からは大きくかけ離れ、四月一九日、奉天省長は朝鮮人による武器の所持を禁じる布告を公布したが、武器を取り上げられる朝鮮人の全てが反日武装集団に属していたわけでなく、自らの自衛のために武器を保持している一般朝鮮人をも一律に規制するものであった。

舩津の懸念はすぐに現実のものとなった。在奉天総領事館通化分館主任阿部又重郎書記生から、奉天省政府による朝鮮人家屋への家宅捜索は布告に則ったものではなく、取締りを受けた朝鮮人の反発が報告された。舩津は奉天省政府に朝鮮人の反発を受けないような取締り方法を求め、五月一七日、王省長に取締りは領事警察官の立ち会いの下に行うこと、総領事館が発行した武器所有許可書を提示した者は規制の対象としないこと、取締り対象地域は東辺道の国境地帯に限定することなどを申し入れた。

一方、朝鮮総督府では越境掃討作戦の実施を奉天省政府に認めさせたいとの方針は変わらず、五月一九日、鴨緑江上より満州側を視察していた齋藤実朝鮮総督に向けて満州側から発砲する事件が起こったため、朝鮮総督府は外務省に中国側責任者の処分などを要求するよう求めた。このため外務省も芳沢駐華公使に反日朝鮮人武装集団への取締りの強化を中国に要求するよう指示し、これを受けた奉天省政府は六月から七月にかけて東辺鎮守使湯玉麟を通化に派遣し、国境地帯で徹底的な反日朝鮮人武装集団を掃討したため、同武装集団の東辺道における根拠地は壊滅的な打撃を受けた。

しかし、その成果は従来の奉天省政府による規制強化にも効果があり、朝鮮総督府が期待するような越境掃討作戦の実施は必ずしも必要ないことを示すことになった。朝鮮総督府による越境掃討作戦実施の必要性が薄れたため、船津は同地域に居住する朝鮮人保護のため臨江に在奉天総領事館分館を設置することを検討した。同地域は在奉天総領事館通化分館領事管轄区域にあり、同分館は、大正一〇年四月、赤塚総領事時代に在安東領事館から在奉天総領事館に移管されていた。

船津は、臨江分館領事警察官に朝鮮総督府警察官が兼任されれば、実質的に朝鮮総督府警察官の満州側での取締り活動も可能になると考えた。同分館の開設は奉天省政府による取締りと朝鮮総督府による掃討作戦の矛盾を解決するものであり、船津は、大正一三年一二月二日、臨江分館の開設を本省に稟請し、五日、再び、用務帰国の命を受けて一七日に奉天を出発、二六日から翌大正一四年一月一六日まで東京で同分館開設の必要性を本省要路に訴えた。

船津は、その際は往路、帰路のいずれも京城の朝鮮総督府に立ち寄り、往路では臨江分館開設問題を中心に朝鮮総督府の意向を確認し、また帰路ではこれへの外務省の考え方を説明したものと思われる。しかし、分館開設に関する外務省の立場は明らかに消極的であった。領事館の新規開設とは異なり、分館開設は必ずしも中国側の同意を必要とするわけではなく、中国側は外国人未開放地に各国が領事館を開設することに反対し、領事館の新規開設に中国が中々同意しないという経緯があり、このため船津は在奉天総領事館の分館としての開設を念頭においていた。

船津は二月二日に奉天に帰任し、幣原外相は臨江分館の開設を認めたが、臨江分館には領事警察官のみを配置し、領事官の配置は困難とし、また朝鮮総督府警察官の同分館領事警察官への兼任も認めなかった。三月五日に在長春領事館農安分館主任富田安兵衛副領事の離任後、同分館が昭和一一年一月に閉鎖されるまで分館主任は配置されず、同分館領事警察警部が分館主任代理として領事業務を在長春領事館に取次ぐことになるが、このような状況のため臨江分館の開設は承認されたものの、領事官の駐在は人事上難しく、さらに兼任とはいえ分館主任代理に朝鮮総督府警察官警部を任用することまで、幣原外相は同意しなかった。船津の本省説得は失敗し、朝鮮総督府には不満の残る結果となった。

しかもこの間に、同年一月九日、朝鮮総督府警察は越境した反日朝鮮人武装集団の取締りに際して、奉天省警察との銃撃戦で中国側警官を射殺する事件を起こしたため、出淵勝次次官が、四月一二日、下岡忠治朝鮮総督府政務総監に朝鮮総督府警察官の越境を強く批判した。このため朝鮮総督府は、再び奉天省政府との協定により満州に勢力を展開する反日朝鮮人武装集団の取締り強化を求めざるをえなくなった。これは船津が同年一月に一時帰国した際の帰路、京城で朝鮮総督府関係者と協議した結果であろう。五月二六日、朝鮮総督府下岡政務総監、三矢宮松警備局長、国友警備課長が奉天に来訪、張作霖と会談後、船津の斡旋により、六月一一日、三矢と奉天省政府警務処長于珍が満州で活動する反日朝鮮人武装集団の取締りを奉天省政府に依嘱する「三矢協定」を締結した。

しかし、朝鮮総督府が公的に「三矢協定」の締結を明らかにしなかったため、船津もその内容について、また事実関係について幣原外相に報告していなかった。船津は同協定の主眼が朝鮮総督府による越境取締りを止めることにあり、日本に何らかの義務が発生するわけではなく、奉天省警察の取締りが再び行き過ぎることを警戒し、七月八日、国友警備課長と警務処長が取締りの対象区域は東辺道とした上で実施細則を定めた。

奉天省警察の取締りには在満朝鮮人から強い反発があったことに鑑みれば、反日朝鮮人武装集団の取締りを奉天省警察に委ねる「三矢協定」そのものが、在満朝鮮人に受け入れられるはずもなく、実施細則を定め、奉天省警察の取締り方法を規制したにせよ、在満朝鮮人には歓迎されなかった。また朝鮮総督府でも朝鮮総督府警察官の越境掃討を阻止することが協定の目的であったため、越境掃討作戦の実施を阻む「三矢協定」への不満は残り、「三矢協定」は朝鮮総督府からもまた在満朝鮮人からも歓迎されなかった。

五、むすび

大正一四年八月一七日、船津は五日後の二二日付けで帰朝が発令されるとの内示を受けた。後任者の名前すらなく、奉天着任以来まだ二年での帰朝発令はいささか唐突であったことは否めず、明らかに何らかの処分の結果であることは船津にも理解された。

前年大正一三年の天長節（八月三一日）で、船津は奉天在留邦人を前に「天長節詔勅」を読み上げたが、誤って前年大正一二年の天長節詔勅を読み上げるという失態を演じ、一一月一九日付けで「進退伺い」を提出しており、その直後に用務帰国を命じられたが、単なる誤認であったからそれが帰朝発令の処分に繋がったわけではない。

船津は帰朝を命じられた際に、出淵次官より、中国の治外法権撤廃に関する委員会日本政府委員随員となることを理由に告げられたが、それは表向きの理由であって、あわせて帰朝発令が「三矢協定」の締結に起因する処分であることが知らされたものと思われる。これに対して船津が不満を公にできなかったのは、在奉天総領事が「三矢協定」の締結を主導しながら、それについて本省に全く報告していなかったことがあった。同協定が朝鮮総督府と奉天省政府の警備取締りのための地方政府間の取決めであって、中央政府間の国際約束ではないものの、外務省が最も嫌う外務省外の組織が国際約束を取決めること、つまりは二重外交に在奉天総領事が加担したことへの責任が問われたといえる。

船津は、満州の反日朝鮮人武装集団への取締りにあたって、「三矢協定」が朝鮮総督府による越境掃討作戦の展開を抑え、あくまで奉天省政府に治安維持の責任があることを確認したにすぎない。在奉天総領事と朝鮮総督府事務官を兼任している船津は、朝鮮総督府の業務として「三矢協定」およびその実施細則を取決めたまでであったが、それが奉天省政府警務処長と朝鮮総督府警備局長の国際取決めであることに変わりなく、その締結に本省の許可を全く求めなかったことが更迭処分に繋がったものと考えられる。

このことは、昭和二年、臨江に在安東領事館帽児山分館を開設するにあたって、幣原外相が在安東岡田兼一領事を通じて分館主任に発令された田中作副領事に与えた注意の中で、本省は「三矢協定」を日中間の協定とは認めていないとの立場を明らかにし、「三矢協定」を根拠に現地中国当局と折衝することがないよう戒めていることに示されている。「三矢協定」は外務省においては存在すら認められないものであった。

しかし、在奉天総領事としての船津の功績は少なくない。特に、船津が張作霖との間で良好な関係を築いてきたことは大きい。第二次奉直戦争、また奉ソ協定締結の過程では船津と張作霖の間のパイプは十分に機能し、船津は張作霖の考え方を様々に本省に伝えるとともに、張作霖に日本の考え方を周知した。その背景には船津が中国語専門官として、辛亥革命から第一次奉直戦争にいたるまで、南京、北京、天津、上海各地において中国各地の軍閥の動きを見て、中国各地の情勢に精通していたことがある。このため、張作霖も船津と多くの点で中国各地の情報や政況に関する意見交換をしたであろう。その意味で船津は張作霖にとって同志ともいえる関係にあった。皮肉なことであるが、船津と張作霖との緊密な関係があったからこそ、「三矢協定」が成立することになったといえる。

また船津の奉天着任直前に四洮鉄道鄭洮線（鄭家屯・洮南間）が開通したものの、満鉄培養線の建設は船津在勤中にも大きく進展することはなかったが、大正一三年二月、満鉄による洮南・昂々渓間鉄道建設請負契約が成立した。満州事変前に四洮鉄道以外に満鉄が建設することのできた唯一の培養線であった。

船津は、九月二五日、奉天を離任し、故郷の鹿児島で休暇を過ごした後、後任の在奉天総領事に吉田茂が発令される一〇月一九日に東京着、同日付けで待命となり、臨時に外務省の事務に従事することを命じられた。翌大正一五年二月一六日、中国の治外法権撤廃に関する委員会日本政府委員随員を命じられた船津は、三月一日から五月二四日まで北京に出張、六月六日に東京に帰着、八月一九日、在独国大使館参事官を拝命するが、二一日に辞表を提出して外務省を退職する。外交官としての船津の経歴は、事実上、在奉天総領事を退任した時に終わっていたから、在独国大使館参事官任命というのは辞任を前提にした単に形式的なものにすぎなかった。

船津は、外務省退職後、在華日本紡績同業会理事、上海特別市政府顧問を務め、終戦後まで中国に滞在した。日中戦争勃発後は、船津工作として知られるように日中間の和平工作に尽力したのは、長年にわたって中国語専門官として在華公館に勤務した人脈や経験によるところが少なくなかった。船津は終戦後も中国にあって在留邦人の引き揚げ帰国のために尽力するが、帰国後、昭和二二年四月四日に死去した。享年七五歳であった。

付表　在満領事等関係機関人員配置表(7)

舩津辰一郎総領事時代

(大正12年8月～大正14年9月)

朝鮮総督府
総督：齋藤実
(T8. 8. 12～S2. 4. 15)

関東庁
長官：伊集院彦吉
(T11. 9. 8～T12. 9. 26)
長官：児玉秀雄
(T12. 9. 26～S2. 12. 1)

関東軍
司令官：尾見実信大将
(T11. 5. 10～T12. 10. 10)
司令官：白川義則中将
(T12. 10. 10～T15. 7. 28)

南満州鉄道株式会社
社長：川村竹治
(T11. 10. 24～T13. 6. 22)
社長：安広伴一郎
(T13. 6. 22～S2. 7. 20)

在中国公使館
公使：芳沢謙吉
(T12. 7. 16～S4. 8. 20)

在天津総領事館
総領事：吉田茂
(T11. 5. 4～T14. 5. 30)
総領事：**有田八郎**
(T14. 6. 15～S2. 4. 29)

在英国大使館
大使：林権助
(T9. 9. 4～T14. 8. 1)
大使：松井慶四郎
(T14. 8. 18～S3. 4. 10)

在米国大使館
大使：埴原正直
(T12. 2. 18～T13. 7. 11)
大使：松平恒雄
(T13. 7. 11～S3. 6. 1)

在ソ連邦大使館
【T14. 3. 23、開館】
臨時代理大使：佐藤尚武
(T14. 3. 23～同7. 14)
駐ソ大使：田中都吉
(T14. 7. 14～S5. 8. 14)

在斉々哈爾領事館
領事代理：**中野勇吉**副領事
(T12. 10. 29～T15. 7. 3)

在満州里領事館
領事代理：田中文一郎副領事
(T11. 6. 17～T14. 4. 4)
事務代理：太田日出雄書記生
(T14. 4. 4～T15. 1. 7)

在鄭家屯領事館
領事：**吉原大蔵**
(T11. 11. 17～T14. 2. 1)
領事代理：**中野高一**副領事
(T14. 2. 1～S4. 4. 10)

在哈爾濱総領事館
総領事：山内四郎
(T10. 6. 14～T14. 2. 14)
総領事：天羽英二
(T14. 5. 3～S2. 9. 12)

在長春領事館
領事：西春彦
(T12. 5. 16～T14. 8. 29)

農安分館
主任：**富田安兵衛**副領事
(T13. 3. 15～T14. 3. 5)
主任代理：領事警察警部

在鉄嶺領事館
領事代理：岩村成允副領事
(T10. 10. 3～T13. 9. 17)
領事：田中荘太郎
(T13. 9. 17～S3. 2. 21)

海龍分館
主任：田中繁三書記生
(T12. 2. 28～T13. 6. 22)
主任：芝崎白尾書記生
(T13. 6. 22～T15. 3. 29)

掏鹿分館
主任：望月純一郎書記生
(T11. 7. 23～S2. 1. 12)

在間島総領事館
総領事：鈴木要太郎
(T11. 8. 20～S4. 4. 19)

局子街分館
主任：川俣方平書記生
(T12. 10. 6～T13. 5. 11)
主任：芝崎路可副領事
(T13. 5. 11～T15. 3. 29)

頭道溝分館
主任：毛利此吉書記生
(T11. 12. 23～S5. 6. 30)

琿春分館
主任：田中正一副領事
(T13. 5. 11～T15. 4. 4)

百草溝分館
主任：吉井秀男通訳生
(T11. 10. 3～T12. 2. 3)

在吉林総領事館
総領事代理：**深沢暹**領事
(T12. 3. 1～T14. 2. 27)
総領事：川越茂
(T14. 6. 9～S4. 10. 20)

内　閣
首相：加藤友三郎
(T11. 6. 12～T12. 9. 2)
首相兼任：内田外相
(T12. 8. 25～同9. 2)
首相：山本権兵衛
(T12. 9. 2～T13. 1. 7)
首相：清浦圭吾
(T13. 1. 7～T13. 6. 11)
首相：加藤高明
(T13. 6. 11～T15. 1. 30)

外　務　省
外相：内田康哉
(T7. 9. 29～T12. 9. 2)
外相：山本首相兼任
(T12. 9. 2～同9. 19)
外相：伊集院彦吉
(T12. 9. 19～T13. 1. 7)
外相：松井慶四郎
(T13. 1. 7～T13. 6. 11)
外相：幣原喜重郎
(T13. 6. 11～T15. 1. 30)

外務次官：田中都吉
(T11. 12. 23～T12. 9. 26)
次官：松平恒雄
(T12. 9. 26～T13. 12. 18)
次官：出淵勝次
(T13. 12. 18～S3. 7. 24)

亜細亜局長：出淵勝次
(T12. 5. 31～T13. 12. 18)
局長：木村鋭市
(T13. 12. 18～S2. 9. 13)

亜細亜局第1課
課長：栗野昇太郎
(T12. 4. 11～T13. 5. 7)

新民屯分館
主任：遠山峻書記生
（T12. 1. 6〜T14. 12. 26）

通化分館
主任：阿部又重郎書記生
（T12. 6. 22〜S4. 3. 14）

在奉天総領事：舩津辰一郎（T12. 8. 15〜T14. 9. 25）
総領事代理：内山清領事（T14. 9. 25〜同10. 22）

在牛荘領事館
事務代理：田中正一書記生
（T12. 11. 25〜T13. 3. 9）
領事：中山正一
（T13. 3. 9〜T14. 5. 24）

在遼陽領事館
領事：籔野義光
（T12. 3. 1〜T15. 7. 10）

在安東領事館
領事：富田義詮
（T10. 11. 16〜T12. 10. 8）
領事：西澤義徴
（T12. 10. 8〜S2. 1. 21）

在赤峰領事館
領事：平塚晴俊
（T12. 5. 26〜T14. 4. 19）
事務代理：和田正勝書記生
（T14. 4. 19〜T15. 6. 3）

課長：谷正之
（T13. 12. 15〜S2. 6. 7）

亜細亜局第２課
課長：栗野昇太郎（兼）
（T12. 6. 11〜T13. 5. 7）
課長：谷正之（兼）
（T13. 12. 15〜同12. 23）
【T13. 12. 23、亜細亜局再編
第２課廃止、第１課に統合】

亜細亜局第３課
課長：坪上貞二
（T12. 4. 27〜T13. 12. 23）
【T13. 12. 23、亜細亜局再編
第３課を第２課に改称】

亜細亜局第２課
課長：課長：坪上貞二
（T13. 12. 23〜T14. 5. 18）
課長：中山詳一
（T14. 5. 18〜S2. 6. 7）

通商局長：永井松三
（T11. 7. 1〜T13. 5. 7）
局長：佐分利貞男
（T13. 5. 7〜T15. 8. 27）

条約局長：山川端夫
（T9. 9. 25〜T14. 8. 20）
局長：長岡春一
（T14. 8. 20〜T15. 6. 21）

注：ゴシックの氏名は在奉天総領事館在勤経験者（将来の在勤者も含む）

第八章　吉田茂総領事

一、問題の所在

在奉天総領事吉田茂は大正一四年一〇月二二日に奉天に着任し、内山清総領事代理より事務の引き継ぎを受け、昭和二年一二月三〇日、蜂谷輝雄領事に事務を引き継ぎ離任するまで、第七代総領事として二年二カ月にわたって奉天に在勤した。

吉田は明治四〇年三月から翌明治四一年一〇月まで、萩原守一、加藤本四郎各総領事の下で領事官補として奉天に、さらに大正元年九月一九日から大正五年一一月一四日まで領事として安東に在勤し、在奉天総領事は三度目の満州勤務であった。また在奉天総領事に任じられる直前の大正一一年五月四日から大正一四年五月三〇日まで、奉天とは至近の天津に総領事として在勤しており、吉田は当時の外務省の中で満州について熟知していた一人であった。

船津辰一郎総領事の後任に吉田を推挙したのは、中国を所管する木村鋭市亜細亜局長であろう。大正一四年八月二二日、船津には後任者を確定しないまま帰朝を命じたため、早急に船津の後任を決める必要に迫られた木村局長は、吉田とは東京帝国大学法科大学政治学科の同級で、外交官領事官試験で吉田の二期下になるが、ともにパリ講和条約全権随員を務めた関係で吉田のことをよく知っており、吉田の満州に関わってきた経験から、在奉天総領事には張作霖とも旧知の吉田が適任と考えたのであろう。

大正一四年三月三一日、吉田は天津で帰朝命令を受けた。吉田は明治三九年の外務省入省の際に、赴任を前提としない仮任地として在天津総領事館に配属された縁があり、総領事として三年あまりを過ごした吉田は六月二日に離任、六日に東京に帰着後、臨時に本省事務に従事することを命じられた。外交官領事官試験同期の広田弘毅は大正一二年九月から欧米局長を務め、本省局部長職に空きがない状況では、同期の武者小路公共は駐ルーマニア特命全権公使、また吉田の後任の在奉天総領事となる林久治郎在漢口総領事は駐シャム特命全権公使に任じられたように、吉田も次は特命全権公使を拝命すると思っていたから、奉天とはいえ、格下の総領事に再任されたことは吉田には意外な人事であった。

吉田は大正一四年一〇月一九日に在奉天総領事に発令されることになったが、現地情勢の展開から着任を急ぐ必要があるとして、発令二日前の一七日に東京を出発して奉天に赴任した。中国では軍閥間の対立が先鋭化し、第二次奉直戦争で失脚した呉佩孚が張作霖などと連携、「討赤聯軍」を組織して馮玉祥包囲網を形成して反撃の機会をうかがっており、張作霖と馮玉祥間の緊張は高まっていたが、発令前に一日を争ってまで赴任しなければならないほどに緊迫した情勢であったかといえば、幣原喜重郎外相は逆に現地情勢は鎮静化しつつあるとみていたから、吉田の発令前赴任を了解したとは思えない。

他方、船津がいかに卓越した中国語専門官であっても、吉田にとって天津に続いて奉天でも二度にわたって船津の後任という人事は、外交官領事官試験合格者としての心情を大きく傷つけたのではないかと想像する。船津は吉田が発令される一〇月一九日に奉天から東京に帰着する予定で、当日は吉田との面談も設定されていたであろう。船津との邂逅など不要とでもいうような発令前の唐突な赴任という吉田の行動は、幣原喜重郎外相、出淵勝次次官に対して人事の不満を露わにしたようにも見える。その時、吉田は四六歳であった。

吉田は、明治一一年九月二二日、土佐自由党の領袖竹内綱の五男として東京深川に生まれ、横浜の豪商吉田健三の養子となった。明治三七年九月、学習院から東京帝国大学法科大学政治学科に編入した吉田は、明治三九年七月に卒業、同年の第一五回外交官領事官試験に合格、同期には広田弘毅、武者小路公共、林久治郎等がいる。外務省入省後、翌明治四〇年三月に在奉天総領事館領事官補、明治四一年一一月に在ロンドン総領事館に転任、翌明治四二年一二月に在英国大使館三等書記官、明治四三年二月に在伊国大使館に転任、大正元年九月に在安東領事に任じられた。

その後、大正五年一二月に吉田は在米国大使館二等書記官を拝命したが、翌大正六年二月、本野一郎外相が第一次大戦中の対外政策を調査し、戦後の外交政策を研究するために設置した臨時調査部勤務を命じられ、さらに七月に文書課長心得にも任じられた。在奉天総領事退任後に就任する次官を除けば、吉田の本省勤務はこの時の一年あまりの臨時調査部と文書課勤務のみである。その時、同期の広田はアジア地域の通商関係を所掌する通商局第一課長に任じられていた。

吉田は大正七年四月に在済南領事に任じられたが、同年一二月に帰京、外務書記官として通商局第一課に配属された。第一課長は広田の後任の松島肇、松島は後に吉田の後任の在伊国大使になるが、明治四〇年に東京帝国大学法科大学政治学科を卒業、同年の第一六回外交官領事官試験に合格、吉田にとって松島は年次では一期下であり、年次が下の課長の下に配属されるという年次の逆転が起こっていたが、実際に吉田が通商局第一課で勤務するわけでなく、日本全権次席代表の岳父牧野伸顕に同行、翌大正八年二月からパリ講和会議全権委員随員としてパリ講和会議に列席するための方便であった。

吉田は、同年六月二八日、パリ講和条約調印式に臨んだ後、翌大正九年一月、パリ講和条約発効後、平和条約実施委員に任命され、次いで同年五月に在英国大使館一等書記官、さらに大正一一年五月に在天津総領事となった。その年、第一次奉直戦争に敗れたものの、大正一三年九月の第二次奉直戦争で勝利した張作霖は、一一月二四日、馮玉祥とともに段祺瑞を臨時執政とした政権を樹立する。吉田は天津にいて張作霖が満州の覇者から中国の支配者となるさまを目の当たりにした。

一方、大正一四年一月、北京の芳沢謙吉駐華公使とソ連のカラハン公使の間で日ソ基本条約が調印され、日本はソ連と国交を樹立したが、引き続き共産主義の脅威に対峙しなければならなかった。また在満権益の強化のため特に満鉄培養線の建設は急務であったが、中国ではナショナリズムの高揚を背景に、東支鉄道回収問題のような外国権益の鉄道回収熱が高まり、満鉄培養線の建設は益々重要になる一方でその建設は益々困難になっていた。

このように、張作霖が中国の政情を大きく変動させる鍵を握り、中国ナショナリズムが高揚する中で、吉田は奉天に着任した。

二、在満統治問題（在奉天総領事館の館内体制の強化）

吉田が総領事の時代に吉田を補佐し、吉田が不在となる時には総領事代理を務める次席は吉田の着任時は内山清領事であったが、内山が大正一五年五月に離任した後、後任には亜細亜局第二課蜂谷輝雄事務官が発令された。吉田は人事課に内山の後任には外交官領事館試験合格者の配置を求めたのであろう。在奉天総領事館次席に外交官領事官試験合格者をあてる人事は初めてで、本省が吉田の要求に配慮した跡が窺われる。

蜂谷は、明治二八年一〇月四日、東京に生まれ、大正八年三月、東京高商専攻部領事科卒業、六月に外務省属として吉田とは入れ違いに臨時調査部勤務となり、同年の高等文官試験外交科（大正七年に外交官領事官試験から改編）に合格。同期には森島守人、柳井恒夫等がいる。蜂谷は、吉田が昭和二年一二月三〇日に離任した後、翌昭和三年四月二五日に林久治郎総領事が着任するまで総領事代理を務め、翌昭和四年四月に在米国大使館二等書記官に異動、昭和六年四月に在バンクーバー領事に任じられる。さらに蜂谷は、昭和八年二月に林久治郎総領事の後任総領事として奉天に再び在勤する。

その後、蜂谷は昭和一〇年六月に在英国大使館一等書記官に異動するが、翌大正一一年六月、吉田が駐英国大使としてロンドンに着任し、蜂谷はロンドンで吉田と再会する。また昭和二二年六月、第一次吉田内閣総辞職後、蜂谷は野党自由党総裁となった吉田の秘書となり、翌昭和二三年一〇月一五日に第二次吉田内閣が誕生すると総理秘書官に指名された。吉田と蜂谷は奉天在勤時代から良好な関係が続いていたことが示されている。

ところで吉田の離任直前の昭和二年一〇月、内田五郎領事が在汕頭領事館より着任した。内田は、大正四年の書記生試験に合格、入省後、大正九年の高等文官試験外交科に合格、蜂谷、柳井、森島の一期下で、同期には加瀬俊一、上村伸一、鹿島守之助等がいる。在奉天総領事館には吉田の下に蜂谷と内田の二名の高等文官試験外交科合格者が領事として配置された。

また書記生、通訳生では、吉田の着任時には、船津総領事時代からの後藤禄郎、坂内彌代記、安藤菊太郎、阿南正生、小沢元、渡辺新一各書記生六名および木内忠雄、折笠義光各通訳生二名の八名が在勤していた。吉田の着任後、一二月に後藤が副領事に昇格、翌大正一五年一月に河野清副領事と交代、さらに八ヶ代義則副領事が着任、書記生出身とはいえ副領事二名が増員された。吉田の在任中に池田憲彰、古見梅次郎、青木猪次郎、北村国太郎、松浦興、月川左門、木村覚善各書記生が着任、阿南、小沢、渡辺、坂内、青木各書記生と城内通訳生が離任し、また通訳生では大正一五年に村川俊が着任、昭和二年五月には折笠通訳生が書記生に昇進した。

昭和二年一二月の吉田離任時には、外交科試験合格者の蜂谷、内田各領事のほか、河野、八代各副領事、書記生八名と通訳生一名の計九名が在勤していた。

大正一四年七月、司法領事の定員が四名から七名に増員され、満州では間島、哈爾濱の各総領事館にも配置され、大正一五年一〇月、三田勝司法領事は在哈爾濱総領事館に異動、後任には東京地裁判事東仁松が着任した。東は大正三年に東京帝国大学法科大学法律学科独法科卒業、判事検事登用試験に合格、大正九年から東京地裁判事を務めていた。東は昭和二年七月に在間島総領事館に異動、同年九月にその後任として大阪地裁判事前田治之助が着任した。前田も大正八年に東京帝国大学法学部法律学科仏法科卒業、判事検事登用試験に合格、大正一〇年から大阪地裁、東京地裁判事を歴任していた。

司法領事の配置を受けた在奉天総領事館では、司法領事が未配置の在満領事館への支援が大きな課題であった。大正一五年七月、吉田は幣原外相に在哈爾濱総領事館に異動間近の三田に在遼陽領事館に兼任させることを稟請し、毎週土曜日を開廷日とする巡回出張裁判制度を導入した。領事館には必ず領事管轄区域が定められ、いずれの領事も自らの領事管轄区域外で領事としての権限を行使することはできないため、遼陽でも領事裁判業務に従事するためには、在遼陽領事館兼勤の辞令を受ける必要があった。

さらに東も同年一〇月に奉天着任と同時に在遼陽領事館兼勤が発令されたが、満鉄付属地地方委員会連合会の請願を受けた吉田は、東を遼陽の他、鉄嶺、鄭家屯、牛荘各地にも巡回させることを稟請し、一一月、東は在鉄嶺、在鄭家屯、在牛荘各領事館の兼勤となった。吉田は牛荘、鄭家屯には毎月一回、遼陽、鉄嶺には毎月二回の出張頻度を考えていた。前田も昭和二年八月に在奉天総領事館領事の発令と同時に在遼陽、在鉄嶺、在鄭家屯、在牛荘各領事館兼勤が発令され、司法書記生が配置されている在安東領事館を除く満州南部の各領事館では、奉天から来訪する司法領事による巡回出張裁判制度が確立された。

一方、在哈爾濱総領事館に異動した三田は吉林、長春、満州里、斉々哈爾に出張し、満州北部の各領事館で巡回出張裁判を開始した。吉田総領事時代に奉天、哈爾濱と間島各総領事館に司法領事が配置され、奉天と哈爾濱の各総領事館司法領事が、間島と安東を除く在満領事館の領事裁判を巡回出張により分担して執行する体制が生まれた。

また在奉天総領事館には司法領事を補佐する司法書記生一名が定員化されていたが、大正一四年七月に司法領事が増員された際に司法書記生八名の定員増も認められ、満州では哈爾濱、長春、鉄嶺の各領事館に司法書記生が定員化された。大正一五年八月、在奉天総領事館に久保田正信東京地裁書記が増員配置され、小林舜二書記生とあわせて司法書記生は二名となった。

巡回出張裁判制度により、鉄嶺には奉天から出張するため、在鉄嶺領事館に定員化された司法書記生が在奉天総領事館に振り替えられて発令された。久保田書記生は昭和一一年一月に在錦州領事館に異動するまで奉天に在勤する。

加えて、大正一四年三月、在奉天総領事館から在ホノルル総領事館に転任した韓国人副領事楊在河は、吉田の離任後、昭和三年三月に外務省を退職したため、朝鮮総督府の推薦により朝鮮総督府京畿道驪州郡守の文泰善が後任の副領事に採用された。文泰善は明治二七年二月に平安南道平壌に生まれ、大正三年から朝鮮総督府書記を務めていた。ただ実際に文泰善が奉天に着任するのは、同年一〇月、林久治郎総領事の着任後となる。

このように、在奉天総領事館では次席が書記生出身者から外交科試験合格の領事に交代し、その他に実員で新たに外交科試験合格の領事一名、また書記生出身の副領事二名の配置を得たほか、書記生一名が増員された。また領事裁判を所掌する司法書記生の重複配置、欠員となっていた朝鮮人副領事の採用など、船津総領事時代に比べて吉田時代の奉天総領事館の館内体制は一段と強化された。それだけ満州情勢が緊迫化する中にあって、本省としても在奉天総領事館の館内体制強化は避けられない課題になっていたことが示されている。

三、満州政況問題（郭松齢事件）

第二次奉直戦争の結果、大正一三年一一月二四日、馮玉祥と張作霖の支持を受けた段祺瑞を臨時執政とする新政権が誕生したが、翌大正一四年には実権を握る張作霖と馮玉祥の間に対立が生まれ、この対立を契機に再起を狙う呉佩孚が張作霖と連携し、馮玉祥包囲網が形成された。九月二四日、船津総領事が奉天を離任する前日、馮玉祥の国民軍と張作霖の奉天軍の衝突が取りざたされる中で、王永江奉天省長は離任挨拶のため訪れた船津に、馮玉祥と張作霖の対立という世情は反奉天派が意図的に作り出しており、事態は鎮静化していると述べた。幣原外相も欧米各国駐在大使に、中国の動乱発生を間近とする報道も少なくないが、状況は必ずしも緊迫化しているわけではないと注意を喚起した。

一〇月二日、内山総領事代理は、宮城県王城寺原演習場で裕仁皇太子統覧の下に開催される陸軍東北大演習参観のため、奉天軍所属の郭松齢陸軍中将など奉天軍将官二名と将校七名の渡日を報告した。第二次奉直戦争後に江蘇地方に南下した奉天軍と直隷派の浙江省孫伝芳督弁の衝突が懸念される中で、郭松齢とともに奉天軍に対峙する浙江軍、馮玉祥軍、直隷軍などの代表も同演習を参観し、一行は演習終了後も東京で陸軍幹部と会見、陸軍施設などを見学後、名古屋、京都、大阪を視察、博多では八幡製鉄所など産業施設の見学などが用意され、およそ三週間にわたって日本に滞在する予定であった。

一方、一〇月一六日、吉田が東京から奉天に赴任する前日、孫伝芳は張作霖討伐を宣明、上海から南京に向けて進撃を開始したが、同日、内山総領事代理は張作霖より上海、南京で浙江軍の攻撃を受ける場合には江蘇・安徽地方から撤退する方針を確認し、一九日には幣原外相も松平恒雄駐米国大使等に浙江軍と奉天軍の間に大規模な衝突は起こっておらず、状況は平穏と通報したが、同日、張作霖は奉天軍配下の各武将に戦闘準備を命じ、二一日には内山に奉天軍の戦闘準備は完了したと通報した。このような状況の展開を受けて、一九日以降、東北陸軍大演習を参観中の郭松齢等奉天軍幹部は、奉天と緊急の連絡を取り合った結果、二一日夜半、一行とは別れて仙台を出発、急遽帰国の途についた。

段祺瑞執政は、一一月一三日、天津に両派の代表を集め、奉天側は張学良が張作霖側近の李景林、張学良側近の郭松齢を伴って出席し、奉天軍と国民軍の双方が北京市内より撤退し、緊張緩和を図ることに合意した。これを受けて段祺瑞は、同日、「戦争禁止の執政令」を発布、張作霖は馮玉祥との武力衝突を回避し、奉天軍と国民軍の間には小康状態が訪れた。しかし、郭松齢は馮玉祥との緊張状態を作り出し、孫伝芳、呉佩孚などの軍閥とも対立し、中国政情の不安定要因を作っているのは張作霖自身と痛感し、一一月二三日、李景林を説得、馮玉祥とも連携して張作霖に叛旗を翻すことを密かに合意した。陸軍東北軍事演習を視察した郭松齢は、張作霖の後ろ盾として日本の存在を強く認識し、張作霖と日本への不信感や反感を募らせていた。

一一月二五日、前日の有田八郎在天津総領事に続いて吉田も郭松齢と李景林の離反を確認した。現地情勢は混沌とし、また情報も錯綜していたが、山海関で郭松齢軍と衝突した張作相軍が敗走、また郭松齢と李景林の背後に馮玉祥がいることも明らかになった。同日夜、張作霖は酷く興奮しながら内山領事に郭松齢までもが洗脳され赤化したが、死力を尽くして郭松齢軍を撃退すると意気軒昂な姿勢を見せた。二六日、王永江奉天省長は吉田に、郭松齢は張作霖に東三省の実権を譲るよう求めたが、もとより張作霖には満州の覇権を郭松齢に譲る気はなく、張作霖の失脚は満洲に一層の混乱を招くだけと述べた。

しかし、形勢は郭松齢に有利に推移し、一一月二六日、張作霖は張学良を秦皇島に到着した郭松齢軍の下に派遣し、和平について協議させたが不調に終わった。この間にも郭松齢は二八日に山海関、さらに一二月一日に満州に入って奉天への進撃を開始し、七日に錦州を占領した。このような郭松齢の攻勢に対して張作霖は守勢に回ったが、七月九日から蒋介石の北伐も再開されているため、吉田は、このまま張作霖が失脚して郭松齢や馮玉祥の背後から満州に国民政府の影響がおよぶことを警戒し、満鉄や関東州が中国に回収され、日露戦争以来の日本の在満権益が失われかねないことを憂慮していた。

吉田は満州の治安と日本の在満権益の維持のためには、対日政策が不明な郭松齢より現状維持の張作霖の方が好ましいと考えたが、辛亥革命以来、日本は軍閥間の対立には常に中立を保つことを国是としてきた経緯もあり、張作霖支持を打ち出すこともできなかったため、張作霖と郭松齢には満鉄付属地内での戦闘禁止を宣言するよう幣原外相に献策した。しかし、これは満鉄本線奉天停車場の東側に広がる奉天市街、すなわち張作霖の本拠地にとって、満鉄本線と鉄道付属地が防波堤となって、その西側から奉天に攻めこむ郭松齢軍の追撃を防御する役割を果たすことになり、張作霖には日本の支持を取り付けたにも等しかった。

張作霖は郭松齢軍の強い勢いに押され、一時は下野も視野に入れたが、黒竜江省、吉林省から集めた奉天軍の総力を遼河左岸に集結、遼河を挟んで奉天に向けて進撃する郭松齢軍を迎撃する作戦を立てた。しかし、張作霖の勝利は難しいと見た吉田は、七日、遼河右岸の新民屯在留邦人を奉天市内満鉄付属地に避難させた。

一二月八日、白川義則関東軍司令官が張作霖と郭松齢両派に満鉄とその付属地三〇キロ以内での戦闘を禁じ、一般民衆には治安維持および平和的解決が不可欠との観点から、日本には両派の調停を斡旋する用意があると伝えた。両派とも、一一日、白川司令官に日本人保護に万全を尽くすことを約束、さらに郭松齢は満鉄付属地にとどまらず東三省在住の日本人の生命財産への保障にも言及し、張作霖に代わって満州を支配する意欲を見せた。

他方、現状では両派に和平を斡旋できる環境にないと考えた吉田は、奉天在住の開業医守田福松（元満鉄奉天病院城内分院長、張作霖等奉天軍幹部の主治医）を郭松齢の下に派遣し、郭松齢の和平に対する考えを探らせた。郭松齢は守田医師に遼河決戦の前に張作霖、張学良が下野すれば、両名の生命および財産は保証するとの和平案を示したが、吉田も王省長もかかる条件で和平が斡旋できるはずもないと考え、両軍の仲介は断念した。

若槻内閣は、一二月一五日、久留米第一二師団から混成旅団を奉天に派遣し、同部隊が奉天に到着するまでは朝鮮派遣軍より二大隊および野砲二中隊を奉天に駐屯させることとした。幣原外相はこの措置は郭松齢軍の進軍を阻止し、張作霖軍を支援する干渉政策ではなく、両軍より付属地での戦闘行動はしないとの誓約を得たとはいえ、鉄道付属地に居住する在留邦人を混乱させる懸念があり、現状では警備部隊の補充が必要と判断したためで、日本の中立ならびに不干渉主義に変わりがないことを両派に伝えるよう吉田に指示した。

一二月二二日、郭松齢軍は新民屯に到着、遼河右岸において戦闘が開始された。戦況は奉天軍に有利な展開となり、二三日、奉天軍の総攻撃で郭松齢軍は敗走した。郭松齢は新民屯分館主任遠山峻副領事を通じて、吉田に郭松齢の生命財産の保証を条件に和平の斡旋を求めたが、張作霖は吉田からこれを伝えられても、聞き入れようとはしなかった。吉田は無用の戦闘を停止するために、さらに郭松齢の生命保全に最善の力を尽くした事実は、日本が両派に公平に治安維持と和平解決を斡旋した証になると考えたが、幣原外相は、二五日、張作霖が郭松齢に惨酷な処置を講じないことが張作霖の名誉のためにも望ましいと、張作霖を説得するよう吉田に命じた。しかし、二四日夕刻までに新民屯は奉天軍に占領され、郭松齢は韓淑秀夫人とともに捕らえられ、二五日、新民屯で銃殺された。

戦闘終了後、吉田は内山領事を遼河左岸の奉天軍司令部に派遣、張学良に郭松齢軍投降者に寛大な措置を講ずるよう求め、郭松齢軍幹部を救出しようとしたが、二五日朝、張学良の軍事顧問儀峨誠也少佐が内山の新民屯行きに強く反対した。すでに戦闘は終了し、吉田は阿南書記生を遼河左岸から新民屯市街を遠望させるに留め、幣原外相に、儀峨少佐が吉田の仲介する平和解決を好まない素振りを見せたのは極めて不都合と報告した。

二五日夜、郭松齢夫妻の遺骸が奉天に到着、二六日朝から奉天軍監視の下に市中に曝されたが、死体には著しい凌辱の跡は見られなかった。新民屯では、二四日の戦闘終了後、張学良軍は郭松齢軍投降者を取締り、秩序回復に努め、奉天に退避中の新民屯在留邦人も帰宅しつつあるとの遠山分館主任からの報告も接到した。二七日には日本の陸軍部隊や在満領事館から招集した領事警察官も撤退し、吉田は幣原外相に奉天市内は平穏を取り戻したが、郭松齢と対立関係にあった楊宇霆奉天軍参謀長への批判や郭松齢を抑えられなかった張学良への反発が強まり、東三省内の政局は混迷を深めているとの見通しを報告した。一方、張作霖は吉田に、奉天市内の治安維持に日本の陸軍部隊や領事警察の果たした役割を評価し、謝意を伝えた。

吉田は郭松齢夫妻の助命を張作霖に説得したが、張作霖は吉田の忠告に聴く耳をもたなかった。郭松齢の叛乱は張作霖には許すことのできない感情的な問題であったにせよ、吉田と張作霖の個人的な関係だけでは、もはや張作霖を日本の意向に従わせることが困難なことが明らかにされた。郭松齢事件は吉田の奉天着任直後だっただけに、吉田と張作霖の関係が必ずしも旧知の関係だけでは律しきれないことを暗示することになった。

四、満州懸案問題

㈠ 在安東領事館帽児山分館開設問題

在安東領事館通化分館は吉田が在安東領事時代に開設を稟請し、大正六年二月二八日に開館した。同分館領事管轄区域は鴨緑江上流の臨江を含み、吉田は同分館の開設が同地域の朝鮮人保護のために意義があることを十分に認識していたが、その後、通化分館は大正一〇年四月一日に在奉天総領事館に移管された。大正一五年一一月一九日、前年二月に船津総領事からの臨江分館開設稟請を許可した幣原外相は、同年度中（昭和二年三月末までに）に臨江に在安東領事館帽児山分館を開設することとし、昭和二年一月、在間島総領事館琿春分館主任田中作書記生を副領事に昇進させ、同分館主任に異動する人事を内定した。同分館の領事管轄区域は、在奉天総領事館通化分館の臨江、長白両県に在間島総領事館琿春分館の奉天省撫松、安図両県を加えた地域とした。

昭和二年一月二八日、出淵次官は朝鮮総督府湯朝倉平政務総監に帽児山分館の開設を通報し、田中分館主任以下同分館職員の安全確保に協力を求めたが、朝倉政務総監は、二月四日、緊急時に同分館職員が鴨緑江対岸朝鮮半島の中江鎮に避難する場合は支援できるが、朝鮮総督府警察官が鴨緑江を越えた満州で警備活動を行うことはできないと回答したため、外務省は同分館職員の安全は同分館領事警察に頼らざるを得なくなった。

幣原外相は、一月二八日、在安東領事館が手配した同分館事務所予定家屋警備のため在間島総領事館領事警察官四名を臨江に派遣したが、同警察官は三月一日に中江鎮に到着したものの、臨江市民の反日感情を高めただけで中江鎮から臨江には渡河できなかった。幣原外相が帽児山分館に分館主任の副領事のほかに書記生一名、領事警察警部一名、警察官六名の駐在を認めたのも、臨江の反日感情の強さを考慮したからであった。因みに、大正一五年の調査では同分館領事管轄区域には邦人七五名と三万人あまりの朝鮮人が居住しており、同分館業務の大半は明らかに同地域在住朝鮮人の保護にあった。三月一〇日、幣原外相は芳沢駐華公使に在安東領事館帽児山分館の開設を中国に通報し、必要に応じて奉天ないし安東でも同分館の開設を満州現地当局に通報するよう指示した。

三月一九日、田中副領事は琿春を離任、安東経由で臨江に向かい、四月一六日、中江鎮に到着した。臨江では日本の領事事務所開設に抗議する反日示威運動が続き、田中も中江鎮から臨江には渡河できなかった。吉田はそれだけ臨江の反日感情が厳しいことを認識し、田中は自らの安全を確保しながら臨江に乗り込む機会を探っていた。一九日、吉田は幣原外相に、中江鎮で待機する田中が一刻も早く臨江に渡河、分館業務を開始することが重要であり、日本が強硬な態度をとらない限り帽児山分館の開設はおぼつかないと意見具申したが、翌二〇日、若槻内閣が総辞職し、外相は田中義一首相兼任に交代した。

また開放地でない臨江に領事館分館の開設は認められないとの奉天省政府の回答に接した吉田は、三〇日、早急に田中副領事が臨江に乗りこみ分館を開館し、それを中国側に通報しない限り、中国が帽児山分館の開設を承認することは期待できないとして、早急に田中副領事を臨江に渡河させるよう田中外相に意見具申した。五月二日、田中外相も吉田の主張を入れ、在安東岡田兼一領事に田中副領事が直ちに臨江に渡河するよう指示した。

奉天省政府が臨江を条約で認めた開放地ではないとして吉田に分館開設の中止を求める状況では、田中副領事の安全確保に奉天省政府の協力は期待できず、五月五日、吉田は在安東岡田領事に朝鮮総督府を説得するよう指示し、田中外相には九日に領事警察官のみを臨江に渡河させて分館事務所を開館し、その後、田中副領事を着任させるため朝鮮総督府の支援を要請した。一六日、田中外相は改めて田中副領事の早期着任を命じ、一七日には吉田自らが京城に赴き朝鮮総督府の支援を求めたが、朝鮮総督府は田中副領事の鴨緑江渡河までは支援するが、上陸後の安全までは保障できないとの対応に変わりはなかった。

五月二九日、田中副領事は中江鎮から在安東領事館芝崎路可副領事とともに渡河し、臨江県知事公処に赴き袁知事との面会を求めた。領事館次席が領事管轄区域内の県知事を表敬する外交儀礼上の体裁を取ったものの、両名は臨江県警察および反日デモ隊により撤退を余儀なくされた。一方、領事警察官の別働隊は分館事務所家屋に向かい、同家屋に「在安東領事館帽児山分館」の表札を掲示したため、田中副領事は同日臨江に着任、帽児山分館業務を開始したと田中外相に報告したが、翌三〇日、同事務所家屋は反日デモ隊により倒壊されたため、六月一日、田中外相は吉田に外国公館事務所の破壊を強く非難し、奉天省政府に日本軍が実力行使に移る前に同分館開設を承認するよう申し入れることを命じた。

吉田はこれを直ちに奉天省政府に伝えたが、莫徳恵奉天省長は同年四月に省長に任命されたばかりで、要領を得なかった吉田は、六月九日、朝鮮派遣軍の支援をもって田中副領事に渡河するよう田中外相に意見具申し、一〇日には莫奉天省長との交渉打ち切りを田中外相に報告した。四日の蜂谷領事の莫省長や奉天省高清和交渉署長との交渉では、北京に滞在する張作霖からの指示待ちの奉天省政府の内情なども明らかにされたが、九日、一〇日の吉田の意見具申がそれに触れていないのは、吉田の怒りがそれだけ高まっていたことを窺わせる。

吉田は、一二日、帽児山分館開設問題のほか難航する満鉄包囲線問題などの交渉を打開するため、奉天省政府に対する報復措置を講じたいと田中外相に意見具申したが、田中外相は、一三日、報復には反対の意向を吉田に伝えた。吉田にとって帽児山分館開設問題は、奉天省政府に対する日本の威信の問題であり、幣原外相や田中外相など本省の吉田への信任の問題ともなっていた。吉田は六月一五日に一時帰国のため奉天を出発、二七日から七月七日まで東方会議に出席し、一七日に奉天に帰任したが、東方会議は帽児山分館開設問題では表向き吉田の強硬策を支持したものの、実際には吉田の奉天省政府との交渉継続を結論とした。

吉田の奉天省政府との交渉を支援するため、田中内閣は中江鎮に関東庁および朝鮮総督府警察官を増派し、また朝鮮派遣軍部隊を演習目的で派遣したが、八月四日、田中副領事と臨江県知事等が臨江県警察署で会見したのを機に同部隊も八月一〇日に引き揚げ、さらに九月一〇日にも中江鎮に増派された関東庁および朝鮮総督府警察官の引き揚げが通知された。結局、田中副領事は臨江に駐在できないまま、吉田の奉天離任後、昭和三年三月一二日に中江鎮から撤退、さらに林久治郎総領事の着任後、同年六月、帽児山分館業務は在安東領事館に移管、翌昭和四年八月、帽児山分館は閉鎖された。吉田がその執念を見せた帽児山分館開設問題は張作霖との対立のみを浮き彫りにして失敗に終わった。

(二) 満鉄包囲線問題

満鉄設立以来、満鉄が建設した鉄道は安奉鉄道や吉会鉄道（吉林・会寧間）などの幹線鉄道であり、四洮鉄道など培養線の建設は全く進展しなかった。吉長鉄道（長春・吉林間）は大正元年に開通したが、それを朝鮮半島会寧まで延伸する吉会鉄道建設の見通しはたたず、吉田の奉天着任後、大正一四年一二月、吉林・敦化間（吉会鉄道吉敦線）で満鉄が請負契約を獲得、翌年に始まった工事は吉田の奉天離任後の昭和三年一〇月に竣工するが、吉会鉄道全線の開通は昭和九年までまたなければならなかった。

また大正一三年七月に四洮鉄道が開通し、同年九月の請負契約によって満鉄が建設することになった洮昂鉄道（洮南・昂々渓間）は、斉々哈爾を経てシベリア国境まで延長する洮斉鉄道の一部であったが、昂々渓で東支鉄道本線を横断することにソ連が同意しなかったため工事は止まっていた。洮昂鉄道は昭和二年に開通するが、大正七年九月の満蒙四鉄道協約によって日本の敷設権が認められた四路線（開原・海龍・吉林間、長春・洮南間、洮南・熱河間、洮南・熱河間の一点から黄海にいたる鉄道）は全く建設の見通しがたたず、それどころか張作霖は満鉄本線の東側では京奉鉄道を延長する瀋海鉄道（奉天〈瀋陽〉・海龍間）および吉海鉄道（海龍・吉林間）、また西側では京奉鉄道と通遼を結ぶ打通鉄道（打虎山・通遼間）の建設を画策し、吉田は満鉄の権益を擁護するため満鉄包囲線の建設に強く反対していた。

吉林省政府は官民資金により吉海鉄道の工事を進めていたため、大正一五年一一月九日、吉田は幣原外相に、張作霖は同鉄道が満蒙四鉄道の一つで日本に敷設権があることを理解していないと抗議するよう献策した。幣原外相も、一二日、同鉄道は明治三八年の日清満州善後条約の満鉄平行線禁止条項でいう満鉄の利益を侵害しており、満蒙四鉄道が全く着工されない状況下で、満鉄の権益を侵害する計画は全く了解できないと強く抗議するよう命じた。

吉田は、一四日に莫徳恵奉天省長、一五日に楊宇霆に強く抗議したが、両名とも吉海鉄道の建設は承知していないとし、楊宇霆は奉天省が瀋海鉄道の建設を進めれば、吉林省の財力では竣工は困難としても、吉林省が吉海鉄道の建設を進めるのは自然の成り行きと述べたため、吉田は、同日、文書をもって張作霖に同建設計画の中止を要求した。昭和二年一月一八日、張作霖は日本が瀋海鉄道とともに吉海鉄道の建設にも同意したとの認識を伝えてきたため、二五日、吉田は改めて吉海鉄道は満蒙四鉄道協約の一つで、同敷設権を放棄した事実はなく、吉林省の吉海鉄道建設は同協約に違反すると反論した。

しかし、日本の強い反発にもかかわらず吉海鉄道の建設は進められ、三月七日、吉田は吉海鉄道建設資材を満鉄に運搬させないように意見具申するなど、吉田の吉海鉄道建設への反対は強まっていた。昭和元年一二月二九日、蜂谷総領事代理は中国国内における列強が建設した鉄道の回収運動が満洲にもおよんだ背景を幣原外相に報告したが、吉田は張作霖の日本を無視した鉄道建設計画に強い危機感をもっていた。

大正一三年九月四日、満鉄は張作霖との間で洮昂鉄道建設請負契約を成立させるため、開原・海龍間の鉄道敷設権を放棄したが、吉海鉄道敷設権まで放棄したわけではなかった。張作霖が大正一四年七月に瀋海鉄道、さらに昭和二年六月に吉海鉄道を起工したことは、吉田には、満蒙四鉄道協約で認められた日本の敷設権を侵害し、張作霖が自らの資金で同鉄道を建設することは満蒙四鉄道協約を無視するものと理解された。張作霖は、瀋海鉄道は昭和三年八月、また吉海鉄道は昭和四年五月の竣工を目指し、京奉鉄道を奉天から吉林以北にまで延伸する東大幹線の建設を画策していた。

一方、満洲西部で日本は、洮昂鉄道のように、かつて日本が反対した英国の錦愛鉄道に沿った鉄道建設を計画していた。日本は、大正二年の満蒙五鉄道協約、大正七年の満蒙四鉄道協約で洮南・熱河間の鉄道敷設権を獲得しており、張作霖が洮南・通遼・錦州間の鉄道建設に着手することは日本の洮南・熱河間の鉄道敷設権を侵害するものになっていた。

大正一五年八月二〇日、吉田は幣原外相に打通鉄道の建設は八道溝からの石炭積み出しのため、また彰武に駐屯の旅団との連絡のためと説明されたため、これに抗議もしてこなかったが、大正一一年一二月に打虎山から八道溝までの予定の鉄道が、大正一四年八月に新立屯、さらに翌大正一五年一月に彰武まで延伸され、その後も彰武から通遼に至近の白音太拉まで開通するにいたって、日本として黙認できないとして、日清満州善後条約の平行線禁止規定により奉天省政府への抗議を幣原外相に献策した。同二五日、幣原外相は張作霖が満鉄の資本や技術を利用して鉄道建設を進めながら、満鉄に不利益を与える平行線を建設することは黙認できないと打通鉄道の建設に抗議するよう指示した。

八月三〇日、吉田は楊宇霆に、打通鉄道建設計画は満鉄の資金により建設した洮昂鉄道に繫がって満鉄平行線を建設すると非難したが、楊宇霆は白音太拉からの延伸計画は何ら差し支えなしと述べたため、吉田は満鉄平行線を構成する同鉄道建設は黙認できないと抗議した。九月九日、吉田は幣原外相に張作霖は彰武・白音太拉間の延伸計画は承知しておらず、また資金不足のため竣工は困難と報告したが、一七日、張作霖に抗議文を送付した。

一〇月二七日、張作霖は吉田からの抗議に打通鉄道建設計画は存在せずと否定し、将来、同計画を実行する際にも日本の干渉は受けないと述べたため、一一月五日、吉田は重ねて張作霖に抗議文を送った。しかしこのような吉田からの抗議にもかかわらず、張作霖は同鉄道の延伸工事を続けたため、一二月二四日、幣原外相は吉田に張作霖は日本の抗議を無視していると改めて抗議するよう命じた。二八日、蜂谷総領事代理から張作霖への抗議書を受けた楊宇霆は新立屯・彰武間の竣工は認めたが、白音太拉への延伸計画は否定した。西大幹線の工事の進捗を認めない奉天省政府の回答に吉田の怒りは高まっていた。

吉田は張作霖の計画する東大幹線および西大幹線が満鉄包囲線となり、大正二年の満蒙五鉄道協約および大正七年の満蒙四鉄道協約に違反し、日本の保有する敷設権を侵害するとしてその建設に強く反発した。しかし、本省では木村亜細亜局長と大蔵公望満鉄理事の間で満鉄培養線建設について極秘の協議が進められ、昭和二年三月九日、木村局長は吉田に打通鉄道や吉海鉄道を日本が建設することに執着せず、他の満鉄培養線を確実に建設するため張作霖が建設することも認め、張作霖への抗議を取り止めるよう内報した。吉田には本省と満鉄の間の協議は何も知らされておらず、吉田はこの指示には全く同意できなかった。

五月一〇日、田中外相は吉田に満鉄が吉海鉄道の代替として長大鉄道（長春・大賚間）の建設を画策していることを伝えた。吉田は四月二八日に満鉄大蔵理事より長大鉄道の経緯について説明を受けたが、このような重大な変更を満鉄の都合で決めることは反対であり、政府の決定が不可欠と不満を露わにした。また五月一一日にも吉田は中国の対応が改められないまま日本が従来の主張を取り下げることに反対し、抗議の姿勢を維持するよう求めたが、亜細亜局と満鉄が作り出す流れを止めることはできなかった。

昭和二年一〇月一五日、北京で山本条太郎満鉄社長と張作霖の交渉で、張作霖が満鉄による吉会鉄道、長大鉄道、索倫鉄道、吉林・五常間および延吉・海林間の五鉄道の建設を承認し、山本社長は張作霖による吉海鉄道、打通鉄道の建設に同意した。三月時点ではまだ張作霖と山本の交渉は始まっていなかったとはいえ、吉海鉄道の建設を他の鉄道敷設権獲得と取引きするのは、日本の敷設権を取りもどそうとする吉田の目的とは真逆であり、吉田が吉海鉄道、打通鉄道の建設阻止をやりすぎれば、その後に予定する山本・張交渉への影響も少なくなく、三月九日の木村局長から吉田への事務連絡はこれを注意していた。

吉田には打通鉄道および吉海鉄道の建設に反対する術はなく、打通鉄道は山本・張協定調印直後、また吉海鉄道は昭和四年に開通する。本省と現地総領事館との意思疎通を欠いた責任は本省にもあったが、結果として吉田と張作霖の対立のみを残すことになった。

(二) 京奉鉄道遮断問題

昭和二年六月一八日、張作霖は大総統に就任したが、吉田は、張作霖政権は安泰でないとみて、張作霖政権崩壊の満州への影響を懸念していた。二七日、田中義一首相兼外相は東方会議を召集、森恪政務次官の下に出淵次官、木村局長、堀田正昭欧米局長、斎藤良衛通商局長、小村欣一情報部長、中国現地から吉田と芳沢公使、矢田七太郎在上海総領事、高尾亨在漢口総領事、また陸軍、海軍、参謀本部、軍令部の幹部と武藤信義関東軍司令官、児玉秀雄関東長官、浅利三朗朝鮮総督府警務局長等出先機関代表も出席した。

東方会議では、吉田は張作霖が大総統に就任しても国民党軍に対抗することは難しく、いずれ東三省に撤退することは避けられず、当面は満州での影響力は維持されるとしても、八方塞がりの状況は変わらないとの見通しを述べ、今後も張作霖に依存して在満権益の維持を図ることは適切ではないと主張した。吉田はそれまでの日本の対満政策が張作霖を満足させることによって在満権益の維持を図ってきたものの、張作霖に乗ぜられただけで目的達成にはいたらなかったと指摘したが、その念頭には帽児山分館開設問題や満鉄包囲線問題などで張作霖との対立のみが浮き彫りにされたとの思いがあった。

吉田は帽児山分館開設問題で張作霖から譲歩を引き出すためには強硬策を取る必要を主張し、満鉄本線と交差する京奉鉄道の瀋陽駅（満鉄本線の東側、奉天市内）と皇姑屯駅（満鉄本線の西側）の間を遮断し、奉天軍が奉天市内の兵工廠から京奉鉄道により華北に出撃できないようにすることを提案した。吉田は東方会議開催直前の六月一〇日、田中外相への意見具申で京奉鉄道の遮断を取り上げ、軍閥の京奉鉄道利用を禁じることは北清事変最終議定書で認められていると主張した。

七月二〇日、田中外相は吉田に張作霖政権が日本の条約に基づく鉄道建設への妨害に抗議し、満鉄による張作霖の軍事輸送の拒絶、奉天兵工廠への石炭の供給禁止、京奉鉄道軍用列車の満鉄付属地通過の停止などの対抗措置を講じる可能性のあることを奉天省政府に通報するよう命じた。一七日に奉天に帰任した吉田は、莫徳恵奉天省長に条約違反行為への反省を強く求めたが、同省長は大総統として北京に滞在する張作霖からの指示がないとして何も回答もせず、また張作霖は反省の意を示すどころか排日運動を煽動すらしていた。

このため吉田は、八月一日、富双英奉天軍留守司令に京奉鉄道軍用列車の満鉄付属地通過の差し止めを内報し、四日、蜂谷領事が莫省長にこれを通告した。吉田は、京奉鉄道の遮断は満鉄付属地内に満鉄が車止めなどを設置すれば済むことと考えていたが、三日、児玉関東長官は吉田に、張作霖の条約違反への抗議としても、京奉鉄道の遮断は京奉鉄道延長協約に違反していないか、また遮断しても皇姑屯から奉天兵工廠まで代替輸送が可能なかぎり効果は十分に上がらず、また軍用列車の見極めには武装部隊の配置が不可欠であり、張作霖の満鉄本線への報復阻止のためには満鉄沿線警備の強化が必要と指摘し、その準備が不十分なまま満鉄に遮断を断行させることは時期早尚との意見を吉田に送った。

吉田はこれには極めて不満であった。同年四月一七日、吉田は旅順に児玉長官を訪ね、武藤司令官とも面談し、満州情勢には総領事館・関東庁・関東軍・満鉄の四者連絡体制を強化し、東三省の現状維持と満蒙権益の擁護確立に万全を期すことに合意し、このことは児玉長官から安広伴一郎満鉄社長にも伝えられていた。

加えて児玉長官、武藤司令官は東方会議の出席者でもあり、吉田には何を今さらとの思いがあり、吉田は児玉長官に京奉鉄道の遮断は東方会議ですでに決定しており、「矢は弦を離る」と折り返し反論し、八月五日、吉田は田中外相に児玉が東方会議の決定後にかかる申立てを行うのは甚だ面白くないとして、京奉鉄道軍用列車の通過停止措置には在満出先機関の一致団結が必要と意見具申した。しかし同日、田中外相は日本に京奉鉄道の遮断という強制手段の可能性があることを張作霖に暗示しても、これを実行に移すのは時期早尚と吉田に伝えた。翌六日、木村局長は吉田に京奉鉄道の遮断は東方会議で各省とも異議はないものの、外相決裁を経たまでで閣議決定されていないと注意を喚起した。

このため芳沢公使は吉田が政府の承認を得ないまま通告したのかとの疑義を寄せたが、田中外相は吉田の通告は八月五日の時期早尚とする訓令とは行きちがいになったものの、七月二〇日の訓令に基づいているとした。しかし吉田の京奉鉄道遮断通告が、北京の芳沢公使と張作霖の交渉に影響をおよぼすことは間違いなく、張作霖との交渉に関する北京と奉天の乖離を解消するため、田中外相は森政務次官を旅順に出張させ、芳沢、吉田を交えた旅順会議を召集、在満出先機関の意思疎通をはかることとした。

八月一五日、旅順の関東長官官邸に森、芳沢、吉田の他に児玉関東長官、武藤関東軍司令官、斎藤恒関東軍参謀長、本庄繁在華公使館武官、松井七夫張作霖軍事顧問が参集した。同会議終了後、一六日、森は田中外相に「公使帰任後北京に於いて（中略）奉天側幹部に対し交渉を開始し我政府諸機関相呼応して協力一致」すると報告した。会議の結果から奉天省政府との交渉から吉田が外されたことが窺われる。吉田は木村局長に旅順会議では京奉鉄道遮断に異論のなかったことを報告しているが、吉田の無念さが読みとれる。

京奉鉄道遮断問題も、結局、吉田から奉天省政府に通告したのみに終わり、奉天省政府に日本の対満蒙政策の実施をめぐる混乱を見せただけになった。旅順会議以降、吉田が満蒙問題について奉天省政府に接触した記録はないが、九月三〇日の意見具申は異彩を放っている。在華公使館一等書記官に異動を命じられた天羽英二在哈爾濱総領事が転任途次に奉天で吉田と邂逅した際、天羽は吉田が在安東領事の時代に領事官補として吉田の下にいた旧知の関係であったが、両者の意見が一致したとして、吉田は、奉天省政府が昭和二年七月二〇日に満鉄副社長に就任した松岡洋右を、日本との交渉窓口にしようとしていると警告し、二重外交とならないようにするためにも、交渉の窓口はあくまで在奉天総領事とするよう主張したが、奉天省政府との交渉から外されていることへの不満が滲んでいる。

五、むすび

昭和二年一二月一六日、帰朝発令を受けた吉田は、三〇日、奉天を離任、翌昭和三年一月二日、東京に帰着した。

吉田は昭和二年一〇月の気温が下がった時に風邪をひき、咳が止まらなくなり、気管支カタルを患い、やがて肋膜も併発したため、一二月四日から奉天日赤病院に入院した。一四日の退院直後に帰朝発令を受けたが、医者の勧めもあったにせよ、吉田自身が厳寒の時期を奉天で過ごすより転地療養を求め、出淵次官に帰朝の希望を伝え、その希望が受け入れられたものと思われる。皮肉なことに明治四一年一〇月に領事官補として奉天を離任した際も、吉田はチフスに罹患、奉天日赤病院で二カ月間の療養生活を送っている。

在奉天総領事として吉田は張作霖と旧知の関係から影響力を行使できるとの期待があったが、着任直後の郭松齢事件は吉田が着任前から描いていた張作霖との人的関係の確立の難しさを露呈した。張作霖との人的関係の難しさは満鉄包囲線問題や帽児山分館開設問題などの懸案問題でも明らかになり、京奉鉄道遮断問題は吉田が満蒙問題を張作霖との間で円滑に解決することは期待できないことを明らかにした。

吉田にとって張作霖は、吉田が初めて奉天に赴任した明治四〇年以来の顔見知りであった。吉田は一八七八年生まれで、張作霖は一八七五年生まれであったから同年代の顔なじみであり、歴代総領事の中では最も密接な人的関係を築き上げることが期待されたが、吉田が最初に顔見知りになった頃の張作霖は、日露戦争中の露国の密偵として捕らえられ、処刑されかけたところを児玉源太郎満州軍参謀次長に命を救われた馬賊の頭目で、日露戦争後は趙爾巽奉天総督配下の部隊長を務めていたにすぎなかったから、吉田には張作霖は「趙爾巽の手下」程度の認識しかなかったかもしれない。

また張作霖にしても、最初に会った時の吉田は、萩原総領事を支える次席とはいえ、まだ領事官補時代であったから「総領事館の若造」程度の認識であったかもしれない。その当時から二〇代後半の青年として互いに肝胆相照らす仲といった人的関係が作られていれば、二〇年近い年月を経て両者が日満双方を代表する立場で再会した際には再び密接な関係が始まったであろうが、両者の最初のイメージが必ずしも相互に信頼し、尊敬できる関係ではなかったとすれば、在奉天総領事としての吉田のどちらかといえば強硬な姿勢の背後には、このような張作霖に対する意識があったのではないかと思われる。

吉田には、歴代総領事はいわば張作霖を甘やかすことによって日本の要求に応じさせようとしてきたが、それは張作霖をつけあがらせるだけだったとの思いがあったから、帽児山分館開設問題でも、満鉄包囲線問題でも、吉田は日本の権益を護るためには張作霖には強気に押すことが肝要と考えた。吉田にとって在奉天総領事は不満のあった人事であったことも、吉田の張作霖に対する強硬姿勢の背後にあったように窺われるが、吉田には、満鉄包囲線問題で端的に示されたように、強硬策は本省の方針ではなかったのかとの思いもあり、吉田と木村亜細亜局長の間には満蒙問題への対応について乖離があった。

京奉鉄道の遮断は東方会議の方針として認められたはずであったが、吉田の独断専行だけが浮かび上がり、木村局長および芳沢駐華公使にはもはや吉田を在奉天総領事に留めておくことの疑問は共通していた。張作霖が大総統として北京に滞在しているという事情があったにせよ、奉天省政府との交渉から吉田を外した旅順会議はそれを示している。

昭和三年一月二日に帰京した後、三月一六日、吉田は特命全権公使に昇進、スウェーデン駐箚を命じられた。また続いて四月二〇日にはノルウェー、デンマークならびにフィンランド駐箚兼勤も発令されたが、七月二四日、田中義一首相兼外相に謀って駐米国大使に転出する出淵勝次次官の後任の次官に任命される。昭和五年一二月六日に次官を外交官領事官試験四期上の永井松三駐ベルギー大使（出淵前次官と同期）と交代した吉田は、昭和六年一月に駐伊国特命全権大使を拝命する。昭和七年九月、ローマより帰国した吉田は臨時に外務省事務に従事した後、待命となり、昭和一〇年一一月に外務省を退官する。

しかし、翌昭和一一年の二・二六事件の発生によって総辞職した岡田啓介首相の後継として、吉田は外交官領事官試験同期の広田弘毅を首相に擁立したが、吉田が広田内閣の外相に就くことに軍部からの反対を受けたため、四月一〇日、再び特命全権大使を拝命、英国駐箚を命じられ、昭和一三年一〇月までロンドンに在勤する。在奉天総領事館領事官補に始まる外交官としての吉田の経歴は駐英国大使で終わるが、戦後の吉田は、首相として日本の復興の道筋を示し、大磯で隠居したもののの、政界への強い影響力を残したまま昭和四二年一〇月二〇日に逝去した。享年八九歳であった。

付表　在満領事等関係機関人員配置表(8)

吉田茂総領事時代

(大正14年10月～昭和2年12月)

朝鮮総督府
総督：齋藤実
(T8. 8. 12～S2. 4. 15)
総督臨時代理：宇垣一成
(S2. 4. 15～同12. 10)

関東庁
長官：児玉秀雄
(T12. 9. 26～S2. 12. 17)

関東軍
司令官：白川義則中将
(T12. 10. 10～T15. 7. 28)
司令官：武藤信義大将
(T15. 7. 28～S2. 8. 26)
司令官：村岡長太郎中将
(S2. 8. 26～S4. 7. 1)

南満州鉄道株式会社
社長：安広伴一郎
(T13. 6. 22～S2. 7. 20)
社長：山本条太郎
(S2. 7. 20～S4. 8. 14)

在中国公使館
公使：芳沢謙吉
(T12. 7. 16～S4. 8. 20)

在天津総領事館
総領事：**有田八郎**
(T14. 6. 15～S2. 4. 29)
総領事：加藤外松
(S2. 4. 29～S4. 1. 4)

在英国大使館
大使：松井慶四郎
(T14. 8. 18～S3. 4. 10)

在米国大使館
大使：松平恒雄
(T13. 7. 11～S3. 6. 1)

在ソ連邦大使館
大使：田中都吉
(T14. 7. 14～S5. 8. 14)

在斉々哈爾領事館
領事代理：**中野勇吉**副領事
(T12. 10. 29～T15. 7. 3)
領事：清水八百一
(T15. 3. 3～S7. 8. 20)

在満州里領事館
事務代理：太田日出雄書記生
(T14. 4. 4～T15. 1. 7)
領事：田中文一郎
(T15. 7. 3～S5. 3. 16)

在鄭家屯領事館
領事代理：**中野高一**副領事
(T14. 2. 1～S4. 4. 10)

在哈爾濱総領事館
総領事：天羽英二
(T14. 5. 3～S2. 9. 12)
総領事：**八木元八**
(S2. 9. 27～S6. 5. 9)

在長春領事館
領事：**栗原正**
(T14. 10. 12～S2. 7. 7)
領事：**永井清**
(S2. 7. 7～S4. 11. 29)

農安分館
主任代理：領事館警察警部

在鉄嶺領事館
領事：田中荘太郎
(T13. 9. 17～S3. 2. 21)

海龍分館
主任：蔵本英明書記生
(T15. 3. 9～S2. 1. 19)
主任：**坂内彌代記**書記生
(S2. 1. 19～S3. 4. 1)
【S3. 4. 1、奉天へ移管】

在間島総領事館
総領事：鈴木要太郎
(T11. 8. 20～S4. 4. 19)

局子街分館
主任：芝崎路可副領事
(T13. 5. 11～T15. 3. 29)
主任：近藤信一副領事
(T15. 3. 29～S3. 1. 14)

頭道溝分館
主任：毛利此吉書記生
(T11. 12. 23～S5. 6. 30)

琿春分館
主任：田中正一副領事
(T13. 5. 11～T15. 4. 4)
主任：田中作書記生
(T15. 4. 4～S2. 3. 19)
主任：竹中末男夫書記生
(S2. 3. 19～S2. 4. 11)
主任：望月純一郎書記生
(S2. 4. 11～S5. 10. 14)

百草溝分館
主任：掛川巌書記生
(T14. 9. 16～S3. 1. 9)

在吉林総領事館
総領事：川越茂
(T14. 6. 9～S4. 10. 20)

内　閣
首相：加藤高明
(T13. 6. 11～T15. 1. 28)
首相代理：若槻内相
(T15. 1. 26～T15. 1. 28)
首相兼任：若槻内相
(T15. 1. 28～T15. 1. 30)
首相：若槻礼次郎
(T15. 1. 30～S2. 4. 20)
首相：田中義一
(S2. 4. 20～S4. 7. 2)

外　務　省
外相：幣原喜重郎
(T13. 6. 11～S2. 4. 20)
外相：田中首相兼任
(S2. 4. 20～S4. 7. 2)

外務次官：出淵勝次
(T13. 12. 18～S3. 7. 24)

亜細亜局長：木村鋭市
(T13. 12. 18～S2. 9. 13)
局長：**有田八郎**
(S2. 9. 13～S5. 10. 31)

亜細亜局第１課
課長：谷正之
(T13. 12. 15～S2. 6. 7)
課長：中山詳一
(S2. 6. 7～S4. 3. 9)

亜細亜局第２課
課長：中山詳一

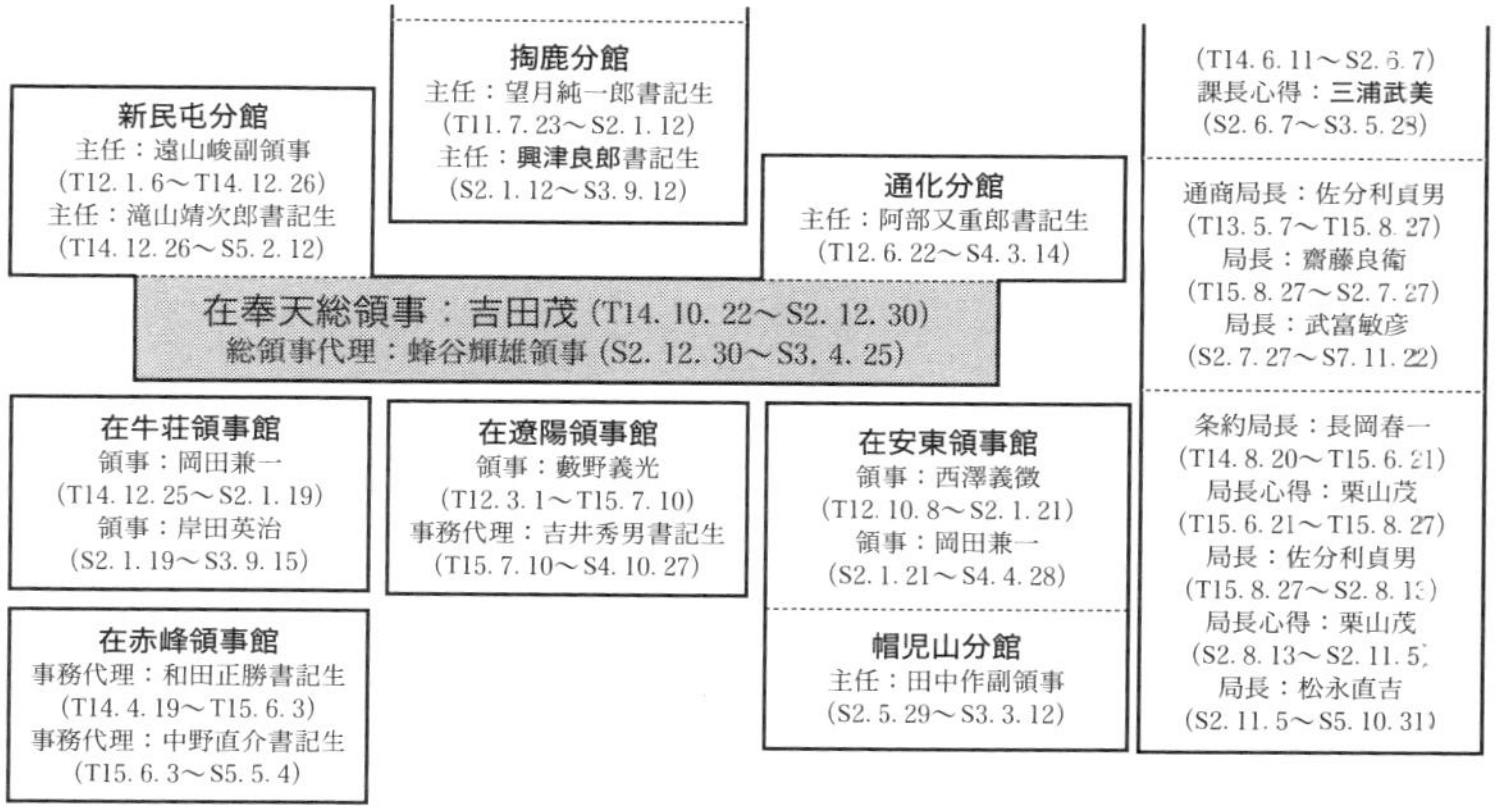

掏鹿分館
主任：望月純一郎書記生
(T11. 7. 23〜S2. 1. 12)
主任：興津良郎書記生
(S2. 1. 12〜S3. 9. 12)
新民屯分館
主任：遠山峻副領事
(T12. 1. 6〜T14. 12. 26)
主任：滝山靖次郎書記生
(T14. 12. 26〜S5. 2. 12)
通化分館
主任：阿部又重郎書記生
(T12. 6. 22〜S4. 3. 14)
(T14. 6. 11〜S2. 6. 7)
課長心得：三浦武美
(S2. 6. 7〜S3. 5. 28)
通商局長：佐分利貞男
(T13. 5. 7〜T15. 8. 27)
局長：齋藤良衛
(T15. 8. 27〜S2. 7. 27)
局長：武富敏彦
(S2. 7. 27〜S7. 11. 22)
在奉天総領事：吉田茂 (T14. 10. 22〜S2. 12. 30)
総領事代理：蜂谷輝雄領事 (S2. 12. 30〜S3. 4. 25)
在牛荘領事館
領事：岡田兼一
(T14. 12. 25〜S2. 1. 19)
領事：岸田英治
(S2. 1. 19〜S3. 9. 15)
在遼陽領事館
領事：藪野義光
(T12. 3. 1〜T15. 7. 10)
事務代理：吉井秀男書記生
(T15. 7. 10〜S4. 10. 27)
在安東領事館
領事：西澤義徴
(T12. 10. 8〜S2. 1. 21)
領事：岡田兼一
(S2. 1. 21〜S4. 4. 28)
帽児山分館
主任：田中作副領事
(S2. 5. 29〜S3. 3. 12)
条約局長：長岡春一
(T14. 8. 20〜T15. 6. 21)
局長心得：栗山茂
(T15. 6. 21〜T15. 8. 27)
局長：佐分利貞男
(T15. 8. 27〜S2. 8. 13)
局長心得：栗山茂
(S2. 8. 13〜S2. 11. 5)
局長：松永直吉
(S2. 11. 5〜S5. 10. 31)
在赤峰領事館
事務代理：和田正勝書記生
(T14. 4. 19〜T15. 6. 3)
事務代理：中野直介書記生
(T15. 6. 3〜S5. 5. 4)

注：ゴシックの氏名は在奉天総領事館在勤経験者（将来の在勤者も含む）

第九章　林久治郎総領事

一、問題の所在

在奉天総領事林久治郎は昭和三年四月二五日に奉天に着任し、蜂谷輝雄総領事代理より事務の引き継ぎを受け、満州事変勃発後の昭和六年一二月二五日、森島守人領事に事務を引き継ぎ離任するまで、第八代総領事として三年八カ月にわたって奉天に在勤した。

林は明治三九年に外務省に入省後、明治四〇年三月九日に領事官補として吉林に着任、翌一〇日、島川毅三郎領事の下で在吉林領事館の開館に携わった。吉林省の松花江以北は在哈爾濱総領事館、また松花江以南は在奉天総領事館の領事管轄区域とされており、在吉林領事館領事管轄区域は松花江以南の在奉天総領事館領事管轄区域を継承した。

翌明治四一年一月一九日、島川領事が病気療養のため休暇帰国し、林は在吉林領事代理として島川領事不在中の館長代理を務めることになったが、島川領事が吉林を出発直後の二一日に長春への途次で病没したため、林の館長代理は、同年一二月二日、島川領事の後任として岩崎三雄領事が着任するまでの一〇カ月あまり続いた。その後、林は同一二日に在シアトル領事館に異動したが、明治四三年六月一〇日、再び在吉林領事館勤務を命じられ、七月五日にシアトルを離任、二六日に領事に昇進し（副領事に昇進した年月日は不明）、一〇月二日、岩崎領事の後任として吉林に着任、大正三年一〇月まで在勤する。二度目の吉林在勤であった。

林のシアトル在勤中の明治四二年九月四日、間島に関する日清協約により日本は間島地方を清国領と認め、また清国は間島地方在住朝鮮人の居住権および日本政府の保護権を認め、一一月二日に龍井村に在間島総領事館が開設された。林が領事として再び吉林に着任した時、間島地方は在吉林領事館領事管轄区域から外れていたが、その後、朝鮮人は間島地方から吉林省、奉天省に広く転住するようになる。

昭和三年一月四日、吉田茂総領事が奉天から東京に帰着した翌々日、バンコックの林駐シャム公使に帰朝命令が発出された。吉田の後任に林を推挙したのは有田八郎亜細亜局長であろう。有田が小池張造総領事時代に領事官補として奉天に着任してから半年あまり後、林が領事として吉林に着任したから、有田は外交官領事官試験五期上の林の合計五年半におよぶ二度の吉林在勤の経験を良く承知していた。三月一三日、バンコックから帰朝した林は、一六日に在奉天総領事を拝命、特命全権公使から総領事への異動は降格の感は否めなかったが、四月二一日、奉天に向けて赴任した。その時、林は四六歳であった。

林は、明治一五年一〇月一七日、栃木県下都賀郡壬生町に生まれ、明治三六年七月に早稲田大学政治科を卒業後、同大学研究科で国際法を専攻した。明治三九年の第一五回外交官領事官試験に合格、同期には広田弘毅、武者小路公共、吉田茂等がいる。外務省入省後、林は、吉林とシアトルで在勤後、大正三年一〇月に在天津総領事館領事、済南出張駐在を命じられ、翌大正四年七月に在済南領事館の開館に携わった。その後、大正七年三月に在英大使館二等書記官に異動、翌大正八年六月に一等書記官に昇進、同一二月に在福州総領事、さらに大正一二年三月に在漢口総領事、同大正一四年九月に駐シャム特命全権公使に任じられた。

大正一五年七月九日、蔣介石は国民革命軍を組織し第三次北伐を開始した。全国統一を目指す国民革命軍は一〇月に武漢、次いで翌昭和二年三月に上海、南京を占領、四月一八日、蔣介石は南京に国民政府を樹立したが、すでに二月二一日に国民党左派の汪兆銘が中国共産党と提携した国民政府を武漢に樹立していたため、国民党内部の容共派と反共派の対立が鮮明になり、中国では依然として混乱が続いていた。六月に北京の直隷派政権が国民革命軍により崩壊し、直隷派に代わって奉天派の張作霖が大総統に就任したが、国民党との対立は解消せず、張作霖は国民革命軍の脅威に曝されていた。

一方、満州では張作霖が満鉄本線の東西両側で満州を南北に縦断する二本の幹線鉄道を建設し、これを京奉鉄道に接続、満州産物資を葫蘆島から満州外に輸送する満鉄包囲線建設計画を推進していた。満州産物資を大連から輸送することを経営の基幹にした満鉄では、昭和四年一〇月に始まった世界恐慌の影響により営業収支が悪化し、加えて張作霖の満鉄包囲線建設計画は運賃収入や大連港の経営に大きな打撃を与えることが予想され、満鉄培養線の建設は喫緊の課題であったが、その建設の見通しは全く見えなかった。明治四一年以来、東三省政府が営口に代わる不凍港として築港してきた葫蘆島は、辛亥革命など幾多の戦禍のため工事は進捗していなかったが、昭和五年七月二日に竣工する。

このように、中国の政治的実権をめぐる蔣介石の国民党と張作霖の奉天軍閥が対立する一方、満州をめぐる日中間の対立が顕在化する中で、林は奉天に着任した。

二、在満統治問題

㈠ 在奉天総領事館の館内体制の強化

林が総領事の時代に林を補佐し、林が不在の時には総領事代理を務める次席は、林の着任時は蜂谷輝雄領事であった。昭和三年九月四日、蜂谷の後任として蜂谷とは高等文官試験外交科同期の森島守人領事が本省情報部第三課から着任したが、林は森島の着任と入れ違いに四日から二七日まで一時帰国し、その間の館長代理を森島が務めたことは、森島が着任と同時に蜂谷に代わって次席となったことを示している。

森島は、明治二九年二月一六日、石川県金沢市に生まれ、大正八年、東京帝国大学法学部法律学科独法科を卒業、同年の高等文官試験外交科に合格、同期には蜂谷のほか須磨弥吉郎、日高信六郎、柳井恒夫等がいる、外務省に入省後、在米国大使館などに在勤、大正一五年から情報部第三課長、昭和三年九月に奉天着任後、昭和六年一二月に林が満州事変の最中に離任した後は総領事代理となり、昭和七年一二月に在哈爾濱総領事に異動する。

林総領事時代に本省は在奉天総領事館に際だって高等文官試験外交科合格者を配置した。森島の着任後、蜂谷は張作霖爆殺事件後の館務多忙な時期を森島と重複配置となり、森島を補佐して翌昭和四年二月まで奉天に在勤するが、すでに昭和二年一〇月、吉田前総領事の離任直前に内田五郎領事が着任、内田は次席の蜂谷、次いで森島各領事を補佐し、昭和四年九月まで奉天に在勤する。同年七月には内田の後任として三浦和一副領事が在ソ連大使館より着任、三浦は大正一三年に京都帝国大学法学部を卒業、同年の高等文官試験外交科に合格、同期には門脇季光等がおり、満州事変勃発後、昭和七年七月に領事に昇進する。また昭和六年二月に蜂谷や森島と同期の柳井恒夫領事が着任、昭和九年六月まで奉天に在勤する。柳井は、明治二八年一一月六日、東京に生まれ、大正八年東京帝国大学法学部法律学科独法科を卒業、亜細亜局第一課、在仏国大使館を経て奉天に着任、満州事変後の昭和九年六月、亜細亜局が改組された東亜局第二課長に就任する。

さらに昭和六年六月、柳条湖事件勃発の直前、在華公使館から岩田冷鉄領事官補が着任した。外務省では大正一〇年以降の高等文官試験外交科合格者から外交官補、領事官補は今日のような在外研修期間とされ、在外公館での勤務は課せられていなかったが、岩田は大正一一年に東亜同文書院を卒業、通訳生として外務省入省、すでに在重慶総領事館、在鉄嶺領事館海龍分館に在勤の経験があり、条約局第二課勤務時代に昭和四年の高等文官試験外交科に合格した。同期には島重信、島津久大、福島慎太郎等がいる。

昭和六年九月の柳条湖事件勃発当時の奉天には、林総領事の下に森島、柳井各領事、三浦副領事および岩田領事官補の四名の高等文官試験外交科合格者が在勤していた。満州情勢の緊迫化から本省も在奉天総領事館館内体制の強化を図っていたことが窺われる。

また書記生出身の領事は、林が奉天に着任した時は河野清、八ヶ代義則各副領事が在勤し、一一月に藤村俊房副領事が着任、河野と交代し、翌昭和四年六月に領事に昇進する。また昭和三年八月に森岡正平領事、一一月に清野長太郎領事が着任。清野は落合謙太郎総領事、矢田七太郎総領事代理時代に奉天在勤の経験があり、二度目の奉天在勤であった。また森岡は在南京領事館領事からの転任で、昭和二年三月の南京事件に遭遇した経験があった。同年七月に田中義一内閣が総辞職した後、九月に清野、翌昭和五年八月に八ヶ代が離任、森岡は同年五月から在安東領事館兼勤となり、館長として安東で在勤した後、同年九月に奉天に復帰した。昭和三年六月の張作霖爆殺事件後の短期間に書記生出身の領事を奉天に複数配置し、柳条湖事件勃発当時の奉天には四名の高等文官試験外交科合格者のほかに書記生出身の森岡、藤村各領事が在勤していた。本省の危機意識が窺われる。

また書記生、通訳生では、昭和二年一二月の吉田総領事離任後、翌昭和三年二月に北村国太郎書記生が離任、同年四月に永山正秋書記生が着任した。同月末の林の着任時の書記生は折笠義光、古見梅次郎、池田憲彰、松浦興、月川左門、木村覚善、永山正秋の七名と村川俊通訳生の計八名が在勤していた。林の奉天在勤中に沼正記、興津良郎、藤田義業、上月顕軌、高橋三五、栗野鷹二、関島栄各書記生が着任し、一方、古見、池田、松浦、折笠、興津、藤田、関島各書記生が、また村川通訳生が離任したから昭和六年一二月の林の離任時には書記生七名が在勤していた。吉田総領事時代より書記生、通訳生が一名少なくなったのは、高等文官試験外交科合格者ならびに書記生試験合格者の領事が複数配置されたためである。

司法領事は林の着任時は前田治之助前大阪地裁判事、前田は昭和五年六月に在天津総領事館に異動、後任に在天津総領事館から佐藤清吉司法領事が着任した。佐藤は大正九年に京都帝国大学法学部法律学科独法科を卒業、名古屋地裁判事を歴任、大正一五年から厦門、天津各館に在勤していたため、奉天着任後、早々に帰朝を希望、翌昭和六年二月に離任し、後任には三月に花輪三次郎東京地裁判事が着任した。花輪は、大正一一年京都帝国大学法学部法律学科卒業、あわせて在鉄嶺、在鄭家屯、在牛荘、在遼陽各領事館兼任が発令された。また司法書記生は林の着任時に小林舜二前大阪地裁書記と久保田正信前東京地裁書記の二名が重複配置されていた。

在奉天総領事館司法領事は、大正一五年以降、在遼陽、在鉄嶺、在鄭家屯、在牛荘各領事館に兼任された。昭和五年の刑事、民事訴訟件数は、林が着任した昭和三年と比較すれば、奉天では五九一件から六四四件に、また鉄嶺、鄭家屯、牛荘、遼陽の四カ所では合計二四三件から三六八件に増え、領事裁判業務は依然として在満領事館の大きな負担であった。大正一四年七月一七日付け勅令二八七号により、裁判所判事でなくても外相の承認によって司法領事の指名が可能とされたことから、林は在奉天総領事館の司法領事体制拡充のため司法領事のほかに書記生出身の司法副領事二名を定員化することを模索していた。司法領事制度は増加する在満朝鮮人を中国人の迫害から護り、特に領事館所在地から遠隔地に居住する朝鮮人保護の必要性が認識されたことが契機になっており、とりわけ朝鮮人の満州における法的地位の問題に経験の深い林には、司法領事の拡充は放置できない課題であった。

ところで昭和三年三月に朝鮮総督府の推薦で採用された文泰善副領事は、本省での研修を終えて昭和三年一〇月に着任したが、昭和五年九月八日、奉天で心臓麻痺のため急逝した。このため、外務省は改めて朝鮮総督府に朝鮮人副領事の推薦を求め、昭和六年二月、朝鮮総督府京城市理事官呉斗煥を採用した。呉斗煥は明治一六年京畿道京城の生まれ、明治四五年二月から朝鮮総督府書記を務めていた。

(二) 林久治郎の在満行政機関統一構想

昭和四年一月、林は田中外相に、満鉄に付与された付属地行政権を関東庁が継承しようとしているとの噂があるとして、満蒙政策遂行の上で関東庁への満鉄付属地行政権の移管に本省が強く反対するよう意見具申した。林は前年昭和三年一二月にも在満行政機関統一について意見具申しており、在満行政機関の統一に強い関心をもっていた。

一月一二日に林が田中外相に提出した意見書「満鉄付属地地方行政移管問題」では、論点の第一は、満鉄付属地地方行政権の満鉄から関東庁への移管は鉄道付属地での満鉄と関東庁の合同にすぎず、むしろ付属地の行政権を警察権とともに外務省に移管する方が満州で分裂する日本の行政機関の統一に資すること、第二は、関東庁を満州全体の拓殖指導機関とすることは外務省と関東庁の対立要因になりかねず、奉天に設置する外務省機関が満鉄付属地の内外を一体として管理する方が効率的であること、第三は、関東州と満鉄付属地の一体化により租借地行政機関の関東庁が鉄道付属地の行政権を担うことは、日本の主権が租借地から満鉄付属地にまで拡大したとの批判を受けかねないと指摘した。林は領事警察と関東庁警察の間には融合できない溝があり、両者の統合のためには満鉄付属地警察権の関東庁から外務省への移管が必要と考えていた。

三月一八日にも林は田中外相に重ねて意見書を提出した。論点の第一は、満州の発展は満州南部にのみある満鉄付属地に限られず、鉄道付属地のない満州北部、また満州南部でも満鉄付属地から遠い奥地を開発し、満州全域で邦人の自由な経済活動の確保が肝要なこと、第二は、満鉄付属地を日本国内と同じ制度にしても、付属地の内と外に格差がある状況のままでの満州開発は困難であり、領事館、関東庁、満鉄三者の対立解消には関東庁の満鉄付属地の警察権を外務省に移管すること、また第三は、在奉天総領事館を関東庁並みに拡張、在奉天総領事を親任官として満鉄を在奉天総領事の監督下におき、その下で対外交渉、付属地内外の行政事務を分担する総領事館の組織改編が必要と提言した。

しかし、この提言に本省からの反応はなかった。外務省では親任官は外相と特命全権大使のみで、特命全権公使ですら勅任官ではあったものの、親任官ではなかったから、在奉天総領事を親任官とすることに外務省内に強い反対のあったことが窺われる。しかし、当時の山本条太郎満鉄社長は衆議院議員（立憲政友会、福井県選出）、民間人とはいえ、林には在奉天総領事を親任官にしない限り、奏任官の在奉天総領事では満鉄の監督はできないとの思いがあった。

七月二日、田中義一内閣が退陣し、浜口雄幸内閣が成立、幣原喜重郎が外相に復帰したため、一三日、林は幣原外相に、中国国内の利権回収熱の高揚を踏まえ、関東州租借地および満鉄とそれに付随する諸権利を中国側が回収し終えるまで、排日運動は収まらないとの見通しから、中国側の無用な反感や不慮の禍災を避けるためにも制度改革が必要であり、三月一八日の提言を早急に実施するよう意見具申した。

八月二八日、林は改めて幣原外相に意見具申し、利権回収運動が満州でも顕著になったことは日中両国民間の融和と日本の経済活動を阻害し、前年の張作霖爆殺事件および南北妥協に日本が反対したため、それ以後は中国人の日本人への反感が一層拡大し、日中間の親善は一層困難になっているとして、今後、満州における利権回収は熱を帯びると見込まれ、これまで満州では日本政府機関が分裂、日本の方針が徹底されてこなかった経緯もあり、今後の中国人の反日の傾向と満蒙問題に関する日中交渉を考慮すれば、在満諸機関の統一は日中両国の共存共栄を求める日本の方針を中国側に徹底する上で不可避と述べた。

しかし本省からの反応はなく、林は「満州に於ける行政機関の統一に関する件」と題する意見書を用意、昭和四年一一月二七日から翌年一月九日まで一時帰国し、自ら本省幹部の説得を試みた。同意見書では在満行政機関の分立による弊害と欠陥を是正するため、関東長官と在奉天総領事の地位と職権を見直し、関東庁の組織改編にあわせて関東州外に駐在する関東庁警察官を外務省領事警察に移籍、関東長官の権限を縮小し、満鉄の監督権を在奉天総領事に移管するとともに、在奉天総領事には在満各領事への指揮権を与え、総領事を補佐するため勅任官の事務総長（特命全権公使、次官級）を配置し、その下に渉外、警察、内務、司法、産業および朝鮮人関係各事務を主管する複数の領事を配置する体制への改革を提言した。

また林は西春彦通商局第一課長および谷正之亜細亜局第一課長に在満領事会議の開催を求め、在満領事会議で在満領事が一致して在満行政機構の統一を提起するよう図ったが、会議は予定されたものの直前に中止された。それどころか、逆に林は本省幹部（恐らく外務省入省同期の吉田茂次官であろう）より提言そのものを撤回するよう求められた。在奉天総領事を外相や大使と同格の親任官にするといった林の構想に本省は辟易していたのであろう。

しかし、この問題意識は林の中に残り、柳条湖事件勃発後、昭和六年一〇月二五日、林は関東軍と在満領事館の協力体制を確立するため、軍部以外の在満行政機関の統合を主張し、駐米国、露国大使、外相を歴任した内田康哉満鉄総裁を特命全権大使として関東長官を兼務、奉天駐在として事変に対応することを提案した。さらに二九日、シベリア出兵に際してウラジオ派遣軍政治部長に松平恒雄在天津総領事が出向した先例を引き、関東軍にも外務省から政治部長を派遣し、関東軍と在満領事館との連絡、軍部統治の是正に務めさせることを新たに提案した。その後、一一月一三日から一時帰国した林は、東京滞在中に同構想実現のために奔走したが、実現にはいたらなかった。

関東軍政治部長の設置は林と本庄繁関東軍司令官の間でも協議され、一二月一八日、関東軍参謀長の下に幕僚部と統治部を設置、統治部長には外務省亜細亜局駒井徳三嘱託（明治四四年、東北帝国大学農科大学農業経済学科卒業、元満鉄地方部職員、後に初代満州国総務長官）が指名され、統治部交渉課長には外務省から関東庁に出向中の河相達夫外事課長（大正四年に東京帝国大学法科大学政治学科卒業、大正七年の高等文官試験外交科合格、同期には西春彦、大橋忠一、守島伍郎がいる）の起用が検討された。この時期、関東軍では新たな満州の統治形態として満州国と満蒙都督府の設置を検討していたが、満州国建国後、新首都新京（長春）には在満州国大使館が開設され、昭和七年一二月一日、関東軍司令官武藤信義大将が駐満州国特命全権大使兼任となって着任、在満行政機関の統一が図られることになる。

三、満州政況問題

(一) 張作霖爆殺事件

昭和三年四月七日、武漢派と南京派に分裂した国民党内の混乱を収拾した蒋介石が北伐を再開したため、一九日、田中内閣は邦人居留民保護のため第二次山東出兵を閣議決定、六〇〇〇名を済南に派遣した。五月三日、国民革命軍が日本人居留民を襲撃する済南事件を起こしたため、八日、日本軍は革命軍に総攻撃を開始、一一日に済南を占領した。

五月一九日、日本は北京の張作霖大総統および南京の蔣介石国民革命軍総司令の双方に、奉天軍と革命軍の戦闘が満州におよぶ時は、治安維持のため日本は武力行使も辞さずとの強い方針を通告し、芳沢謙吉駐華公使は張作霖に、蔣介石と戦火を交えるより奉天への即時撤退を慫慂したが、楊宇霆、張学良など張作霖側近の間では主戦論が支配的で、張作霖は奉天への帰還を決心できずにいた。しかし、五月三〇日、北京西方の保定で革命軍第三軍団総司令官閻錫山の攻撃を受けて奉天軍が敗退したため、六月一日、張作霖は北京からの撤退を宣言、六月三日深夜、京奉鉄道で奉天（瀋陽駅）に向けて出発した。

六月四日未明、張作霖の乗車した特別列車が瀋陽駅に到着する直前の満鉄本線鉄橋下を通過中に、関東軍参謀河本大作大佐の指揮により列車が爆破された。張作霖はただちに警備車両により奉天城内の自宅に搬送されたが、死亡した。当初は奉天軍も張作霖の死亡を公表せず、また実行犯も特定されなかったため、林は大陸浪人など日本人の関与もあり得ると考えた。奉天市民の間でも事件発生直後から実行犯は日本人とする噂が飛び交い、反日運動が勃発する不穏な空気が生まれたため、林は奉天城内（城郭に囲まれた市中心街）など満鉄付属地外に居住する在留邦人には、直ちに付属地に避難するよう呼び掛けた。

六月八日、林は関東庁大場鑑次郎保安課長から、同事件を機に満蒙問題の解決を図りたいとの村岡長太郎関東軍司令官の意向が伝えられたが、林は事件が大陸浪人等の策動による場合にはその陰謀に加担するのは得策でないとして、事件解決を機に満蒙問題の解決を図ることに強く反対した。林は、日本が満蒙問題解決のために奉天側に何らかの要求をしていた場合、後に実行犯が日本人であることが判明した時には、日本は満蒙問題解決のために張作霖爆殺事件を実行したと解されかねないことを強く懸念していた。

事件発生後、林の関心は四点に絞られた。六月一一日、林は山本条太郎満鉄社長の代理として来訪した高柳保太郎（満鉄嘱託、関東軍予備役中将）に、まず実行犯は誰か、次に張作霖は死亡したのか、第三に張作霖は死亡しないまでも再起不能の場合、後継者は誰になるのか、そして第四に張作霖の後継者は青天白日旗を掲げるのかと述べた。特に青天白日旗を掲げるか否かは奉天市民の選択であり、村岡司令官は好ましくないとしていたが、林は市民の選択に干渉すべきでないと考えた。

当初、関東軍の関与は否定されたが、時間を経るにつれてその可能性も取り沙汰され、事件の収拾に日本が主導権を握ることは奉天側に日本の計画性を疑わせかねず、林は張作霖死亡後の後継者選定で日本が満州地方軍閥間の調整を主導することは避けるよう主張した。林は、一四日、灤州に張学良を訪ねる張作霖の軍事顧問土肥原賢二大佐と、爆殺の際に車中で張作霖と歓談していながら負傷を免れた軍事顧問の儀我誠也少佐に、張作霖の後継者の選定は成り行きに任せ、日本が特定の人物を後継に誘導すべきではないと強調した。

張作霖の生死は事件後二週間を経ても明らかにされなかったが、六月一六日、河野副領事は奉天督軍署秘書長であった袁金鎧に張作霖の死亡を確認した。しかし、一八日、張作霖が北京滞在中の奉天軍留守司令を委ねられていた臧式毅は蜂谷領事に、張作霖が重体のため張学良が灤州から奉天に帰郷したと述べるなど、奉天軍が張作霖の死亡を公にしない中で、一九日、張学良の奉天督弁代理就任式が行われ、二一日に漸く張作霖の死亡が公表された。同日、田中外相は直ちにその弔意を張学良に伝えるよう林に命じた。

六月二四日、田中外相の弔意を伝えられた張学良は林に、亡父張作霖が、日本、特に田中外相から受けた恩義と援助は良く承知しているとして、自ら奉天督弁就任を明らかにし、張作霖に対する以上の支持を日本に要請、七月三日、張学良は奉天督弁に就任した。張作霖爆殺事件の実行犯は依然として明らかではなかったが、林の関心は東三省市民が青天白日旗を掲げ、張学良が国民党の東三省支配を受け入れるかどうかに移っていった。

九月二二日、張作霖爆殺事件真相究明のため、外務省、陸軍省、関東庁による特別調査委員会が設置され、森恪外務政務次官を委員長に外務省から埴原正直参与官（前駐米国大使）、有田八郎亜細亜局長、また陸軍省から杉山元軍務局長、関東庁から藤岡兵一警務局長が委員として出席したほか、奉天現地から林も参加した。一〇月二三日に開催された第二回会合では、関東庁の報告から河本大佐等関東軍の関与が明らかにされたため、森政務次官は杉山軍務局長に陸軍省のさらなる調査を求めて委員会を終了したが、その後、第三回会合が開催されることはなく、その真相究明は有耶無耶にされた。

一一月一〇日に昭和天皇の即位礼が行われ、田中首相は一二月二四日に昭和天皇に事件には関東軍が関与した可能性もあり、その場合には関係者を厳重に処分すると報告したが、その後、陸軍の反対で軍法会議も開廷されず、翌昭和四年四月に河本大佐は停職処分を受け、退役し、また七月に村岡関東軍司令官は予備役に編入された。これにより関東軍の謀略が表沙汰にされることはなかったが、この処分に昭和天皇は不満を表し、七月二日、田中内閣は総辞職した。林は着任後三カ月で勃発した張作霖爆殺事件で満州事変にいたる関東軍の暴走を目の当たりにし、関東軍への不信感を強めることになった。

㈡　東三省の政情と易幟

張学良は日本として望ましい後継者であり、その奉天督弁継承は日本が望んでいた自然の成り行きであったが、林は張学良政権に二つの課題を見ていた。第一は、張作霖の惣領とはいえ、二七歳の張学良が楊宇霆など張作霖配下の有力な老臣を抑えて安定した政権を打ち立てられるかどうか、第二は、張学良政権が国民党政権の支配下に入るのか、国民党政権と対峙して東三省の自立を図るのかであった。七月九日、張学良は林に中国の統一には賛成するが、青天白日旗は掲げず、国民党には屈服しないとの意思を述べた。

しかし、国民政府は張学良が青天白日旗を掲げて三民主義の支持を宣明すれば、張学良の東三省支配を容認するとし、張学良は国民政府の配下に入るか否かを決めかねていた。七月一九日、林は張学良を往訪し、蔣介石に迎合することなく保境保民のために中立の維持を求める田中外相の意向を伝えた。張学良も満州に共産主義勢力が浸透することを強く警戒し、青天白日旗の掲揚には反対の意思を示したが、張学良政権の有力者は易幟を主張し、あくまで易幟が求められるならば、張学良としては下野もやむを得ないと述べるなど、張学良政権の基盤がまだ磐石ではない現状を露わにした。

張学良は易幟を強く求める蔣介石とそれに反対する日本の間で揺れていた。八月五日、張作霖の葬儀が営まれ、葬儀には日本政府を代表して林が参列したほか、田中首相兼外相個人の代理として林権助元駐華公使が特派大使として派遣された。葬儀の後、林権助大使は八日、九日の両日、張学良と会談、現状では保境安民を第一とする施政を行い、国民政府との妥協を急ぐべきではないと忠告した。他方、蔣介石は同葬儀に国民政府代表として中央政治会議方本仁委員を派遣し、張学良政権との妥協を画策していた。このため、一〇日、張学良は三カ月間の国民政府との交渉停止を決定、この決定は、一二日、奉天より帰国する前日の林大使にも張学良から直接伝えられた。

一一月一二日、三カ月間の国民政府との交渉停止期間が終わったが、林は張学良には東三省の自立確保が最大の課題であり、国民革命軍が奉天軍を追討しながら満州に進出することを防ぐためにも、張学良は熱河省をその勢力範囲内とするため、灤州から満州への奉天軍の撤兵問題は交渉停止期間中も協議が続けられていたと見ていた。一〇月二六日、王正廷国民政府外交部長が矢田七太郎在上海総領事に、日本は張学良の易幟に反対すべきでないと警告したのは、張学良と国民政府の妥協が成立したことを暗示していた。

一二月八日、林は張作霖大総統時代の教育総長であった劉哲より、国民政府との交渉が大きく進展し、年明けにも妥協が発表される見込みで、熱河省の政治委員会主席は奉天側より任命するなど張学良の要望が受け入れられ、また東三省政治委員会主席には張学良、委員には劉哲のほか袁金鎧などの張作霖時代の主要幹部が名前を連ね、人事の大枠までが国民政府と合意され、表向きは東三省が国民政府に統一されるものの、実際は現状を維持し、外交問題、特に対日関係は東三省の自主的判断で決定されるとの見込みが伝えられた。また一八日にも劉哲は藤村副領事に張学良の東北辺防総司令任命を内報した。

林は二八日に南北間の妥結成立が発表されるとの情報を得ていたが、二一日、奉天に来訪した床次竹二郎衆議院議員に随行した船津辰一郎元総領事が、楊宇霆に易幟は一月一日との噂があると質したところ、楊宇霆は南北間の妥協成立まではまだ時間がかかるとし、張学良政権の一部には妥協に反対のある内情を明らかにした。

二九日、蔣介石は東三省政治委員会委員に張学良以下一三名を、また張学良を東北辺防総司令、満福麟と張作相を同副指令に任命したほか、熱河省は湯玉麟、遼寧省は翟文選、吉林省は張作相、黒竜江省は常蔭槐と各省主席に張作霖側近を任命した。同日、東三省では易幟が実行され、奉天市内では二八日夜半から青天白日旗が掲げられ、また翌二九日には在斉々哈爾清水八百一領事、在吉林川越茂総領事からも黒龍江省、吉林省の状況が報告された。林は易幟により在留邦人に危害が加えられることを警戒したが、張学良が易幟にあたって日本に何も通告しなかったのは、日本への事前予告が日本から干渉を招くことを警戒したためと考えた。田中外相は、東三省が国民政府の傘下に入っても日本の在満権益は不変であることを張学良に申し入れるよう林に命じた。

林は田中外相に、張学良が易幟に際して日本に何も通告しなかったのはその本意の現れであり、張学良はそもそも日本に好意をもっておらず、張作霖爆殺事件は関東軍が実行したとの疑いを強くもち、日本に相当強い恨みを抱いているため、現状では日本は国民政府との関係を改善しない限り、満蒙問題の解決は困難との見通しを報告した。林は、三一日、張学良に田中外相からの申し入れを伝え、易幟は日本の在満権益への影響も大きく、事前に日本の了解を得ようともしなかったのは、これまでの張学良の言質が偽りであったとさえ思わざるを得ないと強く警告した。張学良は中国国民の反対が強い鉄道問題を日本が望むように解決することは難しいと述べ、林の張学良への不信感はさらに深まった。

他方、一二月三一日、楊宇霆は藤村副領事に、張学良が易幟を受け入れたことにより東三省は国民党の影響を受けざるを得なくなるため、楊宇霆自身がこの時点での易幟には反対であり、張学良より新体制の一員となるよう求められたが、あえて新体制には加わらなかったと述べ、易幟が張学良政権内部でも賛否のあったことを明らかにした。

張作霖爆殺事件の後、張作霖配下で大元帥府参謀長を務めていた楊宇霆と張学良の関係は険悪化の一途を辿っていた。楊宇霆は東北第三、第四軍団総司令でもあり、張学良としても楊宇霆への警戒を怠るわけにはいかなかったが、翌昭和四年一月一〇日深夜、張学良は楊宇霆と黒竜江省常蔭槐主席を緊急逮捕し、張学良が審判長を務める東三省保安総司令部高等軍法会議は、楊宇霆と常蔭槐は共産党と結託、内乱を謀ったと判決し、直ちに処刑した。田中外相はこれにより張学良は張作霖配下の実力者を排除し、張学良政権は安定すると受け止めたが、これを機に国民党が満州に勢力を伸ばすことを警戒し、林から日本の張学良支持を伝え、日本が期待するように問題解決を図ることを申し入れるよう命じたが、逆に林は易幟により満蒙問題の解決は遠のいたとの印象をもった。

四、満州懸案問題

㈠ 万宝山事件

昭和四年二月、関東庁警務局は在満各地警察署長等に奉天省政府が朝鮮人への水田の貸与を禁じる省令を発令したとして、現地駐在の各領事と連携して注意するよう通報した。さらに六月に遼寧省政府（昭和四年三月一日、奉天省は遼寧省と改称）は水田耕作に従事する朝鮮人の雇用を全面的に禁止する省令を発出し、七月には吉林省政府も同様の省令を発出した。翌昭和五年一〇月二〇日、遼寧省政府は日本が遼河や松花江沿いの大穀倉地帯に開拓移民の派遣を計画する一方、日本人は満鉄付属地隣接地を購入して付属地の拡張に努めていると疑い、日本人の土地取得を禁じる布告を発布した。さらに一二月一日、吉林省政府は延吉、琿春など延辺各県で朝鮮人農民が占有する農耕地は六〜七割におよんでいるとして、将来の騒擾を避けるために朝鮮人の土地購入を厳禁した。

このように遼寧省、吉林省では朝鮮人農民の耕地取得が禁じられる中で、昭和六年四月七日、長春郊外の三姓堡（万宝山）の中国人郝永徳所有の荒地を長春県長承認の下に朝鮮人農民九名に一〇年間の貸与が契約された。禁じられている朝鮮人農民への土地貸与を承認したのは長春県長の誤断であり、土地の取得に朝鮮人農民に非の無かったことは明らかであったが、その後、朝鮮人農民が長春県当局の許可を得ないまま、農業用灌漑水路の開削工事に着手したため、中国人農民との間で水利用をめぐる小競り合いが始まった。

五月二五日、吉林省警察巡警が灌漑用水路建設工事監督を拘引するとともに朝鮮人農民二名を殴打し重傷を与えたため、在長春田代重徳領事は、翌二六日、現場に書記生と領事警察官四名を急派した。これに対して三〇日、長春県長は騎馬警官を含む巡警二〇〇名を派遣して工事の強制的中止を命じた。中国人農民の保護のために吉林省警察巡警が、また朝鮮人農民の保護のために在長春領事館領事警察官が出動し、吉林省巡警と領事警察官の睨み合いとなり、衝突に発展する危惧が生まれた。

一方、林は事態の緊迫化を受けて日中両国軍隊が出動することを懸念し、六月四日、森岡領事から張作相吉林省政府主席（東北辺防副司令として奉天に駐在）に事態の穏便な解決に力を貸すよう求め、張作相も現地での平和的解決が必要とし、双方の警察官の引き揚げに同意したため、現地の田代領事は朝鮮人農民に工事の暫時中止を命じた。同日、幣原外相も林に張作相を通じた事態の解決を図るよう指示したが、八日、奉天では張作相が副官を在奉天総領事館に派遣し、長春県巡警は引き揚げたものの、領事警察官は残留したままであるとしてその引き揚げを求め、紛議の原因は朝鮮人農民が許可を得ずに農場経営を行うとしたことにあると述べた。しかし林は、吉林省巡警も小数ながら残留しており、領事警察官は吉林省巡警と対立するためではなく、領事警察官が引き揚げれば、朝鮮人農民は長春県当局から退去を求められることが明らかなため、領事警察官全員の引き揚げには応じられないと回答した。

六月一二日、幣原外相は林に、万宝山以外にも中国側の妨害により在留邦人が正当な起業活動ができない事例があり、朝鮮人を含む邦人居留民の安住と平和的活動を保護すること以外に日本に領土的、政治的野心は無く、最近、特に中国側では朝鮮人農民を放逐しようとする意図があまりにも露骨であり、朝鮮半島では朝鮮人が逆に中国人に対する報復措置を加えようとする動きもあり、中国側も充分に注意することが肝要と申し入れるよう命じた。一五日、張作相は林に、紛議の原因は朝鮮人農民が土地所有者、長春県当局の許可を得ずに水路工事を開始したことにあり、朝鮮人農民の放逐を目指しているとの批判を否定し、田代領事と長春県当局の間で円満な解決がはかられることを希望した。

二二日、吉林省施履本特派交渉員も林に工事の中止を求めたが、林は円満解決を前提に暫時堰の構築工事を中断させたにすぎないと反論し、妥協は成立しなかった。二五日、田代領事は長春県籌備処長にすでに種蒔きの時期も到来しているとして、二六日の工事再開を通報した。一方、張作相は森島総領事代理に朝鮮人農民が工事再開を決行するならば、吉林省は実力をもって阻止するとの意思を明らかにした。工事は二六日に再開され、翌二七日に終了したが、七月一日、中国人農民四〇〇名が水路の破壊を始め、長春県警察も在吉林領事館もそれぞれ警官を増派したが、中国人農民の集団的破壊行為を止めることはできなかった。翌二日には拳銃等で武装した中国人農民の集団は五〇〇名に増え、堰を破壊、水路を埋め立てたため、田代領事はさらに警官を増派したが、中国人農民集団を抑えることはできなかった。七月三日、幣原外相は田代領事に朝鮮人農民の保護に万全を尽くし、対立が拡大しないように注意を喚起した。

その際、無抵抗の朝鮮人農民が中国人農民によって虐殺されたとの誤報が朝鮮に伝えられ、七月三日に仁川、四日に京城、五日に平壌など朝鮮半島各地で中国人排斥暴動が勃興、数日間にわたって続き、朝鮮在住中国人に多数の死傷者がでた。幣原外相から林に伝えられた懸念が現実のものになったが、水路の修復工事は続けられ、灌漑用水路は七月一一日に完成した。

ところが、この時期、林は老父危篤のため一時帰国を余儀なくされ、六月二四日に奉天を出発、郷里に帰り、父の葬儀をすませた後、七月一二日に奉天に帰任した。このため万宝山事件の最も激しい攻防の時は奉天を不在にしていた。林は一四日に臧式毅遼寧省主席、一五日に張作相東北辺防副司令に帰任挨拶し、万宝山事件のような中国人農民と朝鮮人農民の衝突を防止するため、日中両国が在満朝鮮人保護のための法的地位に関する恒久的な解決策を検討することを提案した。七月一六日、幣原外相は林に在満朝鮮人の法的地位は根本的には満蒙地方の特殊問題として中国が譲歩するか、日本が朝鮮人の中国への帰属を認める以外にないが、根本的解決にいたるまでの間、事件の再発を防止するため、朝鮮人を保護する暫定取決めを東三省政府との間で締結するよう指示した。

国民政府は、日本が中国への帰化を希望する朝鮮人を領事警察の支配下に留めおこうとすれば、領事警察官と中国巡警が衝突することは必定と見ており、七月二二日、林は幣原外相に、遼寧、吉林両省に朝鮮人の居住や水田耕作を制限する法令を撤廃させるためには、少なくとも日本が朝鮮人の中国への帰化を認めることが必要と意見具申した。林は、二七日、臧主席に再度面会し、暫定協定締結に応じるよう促したが、臧主席はこれに応じる気配を示さず、その間にも朝鮮人への圧迫は哈爾濱や斉々哈爾など北満にも広がり、事態の解決を見出せないまま、九月一八日に柳条湖事件が勃発する。

㈡ 中村震太郎大尉事件

昭和六年六月九日、陸軍参謀本部部員中村震太郎大尉は、元騎兵曹長井杉延太郎（昂々渓旅館経営者）を道案内に露国人、蒙古人の通訳を同行、東支鉄道博克図駅付近から洮南に向けて洮索地方を偵察中、六月二六日、蘇鄂公府で同地駐屯奉天軍興安屯墾隊第三団歩哨隊に捕らえられ、同団本部にて関玉衛団長代理の取調べを受けた後、二七日夜半、同団長代理の命により射殺され、遺体は持ち物とともに焼却された。七月三日の洮南到着の予定日から二週間たっても中村大尉からは音沙汰がなく、関東軍は、哈爾濱特務機関から捜索隊の派遣を検討していたが、二〇日、満鉄斉々哈爾公所などから中村大尉一行殺害の情報がもたらされたため、中村大尉一行が奉天軍により殺害されたと断定した。

幣原外相は、七月二七日、林に在斉々哈爾清水八百一領事の報告をもとに将来の交渉を見据えた証拠の収集を命じたが、八月二日、関東軍作戦参謀石原莞爾中佐と奉天特務機関花谷正少佐が林を訪ね、今後の奉天当局との交渉は関東軍があたると通告したため、林はまだ真相は調査中であり、事実究明がなされるまでは関東軍の方針には同意し難いと応じた。しかし関東軍では張作相の軍事顧問大迫道貞少佐、関東軍参謀片倉衷大尉、哈爾濱特務機関宮崎繁三郎大尉が洮南に集結、河野正直満鉄公所長の取り計らいにより凶行現場での証拠収集を開始しており、林は関東軍がこれによって満足な結果が得られなかった場合は、さらに強硬な調査を断行すると仄めかしていることに苦慮していた。

八月一一日、幣原外相は交渉を外務省が行うことに南次郎陸相の同意を得たとして、林に奉天当局との交渉開始を命じ、領事館および関東軍が収集した情報を先方に示し、奉天当局に中村大尉殺害の事実を認めさせ、謝罪、責任者の処罰、賠償、今後の保証を要求することになると通報するよう命じた。一七日、関東軍は中村大尉殺害事実を公表した。同日、林から事件の概要を説明された臧式毅遼寧省主席は、いかなる事情にせよ地方軍隊の勝手な外国人殺害は許されないとして、榮臻東北辺防軍参謀長と協議の上、現地に調査隊を派遣するとし、日本側がもつ情報の開示を求めた。林は証人保護のため詳細は明らかにできないとしつつ、陸軍が本事件を非常に重大視していることを強調した。また一九日には張学良軍事顧問補佐官柴山兼四郎中佐が北京で入院加療中の張学良に概要を伝え、二六日、関東軍司令官本庄繁中将が張学良に着任挨拶を行った際にも、中村大尉殺害事件により陸軍は激昂しており、誠意ある解決が示されなければどのような事態が起こるか図りがたいと警告した。

八月一九日に奉天軍派遣の調査員二名が現場に向けて出発したが、調査結果は二週間経過後の九月二日になっても明らかにされず、同日、森岡領事が臧主席に調査結果の説明を求めたが、調査員はまだ未帰還との回答があるのみで、関東軍は奉天側が中村大尉殺害の事実さえも否認するならば、洮索地方の保障占領の断行も視野に入れ始めていた。林も将来の洮索地方での邦人の安全確保のためには、洮南に領事館を開設することも念頭においていたが、関東軍の強硬論を抑えるためにも奉天側から調査結果の早急な説明が必要であった。九月四日、臧主席および榮参謀長は林に調査員は前夜に帰還したものの、現地では何ら確証を得られなかったとして再調査を行うと述べたが、林も奉天側の態度には誠意が見られないと警告せざるを得なかった。

関東軍は林が洮索地方の開放や賠償金の請求には同意しつつも、責任者の処罰、謝罪、将来の保証については奉天側の出方によるとして、短期間での事件の解決を考えていないことに不満をもっていた。九月六日に再調査隊が奉天を出発したが、幣原外相は国内の対中国批判世論の高まりを受けて、八日、林に奉天側の対応に誠実さが見られなければ、張学良との関係にも悪影響がおよぶと警告し、日本の要求四項目を提示するよう指示した。また、在華公使館矢野真参事官にも奉天での交渉進捗振りを見ながら張学良に面会し、日本の四条件を説明し、張作相が円満な解決を目指すよう張学良の考慮を求めるよう命じた。

九月一〇日、林は臧主席および榮参謀長と面会し、奉天側が中村大尉殺害の事実を直ぐにも認めれば、日本は責任者の処罰、謝罪、賠償請求および将来の保証のみで事件を解決する用意はあるが、最初の調査結果から何ら事実が確証できなかったことを、陸軍は奉天側が交渉を先送りする誠意のない対応と見ており、その結果はどのようなことが起こるか予断を許さないと警告した。他方、奉天側は、現地責任者関玉衛第三団長代理を奉天に連行するなど、現地関係者に隠蔽工作を行わせないように調査隊に指示したと述べた。

一四日、榮参謀長は森岡領事に、蘇鄂公府より先に帰来した再調査隊の一員より、現地第三団による中村大尉一行殺害は間違い無いとの報告を受けたとして、近日中に再調査隊から詳細な報告があると述べた。一六日、榮参謀長は林に中村大尉殺害の首謀者と目される関団長代理が奉天に到着、奉天軍憲兵隊に身柄を拘束されたと通報したが、再調査隊の帰還は一八日とされ、調査隊の報告はそれまで待たなければならなかった。

九月一八日、森岡領事は榮参謀長を訪ねて詳細を聞きこんだが、再調査隊が同日朝に帰来したばかりで詳細は後日に報告するとされ、関団長代理の取調べ結果が先に明らかにされた。それによると、中村大尉一行は六月二六日に第三団に捕獲され、蒙古人通訳が中村は軍人であることを明らかにしたため、翌二七日夜、危険を感じて脱走した中村大尉一行を第三団追捕隊が追撃、射殺したため、これが国際問題化することを恐れた関団長代理が遺体の焼却など証拠隠滅を図ったと述べた。しかし林は、奉天側は中村大尉が逃亡を図ったこと、旅券を所持していなかったこと、軍人密偵であったことをもって射殺を正当化し、その責任転嫁を図ろうとしているとの疑いがあると幣原外相に報告した。

しかし同夜、柳条湖事件が勃発し、一九日未明以降の在奉天総領事館はその対応に追われ、また奉天側も奉天城内司令部が撤退したため、事件の究明は不可能になった。中村大尉事件は奉天軍地方部隊による殺害の事実は明らかになったが、遺体の発掘にはいたらず、一〇月二九日、本庄関東軍司令官は林の同意を得て「虐殺の真相」を公表、事件の解決とした。関東軍には林への不信があり、林には関東軍の強圧的対応に不信感をもち、中村大尉殺害事件には柳条湖事件勃発後の林と関東軍の対立の原型が窺われる。

(三) 柳条湖事件の勃発

昭和六年九月一八日午後一〇時三〇分、満鉄本線奉天駅北東六キロ地点の奉天軍駐屯地北大営付近の線路が爆破されたとして、関東軍は北大営への攻撃を開始、一一時一五分、遼寧省政府交渉署日本科より森岡領事に日本兵が北大営を包囲したとの通報があり、森岡は事件を拡大しないよう奉天側を説得、奉天側も無抵抗に徹すると回答したため、森島領事は奉天特務機関府で関東軍高級参謀板垣征四郎大佐に面会、奉天側の対応を踏まえて事件の不拡大を要請したが、関東軍は奉天に駐屯する全部隊を現場に急派し、事件拡大の方向にあることが確認された。このため、林は事件不拡大の方針で事態を収拾するよう館員に指示した。

しかし、一九日未明には関東軍の奉天城内への砲撃も始まり、交渉署は林に外国人居住者も多い奉天城内への砲撃を止めるよう要請したため、林は板垣大佐に奉天側は無抵抗としているので攻撃を直ちに止め、事件を不必要に拡大しないよう申し入れたが、板垣は軍の威信の問題として林の申し入れを聞こうとはしなかった。続いて交渉署から林は関東軍の奉天城内占領を思い留まるよう要請を受けたが、林は事件の拡大を目指す関東軍になす術もなく、在留邦人の安全を確保するため奉天城内の在留邦人を満鉄公所ないし赤十字病院、朝鮮銀行に避難させ、内田康哉満鉄総裁から本庄関東軍司令官に注意を促し、本省にも関東軍の行動を抑えるよう懇請したが、一九日早暁、奉天市内は関東軍に制圧された。

本庄司令官は一九日午前三時旅順発の臨時列車で奉天に向かい、同日正午に奉天鉄道付属地内東洋拓殖会社ビルに関東軍司令部を開設した。午後二時、林は本庄司令官に面会、事態収拾のため不拡大方針の必要を説明したが、本庄は満鉄の権益擁護と関東軍の威信の確保をあげ、林の事件不拡大の要求には応じなかった。林は事件が関東軍の仕組んだ陰謀と見て、満鉄本線爆破に関する関東軍の説明にも疑念をもっていた。同日、関東軍が奉天市内に戒厳令を布告し、奉天特務機関長土肥原賢治大佐を臨時市長とする奉天市政が突然立ち上げられ、林は本庄から何の協議も受けていなかったため、森島領事を関東軍司令部に派遣し、本庄司令官の再考を求めたが聞き入れられなかった。

若槻内閣は、九月一九日の閣議で事件の不拡大方針を決定し、南次郎陸相から本庄司令官にも通達されたが、同日中に長春、安東など満鉄沿線主要都市も関東軍に制圧された。二〇日、関東軍参謀長三宅光治少将が林を訪ね、吉林、哈爾濱地方の治安状況は悪化しており、現地駐在領事より居留民保護のため部隊の派遣が求められれば、関東軍としても出動しなければならないと述べたため、林は吉林への派兵は政府の方針とも反し、在留邦人に危険がおよぶ際には、居留民を安全な場所に避難させせることが第一と反論したが、関東軍の吉林、哈爾濱方面への進駐を押し留めることはできなかった。

翌二一日午前九時半、本庄司令官は林に政府は事件不拡大の方針であるが、関東軍司令部は吉林地方居留民からの保護要請を受けて、関東軍を吉林地方に派兵したと伝えた。関東軍の既成事実化に、林は事件の成り行きは国際社会への影響も大きく、その収拾は困難を極めることになる懸念があり、拡大は慎重でなければならないと反論した。同日、朝鮮派遣軍が林銑十郎司令官の命により奉天に進駐したように、関東軍のみならず、陸軍出先部隊の独断専行による既成事実化はさらに進行した。

九月二一日、内田満鉄総裁は幣原外相に、木村鋭市（前亜細亜局長）、伍堂卓雄両満鉄理事の報告により関東軍の事件拡大に林が翻弄されていることを報告したが、他方、翌二二日、塚本清治関東長官は幣原外相に、事変発生以来の森島領事と奉天特務機関花谷正少佐の険悪なやり取りに触れ、在奉天総領事館と関東軍司令部の連絡協調体制ができていないと指摘し、その原因は総領事館側にあることを示唆した。事件勃発直後から林の一貫した不拡大発言は、一九日の若槻内閣の事件不拡大方針の閣議決定により追認されたが、関東軍は軍の統帥を妨害する行為と受け止めていた。

林の事件不拡大の考えはその後も全く変わらなかった。関東軍は、九月二一日に吉林に進出したが、その日、国民政府は、日本政府が「軍部を制御し得るか否か疑惧の念なきを得ず」として事件を国際連盟に提訴し、二四日、若槻内閣は第一次声明で鉄道の安全と在留邦人の保護を条件に、全軍隊を満鉄付属地に復帰させる方針を明らかにしたが、関東軍は一〇月八日、張学良の本拠地とされる錦州を爆撃し、政府の不拡大方針とは逆に、満蒙の独立をめざした独立国家樹立工作に向かって事件の拡大をはかっていた。

このような状況の中で、林は、一〇月二四日、満州情勢報告のため一時帰国を願い出て、「政府は今後果たしてその方針と軍部行動を完全に一致せしめられるや憂慮に堪えざるものあり」と述べ、さらに林は「単に政府が軍部行動を支配し得ざるに止まらず満鉄の行動にも羈束なからしむるが如きことありては遂に国事を収拾し得ざる至らしむる無きやを恐る」として、本省に現地情勢を説明するため一時帰国したいと許可を求めたが、幣原外相はこの帰国稟請を無視した。林の本省批判、国民政府の国連提訴と同様の理由づけに幣原外相が嫌悪の念を持った様子が窺われる。

しかもこの時、上京中の内田満鉄総裁が幣原外相に面会し、徒に関東軍との対立だけを惹起している林の更迭を進言した。しかし満州に帰任した内田は、一一月一三日、再度、林と面談した後、その間に林が関東軍との関係を改善してきたことを評価し、翌一四日、幣原外相に「林総領事と軍部との関係は最近著しく好転せりと思われ此の分なら当（脱）留任方却て可なるやに思はる」と電報を送り、総領事の更迭を求めた先の進言を撤回した。

一〇月二四日から一一月一三日までに林が関東軍に同調したことといえば、一〇月二九日に関東軍にも外務省出向者による政務部長の派遣を提言し、関東軍がそれを受け入れる方向で検討を始めたこと、他方、一一月三日、林は土肥原等による宣統帝溥儀を天津から満州に連れ出そうとする暗躍を厳しく批判したが、満州の治安状況の悪化を思えば、その原因は関東軍の拡大策にあるにせよ、現状では在満各公館とも領事警察だけで在満邦人の保護は不可能であり、関東軍の軍事力に頼らざるを得ないことも確かであったから、一一月六日、林は関東軍の斉々哈爾進攻を現状ではやむを得ないとする意見を具申した。

林は、一一月一三日の内田総裁との面談で、同総裁から嫩江および黒龍江方面の形勢切迫を踏まえ、本省に満州情勢につき直接説明するよう勧められ、本省には同日夜の列車で現地情勢報告のため一時帰国すると通告し、許可電を待たずに東京に向かった。林は一二月一三日に奉天に帰任したが、その間、東京で林は幣原外相から駐ブラジル大使への異動を告げられた。林の遺稿『満州事変と奉天総領事』には、六月から七月にかけての忌引き帰国の際に幣原外相からブラジル行きを勧められたが、朝鮮人問題解決のため、奉天在勤を続けることを希望してブラジル行きは謝絶したと記されているが、その後、想定外の柳条湖事件が勃発し、事変の急展開に万策尽きた林は、奉天への帰任にあたってブラジル行きを受諾したという。奉天帰任後、林は満州情勢に関する意見具申などは一切発電していない。林の無念さが窺われる。

幣原が林に期待したことは、不拡大方針の下でも現地にいればこそ関東軍との妥協の余地を探し、それを本省に意見具申することであった。幣原外相も事件不拡大の方針の下に事態の収拾を図りたいと考えていたものの、奉天現地に駐在の総領事が不拡大を宣明すればするほど、外相として軍部と妥協しにくくなったことは否めない。関東軍の満州国建国工作が進められる中で、幣原外相としては、軍に対して事変の不拡大を主張するだけに留まらず、幣原外交を軟弱と非難する世論との板挟みになりながら、事件の収拾を目指さなければならなかった。林が奉天に帰任した一二月一三日、若槻内閣は総辞職し、幣原外交も終わりを告げた。

五、むすび

林は、昭和六年一二月一七日、用務帰国より帰任直後、犬養毅首相兼任外相から帰朝命令を受け、一週間後の二五日に奉天を離任、二八日に東京に帰着した。林は翌昭和七年一月二七日に芳沢謙吉外相から駐ブラジル特命全権大使に任命されるため、幣原外相から発令と同時に遅滞なく離任を求められていたと思われるが、特命全権大使への昇進とはいえ、発令から離任まで一週間というのはあまりにも急であった。

翌昭和七年三月一二日、リオ・デ・ジャネイロ駐在黒沢二郎臨時代理大使から、現地報道で次期大使として林久治郎の名前が報じられているが、林についてブラジル政府にアグレマンを求めたことがないとの注意喚起があった。外交慣例としては一月二七日の発令までにブラジル政府よりアグレマンを取得しておかなければならなかったから、本省がアグレマンの取得すら見落とすほどに林の駐ブラジル大使任命を急いだのは、満州事変が進行中でも林を奉天から速やかに異動させようとしたことが窺われる。

林にとって満州の原点は吉林であった。吉林といういわば満州の辺境の地への二度目の赴任は林が自ら希望したものであろう。林にとって朝鮮人問題は最も関心の高いテーマであり、奉天に着任した時には間島地方から満州各地に転住した多くの朝鮮人をめぐる問題は緊迫化を増していた。万宝山事件に現れた朝鮮人農民保護の必要は、例えば、張作霖爆殺事件の直後、在牛荘岸田英治領事が錦州在留邦人の営口への集団避難の指揮を執っていた際、集団避難に遅れた朝鮮人一家の安全確保のため領事警察官を錦州まで派遣したことに、本省幹部が「ここまでする必要ありや」と公電の欄外に記入したように、在満領事館にとって朝鮮人の保護が重荷になっていたことは否めないが、在留邦人保護の一環から日本人と朝鮮人とを区別していたわけではないことが、この欄外記入から読み取れる。

林は、万宝山事件が起こる四カ月前の昭和六年三月、反日朝鮮人武力集団への奉天省警察の取締りが厳しくなり、武力集団とは関係のない朝鮮人農民への取締りも厳しくなる中で、中国には満州奥地に居住する朝鮮人が日本の満州開発の手先となっているとの誤解があり、朝鮮人が中国の土地を取得して中国の国籍取得を希望しているにもかかわらず、日本が朝鮮人の日本国籍離脱を認めないために不都合が生じており、それが中国側の朝鮮人圧迫の主要な原因になっているとして、特に間島地方に在住し、反日武力集団に属さない朝鮮人から中国への帰化申請が提出された場合には帰化を承認するよう意見具申した。

このような問題意識を持つ林にとって、満州事変が満州全体に拡大されていく中で、遠隔地に居留する朝鮮人の保護は大きな課題であった。昭和六年一〇月一日、朝鮮総督府は林に、鉄嶺に在住する朝鮮人の避難のための経費を在満公館で支出するよう求めたため、林はとりあえず鉄嶺朝鮮人民会に立て替えを要請したが、このような救済は鉄嶺のみにかかわらず、広く満州各地で必要になるため本省に経費支出を稟請し、幣原外相は林の稟請どおりに外務省経費からの支出を認めた。一〇月以降、在満各領事館では在留邦人の状況把握および引き揚げと同様に、朝鮮人居留者の状況把握と救出が進められている。

林の着任早々に張作霖爆殺事件が勃発したために、林にも張学良は親日なのか反日なのかは正確につかみ切れていなかった。張学良が林に何ら事前の通告なしに易幟を断行し、林は初めて張学良の対日観をみることになった。また万宝山事件、中村大尉殺害事件解決のための交渉も、いずれも柳条湖事件の勃発により決着をみることはできなかったが、林には関東軍が実力行使に出ることは予測していたものの、その実際の動きは林の予想を超えていた。昭和六年八月二日、関東軍石原中佐が中村大尉事件の解決交渉を関東軍に委ねるよう林に求めたのは、それが軍人の生死に関わる問題のためだからではなく、石原中佐等関東軍幕僚が柳条湖事件の実行を決意したからであることを暗示していよう。

昭和七年三月一日、関東軍は満州国を建国し、日本は在満州国大使館を開設したが、それは萩原総領事時代から築き上げてきた在満領事館体制が崩壊したことを示していた。林の離任後、翌昭和七年一二月まで森島領事が総領事代理を務め、昭和八年四月から蜂谷輝雄元領事が、また昭和一二年三月から森岡正平元領事が総領事として奉天に復帰するが、昭和一四年二月二八日、在奉天総領事館は閉鎖され、在満州国大使館奉天分駐所となる。

林は、昭和七年五月二〇日に東京発、駐ブラジル大使としてリオ・デ・ジャネイロに在勤、昭和九年一〇月二六日に東京に帰着。翌昭和一〇年三月二八日に外務省を退官。その後、昭和一三年に南洋協会理事長に就任、さらに太平洋戦争中はジャワ派遣軍付司政長官を務め、昭和二九年七月二三日に死去した。享年八四歳であった。

付表　在満領事等関係機関人員配置表(9)

林久治郎総領事時代
（昭和3年4月～昭和6年12月）

朝鮮総督府
総督：山梨半造
(S2. 12. 10～S4. 8. 17)
総督：齋藤実
(S4. 8. 17～S6. 6. 17)
総督：宇垣一成
(S6. 6. 17～S11. 8. 5)

関東庁
長官：木下謙次郎
(S2. 12. 17～S4. 8. 7)
長官：太田政弘
(S4. 8. 7～S6. 1. 16)
長官：塚本清治
(S6. 1. 16～S7. 1. 11)

関東軍
司令官：村岡長太郎中将
(S2. 8. 26～S4. 7. 1)
司令官：畑英太郎大将
(S4. 7. 1～S5. 5. 1)
司令官：菱刈隆大将
(S5. 6. 3～S6. 8. 1)
司令官：本庄繁中将
(S6. 8. 1～S7. 8. 8)

南満州鉄道株式会社
社長：山本条太郎
(S2. 7. 20～S4. 8. 14)
総裁：仙石貢
(S4. 8. 14～S6. 6. 13)
総裁：内田康哉
(S6. 6. 13～S7. 7. 26)

在中国公使館
公使：芳沢謙吉
(T12. 7. 16～S4. 8. 20)
臨時代理公使：堀内謙介
(S4. 11. 11～S6. 6. 6)
公使：佐分利貞男
(S4. 10. 27～同11. 11)
臨時代理公使：堀内謙介
(S4. 11. 11～S6. 6. 6)
公使：重光葵
(S6. 6. 6～S7. 6. 17)

在天津総領事館
総領事：加藤外松
(S2. 4. 29～S4. 1. 4)
総領事：岡本武三
(S4. 5. 17～S5. 10. 9)
総領事代理：田尻愛義領事
(S5. 10. 9～S6. 2. 27)
総領事：**桑島主計**
(S6. 2. 27～S8. 7. 15)

在英国大使館
臨時代理大使：佐分利貞男
(S3. 4. 10～S4. 1. 13)
大使：松平恒雄
(S4. 1. 13～S10. 7. 6)

在米国大使館
臨時代理大使：**沢田節蔵**
(S3. 6. 1～同10. 17)
大使：出淵勝次
(S3. 10. 17～S8. 11. 25)

在斉々哈爾領事館
領事：清水八百一
(T15. 3. 3～S7. 8. 20)

在満州里領事館
事務代理：豊原幸夫書記生
(S5. 6. 3～S6. 11. 29)

在鄭家屯領事館
領事代理：**中野高一**副領事
(T14. 2. 1～S4. 4. 10)
領事代理：遠山峻副領事
(S4. 4. 10～S5. 10. 6)
領事：大和久義郎
(S5. 10. 6～S8. 8. 28)

在哈爾濱総領事館
総領事：**八木元八**
(S2. 9. 27～S6. 5. 9)
総領事：**大橋忠一**
(S6. 6. 4～S7. 2. 15)

在長春領事館
領事：**永井清**
(S2. 7. 7～S4. 11. 29)
領事：田代重徳
(S4. 11. 29～S7. 6. 2)

農安分館
主任代理：領事警察警部

在鉄嶺領事館
領事：近藤信一
(S3. 4. 21～S5. 9. 10)
領事代理：石原邦器副領事
(S5. 9. 10～S8. 6. 1)

掏鹿分館
主任：梶原源一書記生
(S3. 9. 12～S5. 6. 13)
主任：斎藤係一書記生
(S5. 6. 13～S8. 6. 1)

在間島総領事館
総領事：鈴木要太郎
(T11. 8. 20～S4. 4. 19)
総領事：岡田兼一
(S4. 4. 19～S7. 8. 27)

局子街分館
主任：田中作副領事
(S3. 8. 11～S9. 6. 12)

頭道溝分館
主任：毛利此吉書記生
(T11. 12. 23～S5. 6. 30)
主任：松原久義書記生
(S5. 6. 30～S10. 12. 10)

琿春分館
主任：望月純一郎書記生
(S2. 4. 11～S5. 10. 14)
主任：毛利此吉書記生
(S5. 10. 14～S9. 8. 17)

百草溝分館
主任：田中繁三書記生
(S3. 1. 19～S6. 10. 3)

在吉林総領事館
総領事：川越茂
(T14. 6. 9～S4. 10. 20)
総領事：石射猪太郎
(S4. 10. 20～S7. 7. 24)

内　閣
首相：田中義一
(S2. 4. 20～S4. 7. 2)
首相：浜口雄幸
(S4. 7. 2～S6. 4. 14)
首相兼任：幣原外相
(S5. 11. 11～S6. 3. 9)
首相：若槻礼次郎
(S6. 4. 14～同12. 13)
首相：犬養毅
(S6. 12. 13～S7. 5. 15)

外　務　省
外相：田中首相兼任
(S2. 4. 20～S4. 7. 2)
外相：幣原喜重郎
(S4. 7. 2～S6. 12. 13)
外相：犬養首相兼任
(S6. 12. 13～7. 1. 14)

外務次官：出淵勝次
(T13. 12. 18～S3. 7. 24)
次官：**吉田茂**
(S3. 7. 24～S5. 12. 6)
次官：永井松三
(S5. 12. 6～S7. 5. 10)

亜細亜局長：**有田八郎**
(S2. 9. 13～S5. 10. 31)
局長：谷正之
(S5. 10. 31～S8. 8. 1)

亜細亜局第１課
課長：中山祥一

在ソ連邦大使館
大使：田中都吉
(T14. 7. 14〜S5. 8. 14)
臨時代理大使：天羽英二
(S5. 8. 14〜同12. 3)
大使：広田弘毅
(S5. 12. 3〜S7. 9. 25)

新民屯分館
主任：滝山靖次郎書記生
(T14. 12. 26〜S5. 2. 12)
主任：福井保光書記生
(S5. 2. 12〜S6. 7. 17)
主任：土屋波平書記生
(S6. 7. 17〜S10. 9. 27)

海龍分館
【S3. 4. 1、鉄嶺より移管】
主任：**坂内彌代記**書記生
(S3. 4. 1〜S5. 6. 23)
主任：**松浦興**書記生
(S5. 6. 23〜S7. 12. 27)

通化分館
主任：樫村武雄書記生
(S4. 3. 14〜S5. 10. 22)
主任：**興津良郎**書記生
(S5. 10. 22〜S7. 5. 9)

(S2. 6. 7〜S4. 3. 9)
課長：谷正之
(S4. 3. 9〜S5. 10. 31)
課長：守島伍郎
(S5. 11. 12〜S9. 6. 1)

亜細亜局第2課
課長心得：**三浦武美**
(S2. 6. 7〜S3. 5. 28)
課長：**三浦武美**
(S3. 5. 28〜S8. 5. 11)

通商局長：武富敏彦
(S2. 7. 27〜S7. 11. 22)

条約局長：松永直吉
(S2. 11. 5〜S5. 10. 31)
局長：松田道一
(S5. 10. 31〜S8. 5. 26)

在奉天総領事：林久治郎 (S3. 4. 25〜S6. 12. 25)
総領事代理：森島守人領事 (S6. 12. 25〜S7. 12. 12)

在牛荘領事館
領事：荒川充雄
(S3. 9. 15〜S8. 10. 10)

在赤峰領事館
事務代理：中野直介書記生
(T15. 6. 3〜S5. 5. 4)
【S3. 6. 1〜奉天で執務】
事務代理：牟田哲二書記生
(S5. 5. 4〜S7. 1. 29)

在遼陽領事館
領事代理：吉井秀男書記生
(T15. 7. 10〜S4. 10. 27)
領事代理：**山崎恒四郎**副領事
(S4. 10. 27〜S8. 6. 1)

在安東領事館
領事：岡田兼一
(S2. 1. 21〜S4. 4. 28)
領事：宇佐美珍彦
(S4. 8. 6〜S5. 5. 31)
領事：**森岡正平**
【注：奉天兼任】
(S5. 5. 31〜同9. 14)
領事：米沢菊次
(S5. 9. 14〜S7. 8. 11)

帽児山分館
主任：平田學生書記生
(S3. 3. 12〜同5. 10)
主任：遠山峻副領事
(S3. 5. 10〜同6. 12)
【S3. 6. 12〜安東で執務、
S4. 8. 31、閉鎖】

注：ゴシックの氏名は在奉天総領事館在勤経験者（将来の在勤者も含む）

あとがき

筆者が「在奉天総領事」を研究テーマとした経緯について、若干の補足をしておきたい。

筆者は、昭和五八年九月に慶應義塾大学より法学博士を授与された後、およそ四年間にわたる在カナダ大使館勤務を経て、昭和六二年七月、外交史料館に復帰した機会に、平成元年二月、博士論文を『東アジア鉄道国際関係史――日英同盟の成立および変質過程の研究』と題して、慶應通信（現慶應義塾大学出版会）より、また翌年一一月、これを一般的な読み物とした中公新書『鉄道ゲージが変えた現代史』（中央公論社）を刊行した。同書においては、一九世紀末から二〇世紀初頭にかけての満州情勢を、日英露三国間の極東における鉄道建設の観点から論じた。

このような満州の鉄道建設問題という視角から列強の力関係について考える中で、拝読してきた栗原健博士（外務省『日本外交文書』編纂委員）の『対満蒙政策史の一面』で、栗原先生が「日露戦争から満州事変にいたる在奉天総領事を取り上げた読み物を書きたい」と書いておられたのが、在奉天総領事に関心を持つ切っ掛けであった。八名の在奉天総領事はいずれも日本外交史において特筆されるべき重責を担った外交官であり、栗原先生は、おそらくこの八名の「人物像」を描くことを念頭におかれていたのではないかと思う。他方、筆者は、歴代各総領事の人物論もさることながら、在外公館勤務の経験から、在奉天総領事の視角を理解するためには、在奉天総領事館がどのように機能していたのかということにより興味があった。

筆者は、昭和五五年四月、ロンドン大学LSEで研究助手を勤めていた際に、外務省外交史料館の『日本外交文書』編纂要員として採用されたが、在カナダ大使館の後、在アンカレッジ総領事館（現在は駐在官事務所）、在クウェイト大使館、在アフガニスタン大使館、在パース総領事館、在インド大使館、在クロアチア大使館と、二〇年以上にわたって在外に勤務する機会を得て、その際に館内体制や任国との関係などについて自ら意見具申を起案したり、情報を収集するなど館務を総覧する機会もあり、自らの体験を踏まえて、改めて日露戦争後から満州事変にいたる『日本外交文書』を読むと、当時の在奉天総領事館の置かれていた状況が、想像の世界からビジュアルに見えるようになった。

こうして、アジア・アフリカ法律諮問委員会事務次長を務めていたニュー・デリーおよび最後の任地ザグレブで、萩原から矢田までの五名について、順次、慶應義塾大学法学研究会機関誌『法学研究』に掲載させていただいた。赤塚から林までの四名については、平成二五年三月に外務省を退職した後、東京都市大学にて書き下ろしたものである。

筆者の外交史料館のポストは、栗原先生が昭和五四年に「国際交流基金奨励賞」を受けられた機会に、当時の大来佐武郎外相のお声がかりで外交史料館に増員されたポストと聞かされていた。ただ在外勤務により外交史料館を離れていた期間が長くなりすぎ、平成二五年三月、筆者が外務省を退職した後、人事課が筆者の後任として『日本外交文書』編纂要員となるべき外交史専門家の採用に同意しなかったことは極めて遺憾であった。この記念すべきポストを次に引き継ぐことができなかったことは、長年にわたって『日本外交文書』の編纂事業を支援してこられた諸先生に深くお詫びしなければならない。

最後の任地クロアチアでは、財務省出身大使による現地人女性職員に対するセクハラ騒動に巻き込まれ、その対応に苦慮したストレスから心房細動を患うなど、在外勤務が常に良好であったわけではなかったが、多くの先輩、同僚に助けられた在外勤務は家族ともども楽しく過ごすことができた。共に勤務した館員の皆さまには心より御礼を申し上げたい。また在外勤務に就くことによって研究活動から離れることがないように、常に見守っていただいた恩師池井優慶應義塾大学名誉教授、様々な助言をいただいた畏友波多野澄雄筑波大学名誉教授（『日本外交文書』編纂委員長）、外交史料館時代以来の朋友新見幸彦元副館長（『日本外交文書』編纂委員）には心から感謝を表したい。

筆者は、東京都市大学では、「国際関係論」などの講義を担当するとともに、事務局国際部において、西豪州パースで同大学が推進するかつての任地エディス・コーワン大学およびマードック大学に、毎年五〇〇名の学生を留学させるグローバル人材育成プログラムの立ち上げに携わってきたが、筆者には任地の大学における日本語普及、日本研究振興に力を尽くしてきたという自負があり、外務省退職後、再びパースとの大学間交流に関与する機会が得られたことは望外の喜びであった。このような機会を与えていただいた東京都市大学中村英夫前学長、三木千壽学長ならびに国際部程田昌明部長ほか関係教職員の皆さまにもあわせて謝意を表したい。

なお、学術書の刊行が困難を極める現下の情勢の中で、本書の刊行をお引き受けいただいた東京図書出版の皆さまにも厚くお礼を申し上げたい。

令和二年九月

井上勇一

井上　勇一（いのうえ　ゆういち）

昭和49年、慶應義塾大学法学部政治学科卒業。法学博士。外務省外交史料館、在カナダ大使館他在外公館に勤務。外務省退職後、東京都市大学国際部担当部長。

【主要著書】
『東アジア鉄道国際関係史』（平成元年、慶應通信、平成２年アジア太平洋賞他受賞）
『鉄道ゲージが変えた現代史』（平成２年、中央公論社）
ほか

満州事変の視角

―在奉天総領事の見た満州問題―

2020年11月12日　初版第１刷発行

著　　者　井上勇一
発 行 者　中田典昭
発 行 所　東京図書出版
発行発売　株式会社 リフレ出版
〒113-0021　東京都文京区本駒込 3-10-4
電話 (03)3823-9171　FAX 0120-41-8080
印　　刷　株式会社 ブレイン

ISBN978-4-86641-353-2 C0021
Printed in Japan 2020